2020 좋은 방송을 위한 시민의 비평상 수상집

트롯 공화국에서 모두 안녕하십니까?

방송문화진흥회 엮음

한울

이 도서의 국립중앙도서관 출판예정도서목록(CIP)은 서지정보유통지원시스템 홈페이지
(http://seoji.nl.go.kr)와 국가자료종합목록 구축시스템(http://kolis-net.nl.go.kr)에서
이용하실 수 있습니다. (CIP제어번호 : CIP2020050902)

방송은 다수의 사람을 상대로 이루어지는 우리 사회 커뮤니케이션의 핵심적인 축이기 때문에 우리 사회가 방송을 하나의 제도로 삼고 있습니다. 방송 환경이 한 치 앞을 내다볼 수 없는 어려운 상황으로 변하고 있음에도, 공영방송에 대한 시청자의 기대가 줄지 않는 이유는 방송의 의미와 영향력이 여전히 적지 않기 때문이기도 합니다. 방송이 어떠한 역할을 수행해야 하고, 어떠한 방식으로 시청자를 만나야 하는지, 콘텐츠는 어떻게 만들어가야 하는지 다시 한번 논의가 필요한 시점입니다.

올해로 스물세 번째를 맞이한 좋은 방송을 위한 시민의 비평상에 응모된 원고들은 방송에 대한 시청자들의 기대와 임무가 얼마나 막중한지 잘 보여주었습니다. 올해는 학생과 일반인 응모자의 비율이 거의 5 : 5를 기록할 만큼 비평 전문가와 일반인의 참여율이 높아졌고, 이는 방송비평의 대중화라는 측면에서 매우 바람직하다고 생각합니다.

올해도 다양한 소재를 대상으로 한 다양한 시각의 비평문들이 들어왔습니다. 가장 많은 소재는 사회적으로 큰 관심을 모은 MBC 〈놀면 뭐하니?〉와 KBS 〈동백꽃 필 무렵〉이었습니다. 어려운 가운데에서도 선전 중인 지상파에 대한 시청자의 따뜻한 관심을 확인할 수 있어서 반가웠습니다.

다소 아쉬운 것은 유독 이야기 흐름에 중심을 둔 비평문들이 적지 않았다는 것입니다. 이른바 문학적 글쓰기들인데, 방송 프로그램 비평은 문학비평과는 달리, 방송의 생산 조건들과 표현되는 영상 및 음향의 특성, 수용자와의 상호작용 등 독특한 특성을 비평의 맥락으로 고려해야 합니다. 결국 방송비평의 목적은 직접적으로든 간접적으로든 방송에 영향을 미치는 것이라 할 수 있습니다. 방송비평은 명문을 자랑하거나, 심오한 학술적 체계를 세우는 것을 목적으로 하는 것이 아닙니다. 오히려 방송비평은 방송 제작진들이 읽어보고 앞으로 방송을 제작할 때 시청자의 생각을 마음속에 두고 제작을 할 수 있도록 방향을 제시하는 것을 목적으로 합니다. 따라서 영상 텍스트에 대한 체계적인 분석과 의미, 더 나은 방송을 위한 대안을 제시할 때 우리 방송문화가 발전할 수 있습니다.

아쉬움은 있었지만, 이번 심사를 통해서도 좋은 비평 글들을 많이 만날 수 있었습니다. 이 책을 통해 시민의 목소리가 방송 제작자들에게 잘 전달되어 콘텐츠 제작의 방향에 어느 정도 영향을 미칠 것입니다. 시민이 없는 방송은 상상할 수 없습니다.

제23회 좋은 방송을 위한 시민의 비평상 공모전에 참여해 주신 모든 분들에게 감사의 인사를 드립니다. 매년 공동 주최로 비평상에 큰 관심과 애정을 보여주신 MBC 관계자분들, 심사를 해주신 신인수 심사위원장님과 심사위원님들, 수상집을 발간하는 데 도움을 주신 한울엠플러스(주) 관계자분들에게도 감사드립니다. 앞으로도 방송에 대한 많은 관심과 기대를 부탁드립니다.

방송문화진흥회도 우리 사회의 방송발전을 위한 노력을 아끼지 않겠습니다.

2020년 12월
방송문화진흥회 이사장 김상균

한 번도 상상해 본 적 없는 코로나바이러스의 공격에 전 세계가 일제히 멈췄습니다. 당연했던 것들이 더는 당연하지 않게 되었을 때 엄습해 오던 당혹감은 쉽게 지워지지 않을 듯합니다.

재택근무, 재택교육이 일상화되어 가면서 집 안에서 생활하는 시간이 길어지자 TV와 라디오뿐만 아니라 OTT 플랫폼인 넷플릭스나 웨이브, 인터넷 동영상 서비스인 유튜브 등을 이용하는 시간도 늘었습니다. 처음에는 미뤄두었던 드라마나 영화도 몰아보고, 보고 싶었던 다큐멘터리나 여행 프로그램들도 찾아보며 세상이 준 뜻밖의 여유를 즐기기도 했습니다.

하지만 프로그램 제작 현장은 달랐습니다. 예정된 일정은 줄줄이 취소되었고, 예측할 수 없는 상황들이 수시로 발생했습니다. 마스크는 제작 현장의 필수용품이 되었고, 출연자들 사이에는 투명 가림막이 자리했습니다. 방역 원칙을 철저히 지키며 촬영했다는 화면 하단의 문구에도 익숙해졌습니다. 공개 홀에서 더 이상 관객의 뜨거운 환호를 들을 수 없게 되었습니다. 어쩌면 방송이 멈출 수도 있겠다는 생각이 처음으로 들었습니다.

뜻밖의 일들 앞에서 잠시 갈피를 잡지 못하긴 했지만, 방송인들은 코로나 시대에 맞는 방송을 만들어내기 시작했습니다. 그중 가장 인상적인 것은 랜선 관객이 아닐까 싶습니다. 관객이자 시청자인 대중과 현장에서 직접 호흡할 수 없게 되자 방송은 랜선을 통해 관객을 연결했습니다. 장소에 구애됨이 없이 전 세계 어디서든 실시간으로 이어진 이들은 관객의 경계를 허물기 시작했습니다. 이렇게 방송 제작진들이 능동적으로 뉴노멀시대를 만들어가고 있어서인지 올해 '시민의 비평상'에 응모한 비평문들은 어느 해보다 진지했습니다.

우선 비평의 대상이 다양해졌습니다. 한때는 본선 심사작 중 과반 가까이가 드라마에 집중되기도 했는데, 올해는 예년과 달리 다양한 장르의 프로그램 비평문을 만날 수 있었습니다. 물론 인기 프로그램인 MBC 〈놀면 뭐하니?〉(예능)와 KBS2 〈동백꽃 필 무렵〉(드라마)에 시선이 집중되긴 했지만, 장르별·프로그램별로 치우침 없는 40여 편의 비평문을 만날 수 있었던 것은 시선의 확장이라는 면에서 의미 있는 진전이었습니다.

비평을 한다는 것이 프로그램의 문제점만을 지적하는 것은 아닙니다. 비록 기획의도를 제대로 구현해 내지 못했다 하더라도 모든 프로그램은 우리가 살고 있는 사회를 어떤 방식으로든 담아내고 있습니다. 그 안에는 좋았던 점과 그렇지 못한 점이 공존하고 있습니다. 지적은 쉬워도 그것이 왜 문제이고 사회적으로 어떤 영향을 미칠 것인지, 그래서 어떻게 개선해야 하는지, 왜 좋았던 점을 제대로 살려내지 못했는지 등 프로그램을 구성하는 요소들을 종합적으로 바라보고 고민해야 할 것입니다. 그 고민의 결과가 비평문에는 담겨 있어야 한다고 생각합니다.

자기 논리도 중요합니다. 동일한 프로그램에 대해 의견이 다른 것은 문제가 되지 않습니다. 왜 그렇게 생각했는지 자기 논리가 중요하겠지요. 하지만 간혹 적합하지 않은 이론을 동원하여 과도한 논리로 자신의 의견을 피력하다 보니 무엇을 이야기하고 싶은지 논점이 명확히 드러나지 않아 아쉬웠던 비평문도 있었습니다. 또 프로그램에 대한 비평은 프로그램 자체를 분석해야 하는데도 프로그램의 주제 자체에 대해 의견을 피력함으로써 글의 종류가 헛갈리는 경우도 있었습니다. 무엇을 말하고 싶은지 명확하게 정리되지 않으면 결론은 흐지부지될 가능성이 높습니다.

비평문은 해당 프로그램을 시청한 독자만의 것이 아니라고 생각합니다. 혹여 해당 프로그램을 시청하지 않았더라도 독자의 입장에서 비평문을 이해하고 공감할 수 있도록 쓰는 것도 중요하다고 생각합니다. 그러기 위해 자신이 이야기하는 내용에 해당하는 장면이나 상황들을 간결하게나마 함께 적시한다면 비평문은 그 자체로 공감대를 넓힐 수 있을 것입니다.

모든 사람들이 뉴노멀시대를 이야기합니다. 방송도 예외일 수는 없습니다. 이제는 플랫폼의 다변화를 뛰어넘는, 근본적으로 변화된 무언가를 만들어내야 하는 시대적 운명 앞에 우리는 서 있습니다. 그 길에 방송문화진흥회와 MBC가 주최하는 '좋은 방송을 위한 시민의 비평상'이 의미 있는 기여를 할 수 있기를 기대합니다.

2020년 12월
심사위원 일동

차례

가작

트롯 공화국에서 모두 안녕하십니까?

TV조선의 〈내일은 미스터트롯〉과
〈사랑의 콜센타〉에 관하여

박경아

1. 트롯 공화국의 탄생: 〈내일은 미스터트롯〉의 성과

지금 대한민국은 트롯 공화국이다. 코로나19 때문에 마스크 없이는 숨한 번 크게 쉴 수 없는 거리로 나가보라. 자영업자들은 생활고를 호소하고, 그 증표라도 되듯이 폐업한 가게들이 심심찮게 눈에 띈다. 가방을 멘학생들이 삼삼오오 돌아다녀야 할 등하굣길에는 썰렁한 가을바람만 분다. 그 인적 드문 거리에 새로 세워진 광고판에는, 이 불경기에도 불구하고, 새로운 얼굴이 등장해서 활짝 웃고 있다. 그들의 이름은 임영웅, 영탁, 이찬원, 장민호, 정동원, 나태주……. 광고야말로 시대의 풍향계 아니던가. 이른바 '트롯맨'이라 불리는 이들의 웃는 얼굴은 대한민국에 새로운 시대가 도래했음을 알리는데 그것이 바로 '트롯 공화국'이다(한글 표기법은 트로트가 맞다. 그러나 이제는 다들 '트롯'이라고 쓴다. 이 변화는 그저 지나쳐도 좋을 만한 작은 변화가 아니며 어떤 질적 변화를 내포하고 있다. 그래서 필자는 트로트와 '트롯'을 구분해서 쓸 것이다. 트로트가 나훈아, 남진, 이미자에서 태진아, 송대관을 거쳐 박현빈, 장윤정까지를 일컫는 흐름을 지칭한다면, '트롯'은 이 흐름을 단박에 뛰어넘는 새로운 흐름 즉 뉴웨이브, 더 거창히 말하자면 세대교체를 말한다).

트롯 공화국도 하나의 나라이므로 어찌 개국공신이 없겠는가. 새로운 나라를 세우는 데는 무엇보다 민심을 읽는 냉철한 눈과 혁명적 기운을 감지하는 뜨거운 심장이 함께 있어야 함은 물론이다. TV조선은 2019년에 〈내일은 미스트롯〉을 방영함으로써, 트로트를 대중문화의 무대 한가운데로 끌어올렸고, 한국 대중음악의 방향전환을 도모했다. 그 방향 전환에 적극적 의지가 있었는가는 괄호 안에 넣어두자(물론 괄호 안에서 행해지는 분석과 판단은 후술하겠다. 먼저 약간의 예고를 하자면 이 글의 결론은 결코 '트롯 만세!'이거나 'TV조선 잘했다!'가 아니다).

결괏값을 놓고 보자면 〈내일은 미스트롯〉은 대성공이었고, 정확히 민심을 읽어낸 성과였다. 대중은 트로트에 혁명적 기운을 불어넣어 '트롯'으로 만들어줬고, 보수적 시사 종편으로만 인식되던 TV조선은 이제 'TV트롯'이라고 불러도 좋을 만한 방송사가 되었다. 〈내일은 미스트롯〉에서 시작된 트롯 공화국에의 열망은 〈내일은 미스터트롯〉에서 트롯 공화국의 출범으로 귀결되었다. 이 글이 논하고자 하는 바는 이것이다. 방송사의 기획과 대중의 숨겨 있던 열망이 결합되어 출범한 트롯 공화국은 아무 문제가 없는가? 트롯 공화국에서 여러분은 안녕하십니까?

2. 트롯 공화국 이전: 〈내일은 미스트롯〉의 기획과 대중의 호응

TV조선이 〈내일은 미스트롯〉을 기획했을 때, 주변 상황은 어떠했는가. 인기가요 순위 프로그램은 10대들의 영역이 된 지 오래고, 〈나는 가수다〉에서 시작하여 〈불후의 명곡〉과 〈비긴 어게인〉까지 가창력을 뽐내는 프로그램은 발라드 가수들이 진을 치고 있었다. 그러다 새로운 장르로 부상한 것이 힙합이었다. 〈쇼 미 더 머니〉에서 시작한 힙합 열풍은 각종 방송 프로그램과 광고에까지 영향을 미쳤다. 언더그라운드에 있던 래퍼들이 대중문화의 주류로 올라왔고, 이들은 음악 프로그램뿐만 아니라 예능 프로그램 패널로도 활약하게 되었다.

그에 비해 트로트는 어떠했는가. 〈전국노래자랑〉에서는 압도적으로 많은 출연자가 부르는 음악 장르였으나, 그 '장바닥 민심', '바닥 정서'와는 다르게 방송에서는 비주류 음악으로 치부되기 일쑤였다. 지상파 3사 중에서는 KBS1의 〈가요무대〉를 제외하고는 정규 편성된 트로트 프로그램이 전무했다. 트로트 가수의 이미지는 어떻게 소비되었는가. 비교적 나이가 적은 가수들은 방송에는 잘 안 나와도 방방곡곡 행사가 많아 돈을 잘 번다는 식으로 소개되었고, 나이가 많아 원로가수라 불리는 이들은 '선생님'이라고 불리기는 했지만 한물간 구세대로 취급되었다. 트로트 가수에게는 가창력을 논하지 않고, 어떻게 꺾는지 '기술'을 알려달라고 했다. 민심의 음악 바다에는 트로트가 반이었는데, 방송 프로그램은 이것을 적극적으로 받아들이지 않았다.

TV조선의 기획은 절묘했다. 일종의 하이콘셉트 전략을 구사한 것인데, 이미 타 방송사에서 실행한 것들을 제외하니 한 장르가 남았다. 바로 트로트! 〈슈퍼스타K〉부터 〈케이팝 스타〉, 〈쇼 미 더 머니〉, 〈보이스 코리아〉 등등 오디션 공화국이라 불릴 만큼 오디션 프로그램은 많았지만, 어느 방송사에서도 트로트만을 한정해서 오디션 프로그램을 만들지는 않았던 것이다. 더구나 실제 오디션을 보면 잘 알 수 있는 사실이지만 트로트는 진입장벽이 매우 낮다. 성악, 발라드, 심지어 힙합을 하던 사람도 약간의 연습만 하면 트로트를 시도해 볼 수 있는 것이다. 누구나 트로트 한 곡 정도는 뽑을 수 있다는 말이다. 부르는 것만 진입장벽이 낮은 게 아니라 듣는 것도 트로트는 진입장벽이 낮다. 말러 교향곡을 즐기는 데는 긴 시간과 집중된 노력이 필요하지만 트로트는 그렇지 않다. 거기에다가 '새로운 얼굴'에 대한 갈증이 트로트에는 늘 있었다. 장윤정과 박현빈 이후에 이렇다 할 새로운 가수가 나타나지 않았던 것이다. 트로트 장르 안에서는 젊은 가수인 장윤정과 박현빈이 트로트 오디션 프로그램에서는 심사위원을 하고 있다는 것이 그 방증이다. 이런 여러 요소를 고려해 볼 때, 트로트 가수를 뽑는 오디션은 최대 다수의 시청자를 대상으로 하는 예능 프로그램이 될 수 있는 것이다. 가창력과 인간미를 갖춘 새로운 트로트 가수를 고대하던 팬들은 트로트 오디션 프로그램에 열광적으로 화답했다.

트로트 가수를 뽑는 오디션이었지만, TV조선은 프로그램명에 트로트가 아니라 '트롯'을 붙임으로써 트로트에 두 가지 새로움을 더했다. 하나는 물을 것도 없이 새로운 가수의 탄생이고, 또 하나는 트로트의 외연 확장이다.

3. 트롯 공화국의 통치: 〈사랑의 콜센타〉의 감동적 만남

어떤 나라든지 간에, 새로 세상에 발을 내디딜 때는 온갖 좋은 말을 다 갖다 쓴다. 그 좋은 말씀들이 알알이 박혀 있는 문서를 우리는 헌법이라 부른다. 트롯 공화국의 헌법은 무엇인가? 헌법에 따라 통치를 잘하고는 있는가?

　대한민국은 민주공화국이다. 이것이 대한민국 헌법 제1조 1항이다. 대한민국의 모든 주권은 국민에게 있고, 모든 권력은 국민으로부터 나온다. 이것은 대한민국 헌법 제1조 2항이다. 트롯 공화국 헌법도 이와 비슷하다. 제1조 1항: 트롯 공화국은 신바람과 위로의 나라다. 제1조 2항: 모든 주권은 팬에게 있고, 모든 인기는 팬으로부터 나온다. 자, 이 헌법에 따라 어떻게 통치할 것인가.

　원래 〈내일은 미스터트롯〉도 2019년의 〈내일은 미스트롯〉처럼 전국 각지를 돌며 팬들을 만나는 콘서트와 〈뽕숭아학당〉이 예정되어 있었다. 이 계획은 코로나19 때문에 무산되었다. 그러나 국가란 비상사태에도 통치행위를 포기할 수 없는 법. 일단 새로운 가수는 뽑혔다. 최후의 승자를 뽑을 때는 투표 결과를 합산하는 서버가 마비될 정도로 인기가 높았다. 최고 시청률은 35.7%. 다시 불지 못할 열풍이 휘몰아치고 있었다. 이 바람을 어찌 가만두겠는가.

　TV조선 제작진의 후속작은 코로나19 상황을 역이용하는 꾀를 보여주었다. 텔레비전이 PC와 스마트폰을 기반으로 하는 뉴미디어에 비해 레거시 미디어가 된 지는 벌써 몇 년이 되었다. 〈내일은 미스터트롯〉은 레거시 미디어가 된 텔레비전이 뉴미디어에 소외된 계층을 어떻게 품어내는지를 보여주었다. 그뿐 아니다. 트위터도, 페이스북도, 인스타그램도, 틱톡도 하지 않는 세대 중에도 열렬한 팬이 있으며, 그들도 목소리를 갖고 있다는 것을 여실히 보여주었다. 〈사랑의 콜센타〉는 '콜센터'라는 표준 표기법 대신에 '콜센타'라는 구식 표기법을 선택했다. 방송국에 전화를 해서 자기가 좋아하는 가수의 노래를 신청하고, 또 그 가수와 대화를 나눌 수 있다니! 사실 이것은 텔레비전보다 훨씬 더 오래된

미디어인 라디오의 전매특허인 '전화 연결' 방송이었다. 이 '전화 연결'을 텔레비전에서 보는 것은 참으로 오랜만의 일인데, 여기에는 시청자의 감정을 고조시키는 장치가 내재되어 있다.

시청자가 전화를 하면 제작진은 일차적으로 방송에 소개될 만한 사연을 가진 팬을 가려서, 트롯맨 중 한 사람과 통화 연결을 해준다. 팬들은 왜 자신이 임영웅을, 영탁을, 장민호를, 정동원을 좋아하게 되었는지, 어떤 어려움을 겪고 있는지 때로는 담담하게, 때로는 격정적으로 털어놓는다. 팬은 목소리만을 들려주는데 카메라는 이것을 듣는 트롯맨의 얼굴을 보여준다. 대개 사연은 눈물겨운 경우가 많다. 시청자는 팬의 사연에 한 번 울고, 그것을 듣는 트롯맨의 눈에 맺힌 눈물에 한 번 더 운다. 모두의 감정이 고조되었을 때, 특별한 사연이 깃든 노래를 트롯맨은 정성을 다해 부른다. 사랑에 대한 또 다른 사랑의 대답으로서의 노래.

〈사랑의 콜센타〉는 레거시 미디어가 된 텔레비전이 나아갈 방향이 유튜브나 틱톡과 같은 숏폼 콘텐츠가 아닐지도 모른다는 생각을 일깨웠다. 〈내일은 미스터트롯〉과 〈사랑의 콜센타〉는 단순히 트롯 공화국의 탄생과 통치에 간여하는 것만이 아니다. 유튜브의 짧은 영상을 흉내내다가 저조한 시청률만을 남기고 사라진 프로그램을 떠올려보자. 미디어의 미래에도 여전히 중요한 것은 사람과 사람의 만남이다. 어떻게 만나느냐. 단순히 보고 즐기느냐, 아니면 서로가 서로의 감정을 느끼고 호흡하느냐. 직접 만나느냐, 미디어를 통해 만나느냐보다 더 중요한 것은 바로 이것이다.

4. 트롯 공화국의 미래: 내년, 후년에도 풍년이 될 것인가?

물 들어올 때 노를 저어라. 좋은 말이다. 하지만 물이 들어온다고 해서 너무 많은 배가 한꺼번에 뜨면 곤란한 상황이 연출될 수 있다. 서로 충돌할 수 있고, 살살 피해 가다 보니 고만고만한 움직임에 망망대해로 가기 전에 지칠 수도 있다. 지금 트롯맨이라 불리는 〈내일은 미스터트롯〉 출신 가수들은 미디어에 너무 많이 노출되어 있다. 오랜 무명 생활 끝에 광명이 찾아온 이들에게 너무 많이 나온다고 하면 지나친 타박이 될까.

TV조선은 〈사랑의 콜센타〉와 〈뽕숭아학당〉에 트롯맨들을 계속 출연시키고 있다. 너무 자주 나오다 보니 프로그램을 아무리 매회 새롭게 만들어보려고 해도 노출 빈도가 높아짐에 따라 참신성은 떨어지게 되어 있다. 더구나 이들은 TV조선뿐만 아니라 지상파 3사를 비롯하여 각종 방송사의 여러 예능 프로그램에 자주 모습을 비추고 있다. 게다가 이들은 광고모델로서도 언제 어디에서나 볼 수 있을 정도로 무시로 나타난다. 한마디로 트롯맨의 전성시대다.

그러나 이들의 전성시대가 얼마나 갈까? 이들의 대선배라 할 나훈아를 보라. 그는 상업광고는 전혀 찍지 않는다. 방송 출연도 자주 하지 않는다. 심지어 그는 십여 년간을 두문불출 칩거했다. 그러나 〈2020 한가위 대기획 대한민국 어게인 나훈아〉를 보라. 슈퍼스타가 무엇인지 그는 몸소 보여주었다. 단지 대중의 눈에 잘 띄지 않는 '신비주의자'가 되라는 말은 아니다. 평소에는 기운을 잘 모아 좋은 노래를 만드는 데 힘쓰고, 공연장에 나타나서는 멋진 노래를 새로 들려주라는 소리다.

음악적으로 일취월장하지 않는 한, 스타의 수명은 매우 짧다는 사실을 방송사에서는 알려주지 않는다. 방송 프로그램을 만드는 사람들에게는 오늘 내 방송의 시청률, 호응도가 가장 중요하기 때문이다. 〈내일은 미스터트롯〉의 성공 이후, 지상파 3사는 물론이고 여러 종편 채널에서 트로트 오디션 프로그램을 방영하고 있다. 이들은 트로트가 대중적 인기를 끌고 있는 지금, 어떻게 해서든지 들어온 물에 노를 저으려고 한다. 그러나, 이렇게 우후죽순으로 트로트 프로그램이 나오면 트로트는 메가 히트곡도, 명곡도, 명가수도 배출하지 못한 채, 한 시절 인기 있었던 장르로 추락할 위험이 항상 있다.

지금도 포화 상태인데 방송사들은 트로트 프로그램을 계속 만들어낸다. 대중적 관심의 임계점을 지나면 트롯이 되었던 트로트는 다시 본래 무대의 주변으로 간다. 대중문화 판에서 이런 소리가 심심찮게 들린다. "대중은 변덕스럽다"고. "오늘의 스타를 내일 헌신짝처럼 버린다"고. 그것은 현상만을 본 것이다. 대중의 입맛이 금세 변하는 게 아니다. 같은 음식만 주니 쉽게 물리는 것이다. 방송사는 여러 음악 장르를 골고루 대중에게 선보이고, 트롯 가수들은 세대교체 된 멤버답게 트로트의 혁신을 위해 새로운 곡을 만들고, 갈고 닦아야 할 것이다.

아마도 TV조선은 매년 오디션 프로그램을 계속할 것이기에 〈내일은 미스트롯〉과 〈내일은 미스터트롯〉이 배출한 가수들을 계속 자사 프로그램에 출연시키며 재미를 보려고 할지 모르겠다. 올해의 신인이 인기가 시들해지면 내년에 또 뽑으면 되니까. 그러나 그러다가는 프로그램 자체에도 위기가 온다는 사실을 잊지 말아야 한다. 트로트를 트롯으로 만들었으니 옛날 노래만 리바이벌해서는 안 된다.

5. 트롯 공화국에서 모두 안녕하십니까?

일제강점기에는 나라 잃은 설움을, 6·25 때는 전쟁의 고통을, 산업화 시기에는 이촌향도의 아픔을 노래한 장르가 트로트다. 다시 말해 한국 대중문화의 여러 산물 중에서 트로트만큼 긴 목록을 가진 문화상품이 없다는 것이다.

어느 시대에나 그 시대의 어려움이 있다. 그 어려움 앞에서 인간은 좌절하고, 눈물 흘리고, 위로를 바란다. 그럴 때마다 음악이 늘 있었다. 트로트는 누가 들어도 어렵지 않은, 단순한 곡조에 진솔한 가사로 우리를 위무했다.

누구도 트로트가 가장 위대한 음악 형식이라고 말하지는 않는다. 나훈아가 모차르트보다 뛰어난 음악가라고 말할 수는 없으리라. 그러나 젊을 때 고향을 떠나 객지에서 온갖 고생을 한 끝에 노인이 된 누군가는, 나훈아의 「머나먼 고향」을 들으며 모차르트 교향곡보다 더 진한 감동을 받을 수 있을 것이다.

방송 프로그램은 클래식보다는 트로트에 가깝다. 대중 친화적으로 만들어야 하고, 그 시대의 아픔에 귀를 기울이고, 힘들고 지친 사람들에게 위로를 전해야 한다. 그러나 너무 상투적인 위로에는 진심이 느껴지지 않는다. 새로운 시대에는 새로운 위로가 필요하다. 고색창연한 트로트를 다루는 방송이 아니라 트롯을 새로 알리는 방송이라면 우리가 지금 살고 있는 시대를 노래해야 한다. 보릿고개의 배고픔을 노래하여 시니어 세대의 눈물을 흘리게 할 수도 있다. 그러나 그것만이어서는 곤란하다. 과거의 명곡과 취직 걱정, 집값 걱정, 노후 걱정 등을 담은 신곡이 조화롭게 공명하는 무대를 바란다. 트롯으로 승부를 보려는 방송사와 가수는 우리 시대에 필요한 위로를 건네야 한다. 그러기 위해서는 이 트롯 공화국에서 모두 안녕하신가 하고 묻는 태도를 먼저 갖춰야 할 것이다.

숨어 있는 하마들의 첫걸음마를 위해

페미니즘 비평으로 바라본 KBS2 〈동백꽃 필 무렵〉

문지원

공중파에서의 페미니즘 등장

2019년 종영한 드라마 〈동백꽃 필 무렵〉은 페미니즘이 안방극장에서의 주류 장르로 도약하는 데에 큰 기여를 한 작품이다. 〈동백꽃 필 무렵〉에서는 미혼모인 주인공 동백의 성장과정을 중심으로 이야기를 전개해 나가는데, 이는 공중파에서도 미혼모를 소재로 한 페미니즘 드라마가 충분히 성공을 거둘 수 있다는 것을 보여주는 대표적인 사례가 되었다. KBS라는 공중파 채널에서 페미니즘이라는 소재를 다루었다는 것은 더 이상 페미니즘이 하나의 소재로 한정되는 것이 아닌, 주요 장르로 자리 잡기 시작했음을 말해준다.

　〈동백꽃 필 무렵〉은 대본과 연출에서 크게 호평을 받은 작품이지만, 모든 작품이 완벽할 수는 없듯이 〈동백꽃 필 무렵〉에도 아쉬운 지점들이 존재한다. 따라서 이 글에서는 〈동백꽃 필 무렵〉이 다루고 있는 페미니즘적인 요소들을 분석하고, 이러한 요소들이 가져올 수 있는 긍정적·부정적 결과들을 도출해 낼 것이다.

사실 하마는 풀을 먹는다

〈동백꽃 필 무렵〉은 미혼모인 동백을 중심으로 이야기가 전개된다. 까멜리아 술집을 운영하며 아들과 단둘이 살아가는 동백은 포근하고 온순한 인상을 하고 있지만 강한 내면의 소유자로, 씩씩하게 역경을 헤쳐 나가는 모습을 보여준다. 이는 미혼모를 힘없고 자립적이지 못한 존재로만 다뤄온 기존의 편견을 깨는 설정이다. 동백은 연쇄살인범인 까불이로부터 아들을 지키기 위해 강한 엄마로 성장하고, 자신을 향해 수군거리는 동네 주민들을 향해 자기 목소리를 내는 법을 배워간다.

그러나 미혼모에 대한 편견을 없애기 위해 설정된 자립적 모습들이 인지도를 얻어 미혼모의 주 캐릭터로 자리 잡게 되면, 역설적이게도 그것이 미혼모에 대한 새로운 프레임이 되어 그들을 공격하게 될 위험성도 존재한다. 악착같이 살아가는 캐릭터 설정이 '미혼모는 언제나 씩씩해야 한다'라든가 '아이를 위해서라면 모든 것을 감내해야 한다'와 같은 압박감을 가져다줄 수 있는 것이다. 많은 드라마가 주인공인 미혼모에 초점을 맞추면서 정작 책임을 회피한 상대, 즉 친부는 화면 밖으로 사라지게 만든다. 그렇게 되면 시청자들은 자연스럽게 친부에 대한 분노를 잊어버리고, 이에 대한 모든 책임을 미혼모가 씩씩하게 이겨내는 모습으로 승화하게 된다. 정작 책임을 져야 할 상대방은 화면 밖에서 삶에 아무런 영향 없이 잘 먹고 잘 살아가지만, 시청자는 미혼모 홀로 고군분투해 만들어낸 결과를 해피 엔딩이라 일컫고 일종의 합리화를 하게 되는 것이다.

하지만 〈동백꽃 필 무렵〉은 이러한 우려를 사전에 차단한다. 동백이는 생활력이 강하고 씩씩한 엄마지만, 자신이 받아야 할 권리는 똑똑히 챙길 줄 아는 사람이다. 드라마에 흔하게 등장하는 '네가 준 돈 더러워서 쓰기 싫다' 따위의 발언은 하지 않는다. 책임을 다하지 않은 상대방이 홀로 육아를 하는 미혼모에게 생활비를 지원하는 것은 정말 최소한의 인간적 도리다. 상대에게 생활비를 받는 것을 '자존심 없고 자립적이지 못하다'고 생각하는 시선이나, 생활비를 지원해 주었으니 상대는 책임을 다한 것이라 생각하는 모습은 미혼모들을 향해 새로운 공격을 가하는 행동이다. 〈동백꽃 필 무렵〉은 동백이에게 '상대방의 지원을 받지 않고 꼿꼿하게 살아가는 모습'을 강요하지 않는다. 악착같이 살아가되 내가 받아야 하는 몫은 똑똑하게 받아내는 동백이의 모습이 미혼모에게 '혼자 이겨내야 한다'는 새로운 프레임을 씌우는 것을 막아준다. 또 동백이는 강인하게 살아가지만, 때로는 용식이에게 "더는 센 척하고 싶지 않다. 그냥 도망가겠다"라고 자신의 속마음을 솔직하게 털어놓기도 한다. 이러한 모습은 미혼모로 하여금 언제나 강해야 한다는 압박감과 부담감을 갖지 않도록 도와주고 힘든 마음을 위로받게 한다. 동백이의 강인하면서도 현실적인 모습은 정글에서 가장 강하지만 풀을 먹고 사는 하마의 모습을 연상시킨다.

또한 〈동백꽃 필 무렵〉은 필구의 친아빠인 강종렬을 화면 밖으로 내보내지 않는다. 마지막까지 주변에서 아빠 없이 살아가는 아들을 지켜보며 안타까워하고 뼈저리게 후회하도록 방치한다. 이는 책임을 지지 않은 대가를 치르는 것으로, 동백이만의 노력으로 일구어낸 해피 엔딩을 통해 그의 잘못이 어물쩍 잊히지 않도록 하기 위함이다.

엄마는 되고, 아빠는 안 돼?

〈동백꽃 필 무렵〉에는 타 페미니즘 관련 작품에도 자주 등장하는 여성연대가 나타난다. '옹벤져스'라고 불리는 옹산의 아줌마 부대는 동백이가 까불이로부터 위협을 당할 때 힘을 합쳐 위기에서 구해주는 등 여성들만의 연대를 통해 큰 힘을 발휘한다. 이는 여성들의 연대로 볼 수도 있지만, 엄마들의 연대로 바라볼 수도 있다. 홀로 아이를 키우는 동백이의 버거움을 공감하는 옹산의 엄마들은 지나가는 필구를 앉혔다가 공짜 밥을 먹이고, 동백이 위협을 당하면 달밤의 집합도 마다하지 않는다. 이 밖에도 까불이로부터 동백을 지키기 위해 무엇이든 하려는 정숙의 모습과, 홀로 용식을 키워낸 덕순의 모습을 통해 〈동백꽃 필 무렵〉에서는 유독 모성애가 강조되는 것을 알 수 있다.

　〈동백꽃 필 무렵〉에서는 남편들보다 힘이 센 옹벤져스의 모습이 나타나는 등 가부장적인 모습 또한 찾아보기 어렵고, 유일한 가부장적 요소인 제시카의 아버지 등 자잘한 갈등 요소들을 마지막 화에 크고 작게 응징하고 있기 때문에 페미니즘 관점에서 비교적 비판할 만한 부분이 적다. 그럼에도 불구하고 아쉬운 점이 있다면, 이 작품에서 강조하고 있는 모성애가 '모성은 부성보다 강하다'라든가, '엄마 없는 사람은 제대로 성장하지 못한다'와 같은 편견을 조장할 수 있다는 것이다. 실제로 작품 내에서는 홀아버지 밑에서 자라난 까불이가 연쇄살인범이 되고, 엄마에게 보호받지 못하는 향미는 희생자가 된다. 아들의 죄를 대신 뒤집어쓰려는 까불이의 아빠를 통해 부성을 강조하지만, 이는 영화 〈마더〉에 나타나는 김혜자의 모성과 유사한 잘못된 부성이며, 까불이는 아버지가 있음에도 불구하고 올바르게 성장하지 못한다. 같은 한부모가정이지만 엄마 밑에서 자란 인물은 올바르게 성장하고, 아빠 밑에서 자란 인물은 문제 인물이 되는 것이다. 이러한 클리셰는 무의식적으로 '자녀를 올바르게 양육하는 것'을 여성의 역할로 돌리게 하고, 남성의 육아에는 어딘가 부족함이 있다는 편견을 조장하게 된다.

왕자가 없었는데요, 있었습니다

다른 작품들과 비교했을 때 남자 주인공의 영웅적 면모가 확연히 적은 것은 사실이다. 그러나 까불이에 대한 수사를 진행하는 과정이나 동백이가 불 속에 갇혔을 때, 죽을 뻔한 위기 등 결정적인 순간에는 언제나 용식이의 도움이 필요했다는 것, 자립적으로 살고자 하는 동백이의 주변에는 그녀를 지켜주려는 용식이의 울타리가 존재했다는 점이 아쉬운 점으로 작용한다. 또한 자존감 낮은 동백이 용식의 따뜻한 말에 용기를 내고 자립적인 사람으로 성장하는 모습은, 과거의 신데렐라 스토리보다는 확연히 약해졌으나 결국은 기존의 구원 서사에서 완전히 벗어나지 못하고 있음을 보여준다. 이는 시청률에서 자유로울 수 없는 드라마의 특성상 보다 많은 시청자의 만족도를 높이기 위함이다. 높은 연령층의 시청자들은 아직 자립적이기만 한 여자 주인공의 모습에 익숙하지 않기 때문이다. 하지만 동백이를 지켜줄 수 있는 건 자신밖에 없다는 용식이의 예상을 뒤엎고, 그녀가 맥주 500cc 잔으로 까불이의 뒤통수를 내려치는 등 스스로를 지켜냈다는 점에서 이 드라마가 전달하고자 했던 자립적인 동백이의 모습은 성공적으로 표현되었다고 생각한다.

까불이가 쏘아 올린 페미사이드

페미니스트인 다이애나 러셀은 여성 혐오와 성차별 문화에 기반을 둔 남성의 여성 살해를 '페미사이드'라고 정의한다. 〈동백꽃 필 무렵〉에서는 살인범 까불이로 인해 많은 사람들이 죽는데, 이들은 모두 혼자 살거나 주변에 사람이 없어 죽어도 큰 화제가 되지 않는 여성이라는 공통점이 있다. 까불이는 홀로 왁싱숍을 운영하는 여성을 타깃으로 노렸고, 이를 목격한 미혼모 동백이를 위협했으며, 아무도 관심을 기울이지 않는 향미를 죽였다. 까불이가 끝내 동백이를 죽이지 못한 이유는 동백이 곁에 갑작스레 생겨난 용식과 마을 주민들이 존재했기 때문이다. 까불이가 저지른 살인은 불특정다수가 아닌, 자신이 쉽게 제압 가능한 여성들만을 대상으로 철저히 조사한 후에 했다는 점에서 우발적이고 홧김에 저지르는 묻지마살인이나 연쇄살인이 아닌, 치밀하게 계획된 '페미사이드'라고 보아야만 한다.

페미사이드를 다루는 작품에서는 살인범이 살인을 저지를 수밖에 없었던 이유를 자주 등장시킨다. 엄마가 없이 성장한 까불이의 성장 배경이나, 그가 받아왔던 동네 여자들의 무시 등이 이에 해당한다. 이러한 요소들은 살인범의 잘못에 마땅해 보이는 사정을 부여함으로써 그들의 살인이 어쩔 수 없었던 일인 것처럼 만들어버린다. 그들을 향한 연민을 통해 여성혐오적 폭력을 정당화하려는 행동은 또 다른 폭력을 조장하게 된다.[1]

---

1   윤일희, "〈동백꽃 필 무렵〉의 '페미사이드', 무섭고도 무섭다"(2019), http://brunch. co.kr/@jupra1/5

세상의 모든 동백이들에게

〈동백꽃 필 무렵〉은 최대 시청률이 무려 23.8%에 달하며 그해의 시상식을 휩쓸어간 대작이다.[2] 이 작품으로 인해 미혼모 단체에서 감사 인사를 할 정도로 미혼모에 대한 인식이 변화했으며,[3] 높은 완성도의 각본과 연출, 배우의 연기력이 더해져 시너지 효과를 낸 공중파 드라마이기 때문에 다른 드라마에 레퍼런스가 될 수밖에 없다. 이 때문에 〈동백꽃 필 무렵〉은 단순히 좋은 성과를 거둔 것을 넘어서 앞으로 페미니즘 장르의 방향성을 제시하는 기념비적인 작품이 될 것이라고 생각한다.

그러나 이렇게 흥행한 작품에서도 여성에 대한 폭력이 존재하고, 성별에 따른 편견을 조장하는 요소가 등장하며, 여전히 벗어나지 못하는 한국 드라마의 구원 서사가 드러난다. 이러한 사슬로부터 벗어나기 위해서는 우리가 본질적으로 묶여 있는 이데올로기가 무엇인지 파악할 필요성이 있다. 여러 가지 아쉬움이 존재하는 작품이었으나, 사회가 변화함에 따라 드라마의 성향 또한 조금씩 발전해 나가고 있음을 감안했을 때 〈동백꽃 필 무렵〉은 아직 완벽하진 못하지만 앞으로 변화해 갈 드라마들의 길잡이 역할을 해줄 진보적인 작품이라고 볼 수 있다. 〈동백꽃 필 무렵〉은 세상의 모든 동백이들에게 고개를 들라고 말한다. 이를 통해 조금씩 변화해 가는 세상은 숨어 있는 하마들의 첫걸음마를 북돋아줄 것이다.

---

2   11월 21일 마지막 회 시청률 23.8%(닐슨코리아, 2019년 11월 21일 종합 편성 기준).

3   이지영, "'인식개선 큰 역할 해줬다' … 미혼모단체들, '동백꽃' 제작진에 감사패", ≪중앙일보≫, 2019.12.2, https://mnews.joins.com/article/23646988

한국인 같은 외국인, 표현에 담긴 문화정치학

헤식은 다문화주의의 문제점: MBC every1 〈대한외국인〉

이은서

1. 한국인의 피아식별 장치

재한외국인 2,524,656명, 대한민국 전체 인구 중 4.97%를 차지한다. 단일민족주의 국가에서 다양성과 다문화주의는 오랜 숙원 과제로 남아 있다. 외국인의 문화를 존중하고 더불어 살자는 메시지를 담은 프로그램은 매해 심심찮게 시청자를 찾아왔다. 〈미녀들의 수다〉, 〈다문화 고부열전〉, 〈비정상회담〉, 〈이웃집 찰스〉, 〈어서와~ 한국은 처음이지?〉. 개중에는 한국 여행 관찰 예능도 포함되어 있지만, 한국 문화 체험기를 나눈다는 점에서는 유사한 맥락이라 본다. 나열된 프로그램과 이 글에서 다룰 〈대한외국인〉의 공통점은 다문화주의를 표방한 동화주의를 전제한다는 것이다.

    사회에 만연한 다문화주의를 표방한 동화주의를 구체적으로 살펴보도록 하자. KBS1 〈인간극장〉의 인터넷 밈(meme)인 '편견 없는 할아버지'를 한 번쯤은 봤음직하다. 라비 욤비가 홍어를 먹은 후 재래시장의 행인과 대화하는 상황이다. "자네 부모가 전라도 사람인가"라 질문한 이를 "편견 없는 할아버지"라 칭하고, 라비는 '한국 패치'된 외국인으로 유명하다. 흔히 말하는 "한국 패치", "한국인 다 됐네" 등의 표현이 유쾌하지만은 않다. 〈대한외국인〉 분석에서 후술하겠지만, 자국의 관점에서 우리나라 사람과 흡사한 언동을 요구한다. 또 공동체 일원으로서 인정의 기회를 마치 선심 쓰듯 베푸는 문화정치학적 함의를 가진다. 아이돌 외국인 멤버가 가장 좋아하는 음식이 김치볶음밥이라거나 공연차 '외국'에 오래 머무르는 것이 처음이라고 말할 때도 유사하다. "어디 라씨냐" 물으며 성씨 의식과 본관 제도를 오락적 문법으로 소비한다. "토종 한국인 같다", "친숙한 모습", "정감 가는 모습"과 같은 자막으로 재한 외국인의 쾌와 불쾌 경험이 재서사화되고, 동화주의를 친근함의 표시라 착각하게 만든다. 한국식 유머를 이해하고 즐기는 자와 그렇지 못한 자를 분리해 오히려 외국인과 한국인의 경계를 분명히 할 뿐이다. 국제적 이슈가 한국의 정서와 반할 때는 금세 등을 돌리고 만다. 한국에 얼마나 호의적인가, 쉽게 말해 '우리나라는 한국이다'가 피아식별 장치와 같다.

2. 동화주의의 총구가 향하는 곳

MBC every1 〈대한외국인〉 프로그램은 초기에 문제 난이도와 형평성에 의문을 남겼다. 대한외국인 팀의 정답 주워 먹기나 직관적 힌트, 발음의 유사성만으로도 득점하기 등으로 퀴즈 쇼의 의미가 무색했다. 유연한 진행이라는 호평의 뒷면에는 문화나 역사 주체의 시혜적 태도라는 점을 지울 수 없었다. 프로그램은 기획 의도에 나타나듯 '한국인보다 더 한국인 같은 외국인'과 펼치는 한국 문화 퀴즈 쇼다. '한국인보다 더 한국인 같은 외국인'은 두 가지 대전제를 둔다. 첫째, 한국인과 견주어도 모자람 없는 지식을 갖출 것, 둘째, 한국에 대한 호의적 태도를 겸비할 것. 한국 문화를 퀴즈 대상으로 하여, 학습의 대상으로 삼는다. 세계 3대 팬케이크 중 하나가 파전이라는 정답을 공개한 후에 이어진 대화를 참조한다. 박명수는 대한외국인 팀을 향해 파전을 먹어본 사람 손들어 보라 했고, 이어서 파를 먹는 나라를 물었다. '두유 노 김치(Do you know KIMCHI?)'만큼이나 낡은, 자문화중심주의의 전형을 그대로 보여주는 사례다. 시청자들은 한국 문화 퀴즈 쇼이니 불가피한 진행이리라 여기고 종종 자문화주의에 무의식적으로 동조한다. 우리가 '편견 없는 사람'을 자임할수록 한국적 다문화주의의 맹점을 간과하게 된다. 오랜 단일문화와 단일민족주의의 역사 속에서 재한외국인의 존재는 도전적이었다. 이들의 존재가 사회에 어떤 변화를 끊임없이 소구해 왔기 때문이다.[1] 문화 다양성을 인정하는 것부터 본질적으로 이들을 존중하는 것은 너무 당연한 명제다. 그러나 현재 미디어는, 재한외국인의 적극적 방송 출연으로 다문화 사회로 이행하는 것처럼 눈속임하고 이들을 교묘히 배제하는 정치성을 띠고 있었다. 이러한 헤식은 다문화주의는 최근 오취리의 하차 배경을 살펴보면 이해하기 쉽다. 인종적 배타성 없이 살아온 한국인은 블랙페이스 차별에 둔감했다. 그러기에 반성적 사고를 권유한 오취리에게 총구를 겨눴다. 평소 호오를 빌미 삼아 거주국 문화에 존중을 요구함과 동시에 타자의 존재를 부인한 대중은 서로에게 면식범인 셈이다. 주류 문화 이데올로기 속

---

1   원숙연, 『다문화 사회의 다층성: 인종적 다양성을 둘러싼 정책적 편입과 배제』(이화여자대학교 출판문화원, 2019), 25쪽.

에서 재한외국인과 마주한 것은 끝내 동화주의로 결말을 내렸다.

이 글은 〈대한외국인〉이 동화주의에 가까워 보인다는 주장에 그치는 것만은 아니다. 문제는 다문화주의의 정의를 명확히 할 수 없는 상황과도 맞닿는다. 다문화주의는 각 문화의 차이를 인정하고 존중하는 것을 골자로 하여 때로는 정책을, 때로는 외국인 당사자를 지칭하는 등 혼란이 가중되었다. 문화상대주의, 다원주의와 같은 개념과도 완벽히 분리해 사용하지 못한다는 점도 문제다. 이 개념이 지배문화로부터 이용되어 왔다는 점을 깨닫는 데에는 오랜 시간이 걸리지 않을 것이다. 개념을 체계화하지 않은 상태에서 이 프로그램은 다문화주의를 표방한 동화주의라는 지적을 피할 수 없다. 요컨대 〈대한외국인〉은 다문화주의의 변질에 대해 모두에게 도의적 책임이 있다는 증거다. 이들의 체험이 왜곡되지는 않았는지 의심하며 비판적 읽기를 제안한다. 한국 문화를 기준으로 각국 패널에게 '문화(상품)의 유무'를 묻는 것은 결코 다문화주의라 볼 수 없다. 식사 예절 토크 진행 중 진행자가 각 패널에게 '자국에도 물티슈가 있는지' 물었던 회차를 일례로 든다. 오취리는 고향에서 물티슈를 요구하자 수건에 물을 적셔주었다는 일화를 이야기하면서 모든 출연진과 함께 웃는다. 고향만의 식사 위생을 이야기하는 대신 '없다'는 사실만을 편집함으로써 물티슈가 문화적 우열을 판가름하는 기준이 된다. 그곳 스튜디오, 이곳 대한민국에서 위생품 물티슈가 없는 문화 경험이 웃음거리로 전락한다.

3. 문화권력과 예능 문법

프로그램이 퀴즈 예능으로서 입지를 다질수록 문제의 정합성에 대한 의심은 줄어든다. 교양 예능이라는 장르는 그 자체로 교육적이고 정의로운 인상을 주고, 피시한(Political Correctness) 시청자로 만들어주기 때문이다. 퀴즈쇼의 구성원을 출제자, 대한외국인 팀과 대한민국 팀, 시청자로 분류해 보자. 대한외국인 팀을 제외하고 모두가 한국 문화-주류 집단이다. 대한민국 패널은 물론이거니와 시청자는 국가 대항 경쟁심에 불타오르거나 오답에 원색적 불만을 드러내지 않는다. 자신의 오답으로 자국 문화가 왜곡될 위험이 없을뿐더러 한국인이라는 정체성을 부정당하지 않는다. 가령 대한민국 팀원이 실점할지라도 한국인임을 의심받겠는가. 오답을 정정해 무지를 메워줄 대리인(제작자와 자막, 대한민국 팀의 답답한 표정 클로즈업)이 있다. 한국에서 나고 자라 한국의 교육을 받은 '내'가 맞추지 못하는 문제에 대한 부끄러움 대신 자국 문화가 범국가적으로 인정받고 있다는 환각을 불러온다. 국보로 지정된 불국사 건축물 네 개를 읊는 퀴즈가 출제되자 에바는 빠르게 정답을 외쳤고 다른 출연진으로부터 찬사를 받았다(103회 방송). 박현빈은 재차 에바에게 청운교와 백운교를 묻고, "백운역은 아는데"라며 그의 지식에 감탄했다. 같은 프레임에 담긴 하춘화는 입을 다물지 못했으며, 경쟁자였던 진성 또한 객쩍은 표정을 지을 뿐 금세 에바의 정답을 축하하는 모습을 보였다. 본래 퀴즈의 득점은(특히나 국가 대항전에서) 승부를 가리는 목적에서 경쟁이 불가피하나 〈대한외국인〉은 다른 패널의 일명 '주워 먹기'에도 무감할뿐더러 반칙 판단 또한 MC의 자율에 맡긴다. 동일한 장면에서 에바가 최근에 불국사 관련 자료를 번역했던 적이 있다고 덧붙였다(103회 방송). 문화재 정보가 번역되고 교육자료로 활용된다는 출연자의 개인적 경험이 전파를 타며 문화 위상을 입증하게 되는 것이다. 재한외국인을 문화적 변호자로 두고 한국 문화를 알리는 것인지 한국 문화는 퀴즈 소재일 뿐인지 명확히 하기 어렵다.

　반면 대한외국인 패널에게는 이중적 족쇄가 채워진다. 그들은 자국 국기를 가슴에 단 각국 문화의 대표자이다. 자국의 이미지에 어떤 방식으로든 영향을 미치고 정정해 줄 공동의 구성원이 부재한다. 타일러가 '영어에 존댓말이 없다'는 오해를 직접 다루는 상황처럼 말이다. 그는 셰익스피어의 작품을 근거로 영어에도 존칭이 있다는 문화적 상식을 전달한다. 게다가 이들은 거주국에 대한 지식으로 예의를 갖춰야 하며 득점할지라도 지식의 출처를 입증하는 과정을 거친다. 그러기에 줄곧 감탄사와 함께 어디서 배웠는지 어떻게 알고 있는지 검증하는 토크로 이어진다. 대한민국 팀과 진행자는 기꺼이 나서서 정정하거나 부연 설명을 덧붙인다. 10단계의 허배 교수(알브레히트 후베)는 한국 대학에서 교수로 초빙된 이력을 가지고 있음에도, 지식 검증에 예외가 없다. '맥아더 장군 동상이 세워진 자유공원'이라는 정답을 맞힌 후에 인천상륙작전을 사전에 알고 있었는지 묻는다(93회 방송). 자국 문화 퀴즈 포맷에 대한 민족주의와 자문화중심주의의 개입을 의심하지 않을 수 없다. 독특하게도, 대한외국인 패널이 한국 문화권력을 체화하고 있을 때 예능 코드가 된다. K-SOUND 문제였던 충청도 방언 '탑새기'가 출제되었다(100회 방송). 추론이 더딘 자신을 책망하는 팀원들을 향해 알파고가 "나한테 뭐라고 하지 마세요. 저도 답답해요. 저, 충청도 놈이에요"라고 말하자 폭소하는 대한민국 패널들로 카메라가 옮겨 간다. 이 외에도 "옛날에 칠십, 몇 연도"를 회상하는 짐 하버드가 혼분식장려운동을 설명할 때도 같은 맥락이다. 문화권력의 소유자와 한국인의 불일치, 즉 편견에 기인한 예능적 문법이 발견된다.

4. 애국심을 안겨줄 캐릭터

퀴즈의 편향으로 얻어진 문화권력은 여기에서 머무르지 않고 출연진 캐
릭터로 이어진다. 마이클은 미군으로 복무할 당시 한국어 웅변대회에서
수상해 이미 한차례 유명세를 치렀다. 마이클이 "일본아 우기지 마라, 독
도는 한국 땅이다"를 외치는 자료 화면에서 알 수 있다시피, 그는 일명
'국뽕' 대열에 합류했다. 그가 〈대한외국인〉에 출연한 회차에서 훈민정
음을 외며 세종대왕님께 감사하다고 선창하자 양측 패널 모두 입을 모은
다(52회 방송). 마이클이 훈민정음을 외고 한글을 좋아하는 것과 한국인
이 마이클을 향해 '미국 사람 안 같다'는 것이 같다고 생각하는가. 이 물
음에 대해서는 단연 아니라고 답해야만 할 것이다. 혈통주의와 단일민족
주의를 중심으로 한 역사는 '한국 사람 다 됐다', '한국인 같다' 등을 덕담
문화로 오인하고는 한다. 거주국의 주류 문화에 익숙해졌다는 사실이 곧
한국인이 되고자 하는 일은 아니다. 윗사람이 아랫사람을 인정하는 듯한
위계 관계는 문화 정치학이 작용하고 있음을 보여준다. 한국인에 의한
인정이 있어야만 진정한 한국인이 되는 것도 아니다. 한국 사람, 한국인
이라는 정체성 또한 지난한 역사 속에서 자의적으로 만들어진 기준에 불
과하며 언제든 수정될 수 있다. 정체성은 고정된 형태가 아니라 수많은
취향과 사실에 점철된 자의적인 성질을 칭한다는 것을 인지해야 한다.
고로 문화와 국적이 일치해야 한다는 생각은 헤졌다.

마이클과 마찬가지로, 사극을 좋아하고 한 대학의 어학당에서 공
부하고 있는 호다(58회 방송), IMF에 깊은 인상을 받고 유학을 결심한
가브리엘(91회 방송)까지 시청자에게 호감을 살 수 있는 서사를 부여해
준다. 이들의 개인적 인상과 경험은 〈대한외국인〉의 예능 문법 아래 선
별되고 한국 문화를 견고히 쌓아 올린다. 스페인의 엘리트였던 가브리

엘이 "금 모으기 운동에 비친 한국의 윤리를 공부"하겠다는 목표를 밝힘으로 집단적 기억을 점화한다. 역사 문제와 국제적 이슈에 동조할수록 집단 구성원이 공유하는 동질적 정체성으로 친근감을 얻기 쉽다. 이것은 전술한 내용과 궤를 같이하는데, 모리스 알박스의 집단기억이 근거가 된다. 집단 구성원들은 민족의 우상을 기리거나 과거의 사건을 의미화하여 공동의 정체성을 형성한다. "기억이 곧 권력"이라는 알박스의 말마따나 이러한 출연진의 서사는 폭넓은 시청자층을 확보한 점, 다양성을 의제로 세계적 위상을 가늠한 점에서 매력적이다. 집단적 언어로 봉인된 기억은 즉각적·일상적이며 동시대를 살지 않은 세대에게도 효과적이다. 가브리엘의 개인적 감상이나 결정이 한국의 집단기억인 IMF 당시의 고난과 민족정신을 강화해 호감을 얻는 논리다. 재한외국인의 빠른 배송과 배달 음식, 인터넷 속도에 대한 만족 경험이 한국의 빨리-문화, IT 강국 등에 대한 문화적 간증이 된다면, 다문화주의에서 멀어졌다는 것만큼은 분명하다.

5. 재한외국인에게로 향하는 에움길

한국 사회의 다양성은 예외와 기준이 복잡하다. 탈북민이나 교포에게는 한국어 교육 지원이 되지 않는 점, 재일 동포, 재미 동포가 아닌 '재중 동포'는 익숙하지 않은 점 등에서 보듯이 다문화주의의 사각지대에 놓인 채 수많은 존재가 침윤되어 있다. 프로그램들은 외국인 출연진만으로 '글로벌', '한류', '다문화'의 숱한 수식어가 따라붙었다. 당신은 다문화주의를 설명할 수 있는가. 다문화주의란 무엇인가. 명확히 답할 수 없다면 우리는 다문화주의에 대한 구체적 정의가 필요한 시점이다.

그중에서도 〈대한외국인〉 프로그램을 분석할 당위성은 충분했다. 교양 예능으로서 니즈를 반영하며 전 세대를 시청층으로 확보해 왔다. 무엇보다 다양성이라는 의제를 반영하기 위한 시도였다는 점에서는 반박의 여지가 없다. 재한외국인을 패널로 다양한 삶을 조명해 심리적 거리감을 줄였다는 것에 의의가 있다. 동시에 〈대한외국인〉은 한국 사회의 다문화주의를 단편적으로 보여주었고, 문화 존중에 대한 구체적 방법을 마련할 근거가 된다. 자국 국기가 인쇄된 이름표에 거주 기간을 비롯한 자체적 평가로 등급(단계)이 매겨진다. 한국 거주 기간과 문화 친숙도나 지식이 비례하리라는 사고를 추론할 수 있다. 이 단편적 판단은 재한외국인의 신념이나 태도를 재단할 위험성을 가진다. 학업 목적으로 거주 중인 출연진의 경우 이 기준이 적은 오차로 성립할지라도 비전문직 취업자에게는 적용되지 않을 수 있다. 미디어의 영향력은 매우 간명한데, 시청자는 TV의 상징계와 현실이 근접하다고 느낀다. 출연진들의 능숙한 언어 사용과 높은 상식 수준이 재한외국인에 대한 바로미터일 것이다. 재한외국인을 패널로 하는 프로그램이기에 사회의 4.97%에게 굴절된 시선과 마주할 필요가 있다. 언어가 익숙지 않은 자가 노력이 부족해서가 아님을, 한국의 문화를 모르는 자가 그 가치를 폄훼하는 것이 아님을 알리기엔 너무도 먼 에움길을 지나야 한다.

틀에 갇힌 신박한 정리

tvN 〈신박한 정리〉에 나타난 비움에 대한 강요와 여성신화

양수진

신박한 정리를 둘러싼 틀

미디어는 현실을 반영한다. 현재 우리 국민들은 부동산에 대한 관심이 매우 높다. 따라서 다수 대중의 관심사를 반영한 '집' 관련 프로그램이 등장하기 시작했다. 원하는 집을 대신 구해주는 MBC 예능 〈구해줘! 홈즈〉, 전국 명소를 여행하는 tvN 〈바퀴 달린 집〉[1]이 그 사례다. 앞서 말한 두 프로그램은 공간의 이동을 소재로 삼기 때문에 상당히 역동적인 경향을 보인다. 그러나 2020년 한 해를 위협한 코로나19 팬데믹 상황으로 인해

---

1   뉴스엔미디어, "[TV와치] '신박한 정리'의 진짜 힘, 공감대가 주는 신박한 감동"(2020. 9.2), https://www.newsen.com/news_view.php?uid=202009021436505610(검색일: 2020.10.12).

모든 사람들이 최소 생활 범위 외의 이동을 자제하면서 역동적인 프로그램은 그림의 떡이 되었다. 그 틈을 파고든 것이 바로 '정리'를 주제로 한 tvN 예능 〈신박한 정리〉[2]다. 홈페이지에는 이 프로그램의 기획의도로 "물건이 차지한 내 집을 정리하고 공간에 새로운 행복을 더하는 것"을 이야기했다. 집을 소재로 삼으면서도 새로운 장소가 아닌 기존의 내 공간을 활용하는 방법에 집중하면서 대중의 관심사와 기존과 다른 느낌의 집 관련 프로그램이라는 두 마리 토끼를 모두 잡고자 하는 예능인 것이다.

점점 강화되고 있는 부동산 관련 규제는 〈신박한 정리〉에 힘을 실었다. 심교언 건국대 교수는 "정부가 실수요자를 위한다는 명분으로 의무 거주 요건을 강화한 것이 오히려 주거 이전의 자유, 재산권 등을 침해하고 있다"[3]라고 말했는데, 이처럼 주거 공간의 이전이 전보다 더 어려워지면서 현재 자신이 주거하는 공간을 새롭게 꾸미려는 시도가 늘고 있다. 코로나19 상황과 더불어 부동산 정책과 관련된 측면에서도 공간 활용의 방법을 제시하는 〈신박한 정리〉는 시청자들이 꼭 보고 싶은 프로그램이 된 것이다.

트렌드에 발맞춰 대중의 니즈를 반영한 인기 예능이지만, 여러 출연자들의 집을 비우고 공간을 재설정하는 과정에서 공통적으로 발견할 수 있는 문제적 요소가 있다. 바로 비움에 대한 강요와 여성신화이다. 서강대학교 원용진 교수는 "방송을 통해 신화를 수용한 시청자는 그것을 받아들이고 사회 내에서 실천함으로써 재생산이 이루어지면서 신화가 사회 내에서 굳건한 기반을 갖게 된다"[4]라고 보았다. 따라서 우리는

---

2   2020년 6월 29일부터 현재까지 방영 중인 tvN 예능(2020.10.14 기준).

3   ≪조선일보≫, "이사도, 매매도, 전세도 다 가로막는 실거주 의무", 2020.8.18, https://www.chosun.com/site/data/html_dir/2020/08/18/2020081800170.html(검색일: 2020.10.13).

〈신박한 정리〉에 내재된 신화를 자세히 살펴보고 경계할 필요가 있다.

신박한 정리가 말하는 옳은 것, 비움

정리가 필요한 의뢰인이 정해지면 MC들은 현재 상태를 점검하기 위해 온갖 물건으로 가득찬 의뢰인의 집에 방문한다. 단순히 물건의 양을 가늠하고 둘러보는 것만이 아니라 '신박한 정리' 이전에 선행되어야 하는 '비움'을 전달하기 위한 목적도 있다. 비움을 위해서는 '필요'와 '욕구'를 구분해야 한다. 프로그램의 MC를 맡은 신애라는 〈신박한 정리〉 1회에서 필요와 욕구에 대해 정의했다. 먼저 필요는 생활을 유지하기 위해 필수적인 것들이다. 그리고 욕구는 생활에 필수는 아니지만 갖고 싶은 것이다. MC들은 의뢰인에게 필요와 욕구를 설명한 후 세 종류의 박스를 제공한다. 바로 꼭 있어야 하는 물건을 담을 필요 박스와, 욕심으로 모았지만 남에게 나눌 수 있는 물건을 담을 욕구 박스, 그리고 나에게도 남에게도 필요 없는 물건을 담을 버림 박스다. MC와 의뢰인은 집 안 곳곳에 쌓인 물건들을 분류해 박스에 담으면서 정리의 첫걸음을 내딛는다. 이처럼 물건의 구분을 시작으로 효과적인 정리 방법을 전달하는 프로그램이지만 예능적 요소를 놓칠 수는 없다. 그래서 메인 MC로 '미니멀리스트' 신애라와 '맥시멀리스트' 박나래가 등장해 게스트의 물건을 비울지 말지에 대해 한참을 옥신각신 귀여운 언쟁을 벌이며 재미를 더한다. 유쾌함을 더하는 두 사람의 대립으로만 보일 수도 있으나 이 대립의 결과에는 비움에 대한 강요가 숨어 있다.

4   원용진, 『텔레비전 비평론』(한울엠플러스, 2018), 162쪽.

두 MC의 언쟁에서 승리를 거두는 쪽은 높은 확률로 신애라다. 박나래와 의뢰인이 합심해 물건의 필요를 주장해도 신애라는 "사진 찍어놓으면 돼요"라는 한마디로 상황을 정리한다. 사진을 찍는 것으로 남길 수 있으니 욕구에 해당한다는 것이다. 어찌 됐든 필요가 아니라 욕구라고 규정한다. 신애라와 박나래, 신애라와 박나래 & 의뢰인의 관계를 통해 레비스트로스의 이항대립 구조를 발견하면 비움에 대한 강요를 자세히 확인할 수 있다. 레비스트로스는 신화가 "선과 악처럼 대립되는 두 쌍을 기본 구조로 하여 진행된다"[5]라고 했다. 〈신박한 정리〉 속 대립되는 두 쌍을 찾아보면 다음과 같다. ① 신애라 vs 박나래, ② 필요 vs 욕구, ③ 비우기 vs 채우기(물건의 구입 외에도 비우지 않는 것을 포함)이다. 대립에서 승리하는 것은 늘 신애라 쪽이다. 그리고 신애라의 승리는 그녀가 주장하는 필요와 비우기를 선으로 규정하고 박나래가 주장하는 욕구와 채우기를 악으로 규정한다. 이러한 대립 구도와 결과를 보는 시청자들은 은연중에 '필요한 것만 남기고 비우는 것이 무조건 옳은 선이다'라는 생각을 하게 된다. 정리의 시작에 비움이 있다는 것을 완전히 부정할 수는 없지만, 물건을 가지고 있는 것을 잘못된 것으로 규정하는 방송의 내용은 시청자에게 비움에 대한 강요를 전달한다. 그리고 신애라의 의견에 반대하면서도 시간이 지나면 은근히 동화되는 '맥시멀리스트' 박나래로 인해 비움에 대한 강요는 더 큰 힘을 얻는다.

욕구의 비움을 아쉬워하는 의뢰인에게 신애라가 가장 많이 하는 말은 "사진 찍어놓으면 돼요"이다. 실제로 그녀는 1회에서 자신의 배우로서의 커리어를 나타낼 수 있는 트로피 중 일부를 제외하고 전부 사진으로만 남기고 비워냈다고 했다. 물건에는 가치가 없기에 물건을 비워

5   원용진, 『텔레비전 비평론』, 148쪽.

낸 후 그 공간에서 진짜 자신을 찾는다는 것은 상당히 긍정적인 목적이다. 그러나 비우기 위해 개인이 가지는 물건에 대한 가치를 인정하지 않는 것은 매우 극단적이다. 물건에 갖는 애착이나 생각은 개인차가 있고, 물건을 매개로 개인이 행복하다면 물건은 '나'를 구성하는 일부가 되기 때문에 그 가치를 인정해야 한다. 물건을 필요로 보지 않더라도 최소한 욕구의 가치를 폄하하지 않아야 한다는 의미다. 사진으로 남겨두는 방법이 있으나 그것이 무조건 옳은 방법이라고 말할 수는 없다. 사진에는 '아우라'가 없기 때문이다. 발터 베냐민도 사진은 아우라를 가지지 못한다고 했다. 의뢰인이 사진을 찍어서 남기는 것과 실제 물건을 소유하는 것 사이에서 고민을 하는 이유는 물건 그 자체가 갖는 아우라에 있다. 그런데 신애라는 아우라가 없는 사진이라는 방법을 제시하고 비움을 강력하게 밀어붙인다. 결국 설득당한 의뢰인은 소유를 포기한다. 이 과정을 지켜보는 시청자는 의뢰인의 고민과 소유를 쓸데없는 것이라고 느끼면서 무조건 비우는 것이 옳다는 신화를 학습하게 된다.

의뢰인 집에 방문해서 이루어지는 비움에 대한 강요는 주거 공간을 본격적으로 정리한 이후 의뢰인의 반응을 보여주면서 마지막 굳히기에 들어간다. 더 넓어지고 새롭게 구성된 집을 보며 의뢰인은 기쁨의 눈물을 흘린다. 그리고 항상 의뢰인에게 "비우길 잘했죠?"라는 물음을 던진다. 깔끔하게 변화한 공간을 본 의뢰인은 그 물음에 긍정한다. 그러나 의뢰인의 긍정에는 비우는 것이 무조건 옳다기보다는 새롭게 정돈된 공간에 대한 반가움과 그 안에서 행복을 찾을 나의 미래에 대한 기대라는 의미가 더 크다는 것을 알아야 한다. MC와 공간 정리 전문가의 뿌듯한 웃음, 그리고 감격에 찬 의뢰인의 눈물은 의뢰인의 대답 속에 숨은 진정한 의미를 감춘 채 결국 욕구의 비움만이 공간에서 행복을 찾을 수 있는 유일한 방법이라는 메시지를 시청자에게 전달하고, 욕구가 가진 가치를 무조건적으로 부정하면서 비움에 대한 강요를 단단하게 만든다. 하지만 욕구도 개인의 일부이기 때문에 극단적 비움보다는 욕구를 이해하면서 필요와 욕구의 적절한 조화를 이룰 필요가 있다. 〈신박한 정리〉의 목적은 무조건적인 비움이 아니라 나와 내 공간에 행복을 더하는 것이기 때문이다.

신박한 정리가 규정하는 여성의 영역

공간에 행복을 더하기 위해서는 적당한 비움뿐만 아니라 함께하는 가족 구성원을 이해하는 자세도 필요하다. 집이라는 하나의 거대한 공간을 공유하고 그 안에서 살을 부대끼며 공동체의 생활을 하기 때문이다. 따라서 가정이 있는 의뢰인의 경우 함께 생활하는 가족 구성원 모두의 행복을 위한 방향으로 공간을 구성하고 재배치해야 한다. 그러나 〈신박한 정리〉는 여성 가족 구성원이 행복한 공간을 이야기할 때 성역할, 특히 엄마에 한정된 태도를 보인다. 〈신박한 정리〉가 규정하는 여성의 영역, 여성신화는 '장현성 편', '정은표 편', '이준혁 편'에서 가장 두드러지게 나타난다.

'장현성 편'에서 정리 이후의 집을 공개할 때 장현성을 위한 공간으로는 서재가 등장했다. "50대 가장 현성만의 서재를 소개합니다"라는 자막을 통해 서재는 다른 방과 완벽히 분리된 장현성만의 개별적 공간임을 확인할 수 있었다. 반면 미방송분을 통해 공개된 아내의 공간으로 등장한 것은 안방 화장실 입구에 딸린 화장대가 전부였다. 자막은 "엄마 희정만의 공간이 생겼습니다"였다. 서재는 장현성의 꿈과 자아실현을 위한 공간이다. 그러나 화장대는 희정 씨가 자아실현을 한다거나 쉴 수 있는 공간이 아니다. 게다가 희정이라는 이름 앞에 '엄마'를 붙였다. 엄마이자 여성인 희정 씨의 공간은 자신을 가꾸는 것만을 목적으로 한다.

'정은표 편'도 비슷하다. 개별 공간을 서재로 만들지는 않았지만 부부가 함께 쓰는 안방에 정은표만을 위한 책상을 두어 작은 서재를 완성했다. 하지만 아내 하얀 씨를 위한 공간은 깔끔하게 정리된 주방이 전부였다. 가사노동에 지쳤을 때, 꿈을 위한 노력을 하고 싶을 때를 위한 공간을 보장받지 못했음에도 불구하고 하얀 씨는 남편 정은표의 공간이 생겼다며 기쁨의 눈물을 흘렸다. 부부가 함께 생활하는 안방에 남편을 위한 책상은 있는데 아내를 위한 것은 없다. 〈신박한 정리〉가 말하는 아내의 공간은 방 밖의 주방뿐이다.

'이준혁 편'도 마찬가지다. 방 4개의 집에 5인 가족이 거주하는데 그중 방 2개를 이준혁이 사용하고, 두 아들 그리고 엄마와 딸이 각각 방 하나씩을 공유한다. 이것은 정리 이후에도 유지되었다. 이준혁의 덕질방, 옷방을 그대로 남기고 지저분한 물건들을 정리하기만 했다. 이준혁은 〈신박한 정리〉에 출연한 이유를 말할 때 아내 정진희 씨가 집 안에 가득 찬 물건으로 인해 생기는 불편함으로 우울증에 걸릴 것 같다고 호소했다는 이야기를 했다. 그러나 이준혁 집의 경우 이준혁만을 위한 공간 구성에 그쳤다. 여전히 아이들은 개인 방이 없고, 책상은 거실에만 있으며 정진희 씨가 마음 편하게 머무를 공간으로는 주방조차도 등장하지 않았다. 이준혁의 공간을 부부가 함께 공유하는 방으로 변경하지 않은 것은 왜일까? 가족의 행복이 아닌 이준혁의 행복을 위한 집인 것이다.

위의 세 편을 종합해 보면 여성을 위한 공간은 화장대, 주방이거나 아예 없다. 예외로 '홍경민 편'에서는 아내를 위한 공간이 나오지만 그것은 원래 집에 아내의 공간이 있었고, 의뢰인 홍경민이 아내를 위한 공간을 요청했기 때문에 이루어진 결과일 뿐이다. 별도의 요청이 없을 경우 〈신박한 정리〉 속에서 여성이 자아실현을 할 수 있는 공간은 없다.

게다가 화장대는 여성이 꾸밈노동을 하는 공간이고, 주방은 가사노동을 하는 공간이다. 여성에게 정말 필요한 것, 여성이 정말 하고 싶은 것을 고려하지 않았기 때문에 화장대와 주방을 여성의 공간으로 한정했다고 볼 수 있다. 놀라운 점은 이에 반발하는 여성이 없다는 것이다. 여성들은 제대로 된 자신의 공간이 없다는 것을 인지하지도 못하고 그간 혼자만의 공간이 없는 남편에게 미안했는데 남편의 공간을 만들어줘서 고맙다며 감격의 눈물을 보이기만 한다. 이와 같이 남성이 우선시되는 장면을 통해 시청자들은 가부장제를 자연스럽게 받아들이게 된다.

게다가 남성 중심 공간 배치와 여성을 한정하는 여성신화는 신애라의 말에서도 드러난다. 정은표 편에서 깔끔해진 주방을 공개하며 신애라는 "주방은 엄마의 공간이고, 주방이 정리되면 여성은 기쁘다"라고 한다. 엄밀히 따지면 주방은 가족 구성원 전체가 공유하는 공간이다. 주방은 식사를 준비하고 먹는 공간이고, 식사는 가족 구성원 전체에게 필요한 것이기 때문이다. 엄마에게만 주방이 필요한 것이 아니다. 주방은 가족 모두에게 필요하다. 주방에서 엄마가 요리를 하면 아빠는 설거지를 하고, 자녀는 수저를 놓고 물을 따르면서 모두가 함께하는 것이다. 그런데 주방을 엄마의 영역으로 한정함으로 인해 가사노동을 여성의 것으로 규정하게 된다. 그리고 주방이 정리되면 여성은 기쁘다는 말을 통해 여성의 자아실현에 대한 욕구를 무시한 채 여성은 육아와 가정에 몰두하며 즐거움을 느낀다는 신화로 확장하는 것이다. 이처럼 엄마, 아내로의 헌신과 보조적 역할만을 강조한 정리 속에서 여성의 진정한 행복은 사라지고 있다.

틀을 깨고 진정한 신박함을 찾기 위해

모든 부분에서 완벽한 프로그램은 없지만, 모든 프로그램은 완벽하기 위해 노력해야 한다. 그것이 대중문화로서 미디어가, 그리고 방송 콘텐츠가 가져야 할 목표 의식이자 지향점이다. 〈신박한 정리〉는 행복한 공간을 만들 수 있는 방법을 알려주고, 변화한 집에 대한 기쁨과 기대라는 포장으로 프로그램 속에 내재된 신화를 감추고 있다. 프로그램명은 〈신박한 정리〉지만 시청자에게 전달하는 비움에 대한 강요와 여성신화는 전혀 신박하지 못한 틀에 갇혀 있는 것이다. 게다가 여성신화는 가부장제를 바탕으로 하기 때문에 진부하기까지 하다. 이 글의 시작 지점에서 언급했듯이 방송 프로그램에 내재된 신화는 그것을 재생산하는 도구가 될 수 있다. 그렇기 때문에 〈신박한 정리〉는 욕구를 무조건 나쁜 것으로 몰아가면서 비움에 대해 강요하는 것, 그리고 여성의 영역과 역할을 한정하는 것에서 벗어나야 한다. 욕구를 이해하고 필요와 욕구가 적당한 조화를 이루며 찾는 진정한 행복, 그리고 누군가의 보조자가 아닌 진정한 '나'로서 여성상을 다룰 때 더 성숙하고 완벽한 예능이 될 것이라 기대한다. 고정된 틀을 깨뜨리는 것이 진정한 신박함의 첫걸음이다.

새로운 '나'가 생기면 뭐 하니?

MBC 〈놀면 뭐하니?〉의 부캐 세계관과 긱 경제

정한슬

프로그램 〈놀면 뭐하니?〉는 〈무한도전〉으로 큰 인기를 끌었던 유재석과 김태호 피디의 새로운 도전작이다. 이 프로그램은 첫 방송분에서 언급했 듯이 새로움과 재미를 가장 큰 목표로 추구한다. 카메라 한 대를 돌려 수 많은 방송인의 이야기를 담아낸 릴레이 카메라 프로젝트를 시작으로 '위 플래쉬', '뽕포유', '인생라면' 등 장르를 뛰어넘는 다양한 도전을 이어오 고 있다. 방송 중에 "놀면 뭐하니? = 유재석의 무한도전"이라는 시청자의 댓글이 소개된 적이 있다. 두 프로그램 모두 유재석과 김태호 피디가 핵 심 멤버로 참여하고 다양한 도전을 한다는 점에서 쉽게 두 프로그램의 공 통점을 찾을 수 있다. 하지만 자세히 살펴보면 〈놀면 뭐하니?〉는 콘텐츠 를 무한히 확장할 수 있다는 점에서 〈무한도전〉과 근본적인 차이점이 있 다. 〈놀면 뭐하니?〉는 두 가지 방식을 통해 〈무한도전〉과의 차별화를 꾀 했다. 먼저, 유재석 단독 체제이다. 5인에서 최대 8인의 고정 출연자로 진행되었던 〈무한도전〉과 달리 〈놀면 뭐하니?〉는 프로그램을 진행할 수 있는 최소한의 인원인 유재석만 고정 출연자로 남고, 나머지 출연자는 보조출연자가 되어 프로젝트 성격에 따라 출연이 유동적으로 변한다. 고정 출연자를 최소화한 체제는 다양한 프로젝트 상황에 대응하기 편리하게 만들었다. 프로젝트에 따라 그 분야의 전문가나 가장 특화된 사람이 게스트가 되어 프로젝트를 진행할 수 있다. 예를 들어, 유플래쉬 프로젝트에서는 유고스타의 드럼 리듬을 완성된 곡으로 만들고자 수많은 예술가가 출연자로 등장했다. 이들은 프로젝트에 참여할 뿐 아니라 일부는 패널로서 프로젝트 진행 영상을 보고 첨언을 하는 등 자신의 전문 영역을 살려서 기존 고정 출연자의 역할을 훌륭하게 해냈다. 이 과정에서 예상하지 못한 게스트 간의 시너지는 프로그램을 신선하게 만든다.

〈놀면 뭐하니?〉가 택한 다음 전략은 '부캐'이다. 부캐란 부(副)캐릭터의 준말로 보통 게임과 같은 사이버공간에서 복수의 계정을 만들고 본 계정과는 다른 성격의 시도나 도전을 하는 캐릭터를 통칭하는 말로 사용되었다. 〈놀면 뭐하니?〉에서는 유재석에게 기존의 국민 MC 유재석이 아니라 프로젝트에 맞게 새로운 부캐를 부여하고 부캐가 프로젝트에 참여하는 방식을 택했다. 이 덕에 유일한 고정 출연자 역시 고정된 캐릭터가 아니라 다양한 상황에 맞게 변화하는 효과를 낳아 프로그램의 확장성을 높였다. 부캐 중 하나인 트로트 가수 유산슬은 본래 등장하는 MBC 프로그램 외에도 KBS 〈아침마당〉, SBS 〈영재발굴단〉 등에 출연하며 방송사와 무관하게 활발한 활동을 펼쳤다. 싹쓰리 역시 MBC 외에도 다양한 방송에 출연하여 활발한 방송 활동을 했다. 부캐라는 설정이 가진 구체화한 목적성이 플랫폼을 뛰어넘어 협업을 가능하게 한다. 예를 들어, 유산슬은 트로트의 중흥을 위해 만들어진 캐릭터였기 때문에 같은 목표를 공유하는 다른 프로그램과 협력이 쉬웠다.

그렇다면 유재석의 수많은 부캐들은 우리가 어떻게 이해할 수 있을까? 이에 앞서 본캐인 유재석과 그의 부캐들은 어떤 관계일지 궁금해진다. 유재석은 18화 신인 트로트 가수 유산슬로 출연한 생방송에서 이 질문에 "본캐는 스스로 결정하고 움직이는데 유산슬은 조종당하는 존재"라고 본캐와 부캐의 관계를 정의한다. 이 이야기는 프리뷰 방송에서 제작진과의 미팅 과정에서 "날 괴롭혀 줘"라는 유재석의 발언과도 이어진다. 방송의 신선함과 재미를 위해 기존의 트렌드를 따르기보다는 기꺼이 고생을 감수하며 매번 새로운 도전을 시도했고, 이것은 모든 형태에 적용 가능한 만능 키의 형식으로 나타났다. 그리고 이 선택은 현재로서는 성공을 거둔 것으로 보인다. 22회에 방영된 1집 굿바이 콘서트 기자회견 장면에서 연예부 기자가 언급했듯이 유재석 본캐의 위기를 부캐의 생명력으로 타파했다. 신선함을 위해 고정된 안정적 틀을 버리고 다양한 상황에 유동적으로 적응하겠다는 부캐 세계관은 긱 경제 담론을 내포하고 있다.

긱 경제는 단기계약 형태로 플랫폼에 서비스를 제공하는 독립형 일자리를 말한다. 긱(Gig)은 1920년대 미국 재즈 공연에서 연주자를 그때그때 섭외해서 하룻밤 계약을 맺어 공연했던 것에서 유래한 용어이다. 긱 경제는 수요자와 공급자 간에 이뤄지는 단기 노동거래라는 점에서 고용주와 고용인 간 근로계약을 체결하는 전통적인 고용 관계와는 다르다. 단순하게 본다면 〈놀면 뭐하니?〉의 수많은 보조 출연자들이 단기성 계약을 맺고 출연한다는 점에서 긱 노동자다. 시선을 키우면 이 프로그램 전체가 긱 경제의 담론을 따르고 있다. 긱 경제에서 노동자는 노동시간 및 직업 선택의 자율성이 증대된다는 이유로 혹은 반대로 일자리의 불안전성이 높다는 이유로 다중의 직업을 갖는다. '사이드 허슬러', 'N잡러'가 대표적으로 이러한 현상을 나타내는 말이다. 유재석 본캐만으로는 방송 활동에 한계를 느껴 다양한 프로젝트 맞춤형 부캐를 선보이는 그의 행보는 n개의 직업을 가진 긱 경제 노동자를 대변한다.

　그렇다면 이 프로그램에서는 부캐를 어떻게 다루고 있는가? 2020년 8월 방영분을 기준으로 총 8개의 부캐릭터가 등장했고, 이들을 다루는 방식은 일정한 성장 서사의 패턴을 보인다. 유재석 자신 혹은 주변인이 지나가듯 한 이야기가 예상하지도 못한 방식으로 실현되는 상황에 던져지면서 프로젝트를 시작한다. 유재석은 제작진이 제시한 무모해 보이는 설정에 맞춰 생경한 분야에서 성취하기 위해 노력하고, 이 과정에서 국민MC 유재석과는 또 다른 새로운 부캐가 등장한다. 처음으로 드럼을 배우거나(유고스타), 트로트 가수가 되기 위해 트로트를 배우는 것(유산슬)이 그 예다. 제작진은 이 과정에서 재미가 느슨해지지 않게 깜짝 이벤트, 즉 난관을 설정한다. 공연 6시간 전에 유명 밴드와의 합주를 제의하거나 부캐로서 갑작스럽게 생방송 촬영에 참여하는 식이다. 촉박한 시간 설정으로 시간 압박이 있고 준비가 미흡한 상황에서 사전 정보마저 차단하여 유재석의 심리적 불안감을 증폭한다. 이것을 지켜보는 시청자는 유재석과 함께 예상치 못한 상황에 긴장하면서도 동시에 유재석이 어떻게 이 난관을 헤쳐 나갈 것인지를 관전 포인트로 삼는다. 유재석은 매번 자신의 임기응변 능력과 매력 그리고 노력으로 난관을 돌파한다. 때로는 예상치 못한 상황에 떨고 작은 실수를 하기도 하지만, 프로그램에서는 그마저도 웃음 포인트로 소화된다. 유재석은 제작진이 제시한 난관을 무사히 통과하고 성공적으로 새 부캐의 성장 서사를 완성한다. 시청자는 이를 지켜보며 대리 성취감을 느낀다. 해당 분야에 무지하고 어설펐던 유재석의 부캐가 피나는 노력을 통해 시련을 극복하는 프레임은 유재석 개인의 노력과 매력에 초점을 맞춘다.

　유재석을 응원하는 시청자의 마음에서 조금 거리를 두고 보면 반복적으로 등장하는 개인 성공 신화의 부자연스러움이 느껴진다. 유재석의 성공 스토리를 일반인에게 적용해 본다면 이 점이 잘 드러난다. 일반인이 부캐, 구체적으로 새로운 부업을 시작한다면 준비 과정에서 상당한 시간을 할애할 것이다. 만약 라면 요리사 라섹의 경우라면 개인은 메뉴 선정, 가게 위치 선정, 인테리어 등등 수많은 사전조사가 필요할 것이며, 이 과정에 많은 시간과 돈을 투자해야 한다. 하지만 프로그램에서는 부캐의 탄생을 위한 모든 환경이 최상급 수준으로 제공된다. 유재석은 완성된 공간에서 그 분야의 대가에게 일대일로 사사하여 단기간에 성장한다. 모든 현실적 어려움은 제작진 측에서 정리하고, 유재석은 갑작스럽게 주어진 기회에 어리둥절하다가 곧 적응해서 상황이 요구하는 대로 노력만 하면 된다. 유재석이 맞닥뜨리는 난관도 부캐의 성장 서사에 맞게 정교하게 계획되어 있다. 예를 들어, 유고스타의 경우 기본 비트 하나만을 겨우 익힌 유재석이 영재 드러머 유고스타로서 드럼 독주회에 도전하는 것은 무모한 도전으로 들린다. 하지만 자세히 뜯어보면 유재석의 역할은 기본 드럼을 연주하는 수준이고, 독주회의 나머지는 화려한 출연진과 차별화된 콘셉트를 통해 채워진다. 이러한 전폭적인 지지 속에서도 유고스타의 실력이 부족해 드럼 선생님이 현장에서 직접 드럼 박자를 짚어주는 도움이 필요하다. 아직 설익은 노력이 과한 스포트라이트를 받는다는 느낌을 지울 수 없는 이유이다. 고정 출연자를 대체한 전문성을 갖춘 보조 출연자들은 이런 유고스타의 연주를 보고 칭찬을 아끼지 않으며 재능이 있다고 긍정적인 피드백을 준다. 이것은 유재석의 노력에 촉진제가 되어 선순환 효과를 낳는 한편, 유재석의 작은 성공을 확대하여 긍정적인 여론을 조성한다.

유재석의 노력과 열정을 폄하하자는 것은 아니다. 매 프로젝트가 성공하고 큰 호응을 얻을 수 있었던 것은 분명 유재석의 열정과 노력이 있어서 가능한 결과였다. 하지만 기존과 같이 개인의 노력만이 드러나는 편집 방향은 비판적으로 볼 필요가 있다. 현실에서는 긱 노동자의 노력만으로는 타파하기 힘든 지점이 분명히 존재한다. 4월에 발간된 하나은행 보고서에 따르면 한국 경제활동인구 1만 명 중 투잡족은 10.2%로 해마다 증가하는 추세를 보인다. 투잡의 이유를 묻는 질문에는 생계형이라는 답변이 65.7%로 높은 비중을 차지했다. 단순 취미나 자아 발견이 아닌 경제적 문제를 꼽았다는 점에서 이들의 절실함이나 노력이 유재석보다 덜하지는 않을 것으로 보인다. 하지만 현실에서 유재석의 부캐들만큼 단기간에 의미 있는 성공을 거둔 사람은 극소수이다.

방송의 특수성을 고려하고서라도 현실에서 보편적인 긱 노동자가 직면할 상황이 유재석의 상황과 괴리가 크기 때문이다. 현실에서 노동자가 겪는 문제 상황은 개인에게 맞춤으로 적절한 난이도로 제시되지도 않는다. 방송국의 영향력으로 손쉽게 누리는 어마어마한 정보력과 인적 풀도 일반인은 누리기 어렵다. 이들 중 대다수는 노력만으로는 현실의 벽을 쉽게 극복하지 못하고 고전한다. 현실적인 어려움이 가공된 세상에서 닳은 드럼 스틱을 항상 들고 다니며 틈새 연습을 하는 모습 등 유재석 개인의 노력이 섬세하게 조명되는 프로그램 편집 방향은 현실에서 사회적·경제적 불안전성으로 인한 노동자들의 생계형 도전을 지나치게 낭만화하고 개인의 노력과 의지의 문제로 축소한다. 개인의 도전과 노력이 그 가치를 제대로 발휘하기 위해서는 환경과 사회 시스템의 뒷받침이 필요하다. 이 부분이 조명되지 않는 도전이라면 부캐들의 무한한 도전은 결국 인기 프로그램이라는 플랫폼을 등에 업은 선택받은 자의 호화로운 취미 활동과 별반 다르지 않을 것이다.

이런 문제의식은 유재석 부캐들의 도전이 실제 해당 업계에 미치는 영향과도 연결된다. 과연 유재석은 대중의 관심에서 소외된 분야를 홍보하고 관심을 환기하는 흥행 제조기인가 아니면 업계의 생태를 교란하는 황소개구리인가? 〈놀면 뭐하니?〉는 플랫폼의 영향력을 인지하고, 그 영향력을 스포트라이트를 받지 못한 영역에 조명하고자 노력하는 모습을 보인다. 예를 들어, 치킨 장사 프로젝트는 코로나로 인해 침체기를 겪은 치킨업계를 응원하고 홍보하는 역할을 톡톡히 했다. 나아가 프로젝트 진행 과정에서 해당 분야의 전문가들을 적극적으로 섭외하여 기존에 방송에서 조명받지 않았던 제작자, 세션, 인디 뮤지션을 홍보하거나 그런 산업을 활성화하는 효과를 낳았다. 대표적으로 트로트 가수 유산슬의 뽕포유 프로젝트는 다양한 트로트 가수와 관계자를 대중에게 소개했다. 이는 예능 속 스토리텔링을 통해 트로트에 관해 관심이 적은 젊은 세대에게도 관심과 흥미를 환기하는 효과를 낳았다. 지금의 트로트 붐을 일으킨 대표 주자로 송가인과 유산슬이 꼽힌다는 점에서 〈놀면 뭐하니?〉와 부캐 유산슬의 영향력을 짐작할 수 있다.

하지만 다른 측면에서 보면 인기 있는 공중파 프로그램이라는 거대 플랫폼의 영향력으로 산업생태계를 교란하고 있다는 비판 지점도 있다. 현재까지 등장한 8개의 부캐 중 유산슬, 유두래곤, 지미유는 유재석이 가수에 도전하는 프로젝트의 부캐들이다. 방송에 출연한다는 점에서 유재석 본캐의 직업과 유사도가 높고 음원차트 순위나 음악 프로그램 수상 등 구체적인 성과를 도출할 수 있다는 점에서 매력적인 선택지임은 틀림없다. 하지만 유재석이 가수로서 다른 음악가와 경쟁하고 모종의 성취를 얻는 과정을 지켜보면 과연 공정한 경쟁인가, 더 나아가 정말 음악산업을 위한 결정인가라는 의문이 제기된다. 앞서 언급한 3번의 가수 프로젝트는 노래 장르와 참여 주체에 차이가 있을 뿐 프로그램 진행 방식은 동일하다. 방송에서 콘셉트 회의, 제작, 연습까지 준비 전 과정을 자세하게 보여준다. 수 주에 걸친 준비 과정을 보면서 시청자들은 신곡과 가수에 대한 인지도를 높이고 애정이 깊어진다. 그리고 모든 제작 과정이 끝나면 노래의 완성 버전을 들려주면서 배경 화면으로 지금까지의 제작 과정을 편집해서 보여준다. 이 곡이 단순한 노래 이상으로, 프로그램 스토리텔링의 결과물임을 인정하는 셈이다. 그래서 〈놀면 뭐하니?〉 부캐의 도전은 신인 가수라는 콘셉트와 달리 실은 누구 못지않은 인지도를 가진 방송인들의 도전이며, 이들의 노래는 인기 지상파방송의 홍보로 대중에게 오랜 시간에 걸쳐 각인된 상태에서 공개된다. 보통 일반 음원이 곡과 가수의 인지도로 승부한다면 〈놀면 뭐하니?〉의 부캐들은 공중파 프로그램이라는 거대 플랫폼의 든든한 지원을 받고 있으니 전혀 다른 선상에서 경쟁하는 셈이다. 현재 가요계가 페이스북 등 SNS에서 바이럴을 통해 곡을 홍보하는 것을 하나의 마케팅 전략으로 사용하는 점을 고려하면, 〈놀면 뭐하니?〉의 성공은 긱 경제에서 플랫폼을 가진 자의 독점으로도 해석된다. 유산슬의 성공 이후 여러 개그맨이 부캐를 통해 가수에 도전했지만, 대다수는 큰 관심을 받지 못하고 활동이 끝난 점은 우연이 아니다.

　싹쓰리의 성공은 이런 지점을 더 명확히 보여준다. 코로나로 인한 사회적 거리두기로 가수 활동이 크게 제한받는 시기에 음원차트와 가요 무대는 가수에게 더욱 특별하다. 이런 가요계 상황에서 가수 도전장을 내밀고 이름처럼 올여름 음원차트를 싹쓸이한 싹쓰리의 행보는 과연 어떠한가? 유재석과 비, 이효리라는 스타의 매력을 빼고는 곡의 완성도가 낮고, 새로운 도전이라고 하기에는 1990년대 혼성 댄스그룹의 오마주다. 이들에게 코로나로 침체한 가요계에 신선한 충격을 안겨주기를 바랐다면 너무 큰 기대인 걸까? 싹쓰리 이후 가요계에 뉴트로 열풍이 불었다고 하지만, 이것도 이미 인지도 있는 가수들의 몫이다. 막강한 자본과 영향력을 가진 싹쓰리가 안전한 성공을 선택한다면, 무대 한 번이 절실한 무명, 신인 가수에게는 그들의 성공이 현실적인 위협이 될 수 있다. 〈놀면 뭐하니?〉는 매번 부캐의 활동 수익을 전액 기부하고 있지만, 그것이 기존의 경쟁을 파괴하고서 얻는 것이라면 이 행보를 마냥 긍정적으로 평가할 수는 없을 것이다. 싹쓰리에 이어 다음 프로젝트로 환불원정대라는 새로운 그룹의 도전이 진행되고 있다. 환불원정대는 색다른 조합과 팀의 색깔을 살린 노래로 큰 관심을 받고 있고 무난히 성공이 예상되지만 제2의 싹쓰리라는 점에서 여전히 아쉬움이 남는다.

이 프로그램은 시청자들에게 "놀면 뭐 하니?"라고 물으며 유재석의 끊임없는 도전을 보여준다. '놀면 뭐하니?'라는 제목에는 노는 것을 낭비, 소거의 대상으로 보는 시각이 내포되어 있다. 예능 프로그램으로서 시청자에게 웃음을 줘야 한다는 목적성이 있는 것은 당연하다. 하지만 그 목적이 반드시 무언가를 성취하는 방식으로 진행되지 않아도 괜찮다. 인생에 있어서 시간을 쪼개가며 치열하게 보냈던 시간만큼이나 목적지 없이 산책하고 휴식하는 시간이 중요하지 않던가. 오히려 단기적이고 가시적인 성공을 위해 급조된 성공 서사가 신선함을 떨어뜨리고, 현실과의 괴리감이 불편함을 낳는다. 처음 〈놀면 뭐하니?〉의 부캐 세계관이 '부캐 트렌드'까지 낳을 정도로 큰 관심을 끌어냈던 것은 모두가 가진 새로운 나에 대한 열망이 반영된 결과다. 변화를 시도하고 싶지만 현재 상황이 나를 강하게 얽매고 있을 때 우리는 부캐라는 상상력으로 새로운 도전을 시작한다. 그런데 그런 부캐도 성과를 내기 위해 노력해야하는 또 다른 존재로 해석한다면 부캐가 가진 무궁무진한 가능성을 스스로 제한하게 될 것이다. '놀면 뭐 하니?'라는 질문을 던지는 제작진에게 이렇게 되묻고 싶다. "새로운 '나'가 생기면 뭐 하니?"

"환상입니다만……."

tvN 〈사랑의 불시착〉이 만들어낸 '북한', 그 가상의 시공간에 대하여

최윤경

북방한계선 근처 비무장지대에 불시착한다면? tvN 〈사랑의 불시착〉[1]은 이러한 상상으로 시작되는 드라마다. 남북이 대립하는 최전방에서 남한의 재벌 딸이자 회사 대표인 윤세리(손예진 분)가 처음 만나는 인물은 운명적 사랑에 빠지게 될 북한 최고위층 출신의 장교 리정혁(현빈 분). 그와 그의 중대원들은 이후 남북을 넘나들며 위험에 처한 그녀를 보호하는 조력자 역할을 하게 된다. 이 때문에 방영 전부터 불거졌던 "북한 미화"라는 논란은 한 정당에 의해 고발로 이어져 '국가보안법' 위반으로 비화되는 해프닝이 벌어지기도 했다.[2] 일각에서는 "드라마는 단지 드라마일 뿐"

---

1   2019년 12월 14일 ~ 2020년 2월 16일에 방영된 16부작 드라마.

2   이지영, "'北 미화·선동' … 드라마 '사랑의 불시착' 국보법 위반 고발당해", ≪중앙일보≫, 2020.1.22, https://news.joins.com/article/23688256

이라고 목소리를 내었는데,[3] 북한의 매체는 오히려 제 나라를 '폄하했다'
며 문제를 제기했다.[4] 대립각을 세우는 이 모든 평(評)들은 사실상 '드라
마와 현실은 다르다'는 대전제를 공유하면서 북한의 실상에 대한 인식의
차이를 드러낸 셈이다. 그렇다면 생각해 볼 문제가 있다. 우리는 진정 북
한을 알고 있는가.

하나가 된 두 개의 시간, 두 개의 공간

하루가 멀다 하고 각종 채널을 통해 북한 관련 소식들이 쏟아진다. 하지
만 드라마의 기획의도에도 언급되었듯이, 가깝지만 닿을 수 없는 그곳은
여전히 대중에게 실체를 알 수 없는 "무섭고 궁금하고 신기한 나라"일 테
다. 제작진은 그 낯선 장소를 사실적으로 묘사하기 위해 탈북자들에게
자문했을 뿐 아니라 북한에서 영화 연출을 전공한 곽문완 작가를 극본 작
업에 영입하기도 했다. 그렇게 완성된 무대와 내용은 사실상 남한의 시
청자에게도 낯설지 않은데, 이는 북한으로 식별되게 하는 요소들, 즉 소
품, 의상, 풍경 등의 미시적인 측면뿐 아니라 여러 에피소드에서도 '기억'
이 환기되기 때문이다. 시청자의 몰입과 공감을 유발하는 요인이기도 한
그 '의식의 흔적'들은 단순히 민족의식의 발로이거나 매체의 영향으로 이
해될 수 있는 것은 아니다. 그것은 북한으로 지칭되는 공간에서 출몰하
지만 계속해서 그곳이 아닌 '이곳'을 지시하기 때문인데, 그 흔적의 정체

---

3   박진영, "'북한 미화' vs '드라마일 뿐' … tvN '사랑의 불시착' 논란 왜?", ≪세계일보≫,
     2019.12.16, http://www.segye.com/newsView/20191216503582?OutUrl=naver
4   박수윤, "북한, '사랑의 불시착' 인기에 발끈 … '우리 공화국 헐뜯어'", 연합뉴스,
     2020.3.4, https://www.yna.co.kr/view/AKR20200304042500504?input=1195m

는 무엇인가.

1화에서 세리가 남한으로 오인하여 군관사택마을에 들어서는 새벽녘, 불빛 한 점 없는 거리에 한 남성이 아이와 함께 소달구지를 끌고 나타난다. "핸드폰을 빌려달라"는 그녀의 음성은 서로의 놀란 표정을 뒤로 희미해지고, 밤새 정전이 되어 어두웠던 마을에는 등이 켜진다. 인사를 나누던 주민들은 확성기에서 음악이 나오자 일사불란하게 공터에 모여 체조를 시작한다. 이때 카메라는 조형물에 적힌 "인민의 락원", "위대한 수령님" 등의 문구를 차례대로 비추어 이곳이 북한으로 구축된 공간임을 알리는데, 이는 한편으로 남한에서 마을이 생활공동체로서 근대화되기 시작했던 1970년대를 떠올리게 한다. 특히 드라마 전반에 등장하는 선전 문구는 그 성격상 반공 구호와 대구를 이룬다. 또한 마을의 대소사를 관리하는 '인민반장'은 '이장'으로, 장마당에서 숨겨서 파는 '아랫동네 물건'은 1970년대 남한 시장의 '불법 외제'로 전이되는 효과를 내기도 한다.

이처럼 길거리에서 짧은 치마를 단속하는 장면(6화)이 과거를 가리킨다면, 마을 여성들이 "꿈에도 나오는 맛"이라며 '탈맥', 즉 맥주에 황태 안주를 곁들이는 모습(5화)은 현재 우리 사회의 '치맥' 열풍을 연상시킨다. 인물관계에서 읽을 수 있는 계급 차이 또한 동시대를 지시하는데, 주인공 리정혁과 그의 적대자로 등장하는 조철강(오만석 분)은 '출신 성분'에서 차별화된다. 총정치국장을 아버지로 둔 정혁은 그 위치를 이용해 여러 위기에서 벗어나 세리를 남으로 보내줄 수 있었다. 반면, 어릴 적 꽃제비였던 철강은 '아무나 아무 때나 죽일 수 있는 힘'을 얻기 위해 권력과 결탁해 불법을 저지른다. 극 중 선악의 구도와는 별개로, 이 차이는 전 세계적으로 문제시되는 빈부격차와 최근 이슈로 떠오른 이른바 '수저계급론'을 상기시킨다.

이러한 기시감은 반복적으로 나타난다. 사실상, 드라마의 배경이되는 북한은 남한의 은유이자 과거와 현대가 뒤섞인 가상의 세계인 셈이다. 즉, 시간과 공간에 있어서 각각 두 개의 차원이 중첩되는 것인데, 이는 SBS 〈별에서 온 그대〉[5]와 〈푸른 바다의 전설〉[6]에서도 확인할 수 있는 박지은 작가의 스타일로, 현대인의 '욕망'을 드러내기 위한 구조적 장치가 되기도 한다. 여기서는 남북이 각각 다른 이야기를 품은 두 개의 물리적인 공간으로 대비되면서 그 욕망이 드러난다. 이때 세리는 시청자를 대리하는 인물이 되어 북한으로 명명되는 '환상의 공간'에서 결핍을 치유하는 모습을 보여준다.

정상가족 신화를 대체하는 공동체

욕망은 결핍에서 비롯되는 것이다. 1화에서부터 그려지는 세리 집안의 갈등 상황은 아버지의 후계를 두고 벌어지는 밥상머리 다툼에서 살해 모의로 심화되는데, 이는 버려지는 것이 두려워 먼저 관계를 끊어버리는 세리의 정서적 결핍 상태와 연관된다. 드라마와 같은 극단의 상황은 아닐지라도, 사실상 가족해체, 가정의 붕괴는 현재 우리 사회가 직면한 현실이라고 할 수 있다. 이미 가족이라는 이념과 제도가 변화하여 1인 가구, 유사가족, 대안가족 등의 새로운 삶의 형태가 출현했고, 이러한 세태는 대중문화에 다양한 방식으로 반영되고 있다. 예컨대 혈연의 끈끈한 '정'을 부각시켜 대리만족을 느끼게 하는 프로그램이 있다면, 혈연이 아닌 타자

---

5   2013년 12월 18일 ~ 2014년 2월 27일에 방영된 21부작 드라마.
6   2016년 11월 16일 ~ 2017년 1월 25일에 방영된 20부작 드라마.

들이 하나의 공동체를 이루면서 가족과 유사한 모습을 보이는 경우도 있는데, 본 드라마는 그 모두에 속하면서도 사실상 후자에 강조점을 둔다.

이러한 내용이 진행되는 북한이라는 공간은 실제로 폐쇄적인 장소로서 세리가 극한의 상황에서 누군가를 우연히 만나 관계를 형성하고 발전시키는 과정을 보이는 데 효과적인 배경으로 기능한다. 물론 그곳은 대중의 욕망이 투영된 '환상의 세계'로, 모든 사람들이 가족 간에 돈독한 정을 나누는 모습으로 연출된다. 심지어 꽃제비 소년은 굶고 병든 동생을 위해 물건을 훔치고(3화), 악인 철강에게조차 가족은 "무슨 일이 있어도 끝까지 같이 가는", "나눠 먹는" 관계로 정의된다(6화). 이러한 공간의 성격은 남북을 극명하게 대비시키는 동시에 그곳에서 비로소 세리의 결핍이 해소된다는 데 근거로 작용한다.

따라서 극 중 북한은 가족이 구성원의 안전을 도모하는 역할을 한다는 점에서 세리가 보호되는 장소이기도 한 것이다. 그 서사의 중심에는 정혁이 있다. 사실, 서녀인 세리는 집안에 들여졌으나 소외되었고, 어릴 적에는 지켜주고 싶은 사람이자 "엄마"라고 부르는 이에 의해 바닷가에 버려지는 아픔을 겪었다. 이처럼 가족에게 보호받지 못했던 그녀를 장마당에 홀로 남겨져 헤맬 때 찾아내고(4화), 집으로 보내주기 위해 고군분투하는 이는 정혁이다. 중대원들은 보위부에 끌려가서도 그녀의 정체를 밝히지 않았는데(5화), 이는 세리와의 유대감 외에도 중대장에 대한 의리와 믿음 때문인 것으로 보아야 한다. 애초에 그들이 '보호 혹은 감시'의 명목으로 친밀하게 지내게 된 계기 또한 정혁이기 때문이다. 극 후반에는 '귀때기' 정만복(김영민 분)도 정혁과의 인연으로 세리의 조력자가 된다. 마찬가지로, 정혁의 사회적 인정과 지위 덕분에 세리는 약혼녀로 가장하여 마을에 진입할 수 있었다. 스스로 고립되기를 희망했던 그녀가 마을 여성들과의 교류를 시도하고 마침내 공동체의 일원으로 받아들여지는 배경에도 정혁이 있다. 사실상, 그는 세리의 인적 네트워크의 중심에 위치하는 동시에 그녀와 중대원들과의 관계에서 '아버지'의 역할을 수행하는 셈이다. 그 아버지는 힘이 있으나 권위적이지 않으며, 가족을 위해서는 '희생'을 불사하는 완전무결한 존재로 그려진다.

　　이와 유사하게, 마을은 대좌부인인 마영애(김정난 분)를 중심으로, 여성 주민들이 서로의 사정을 훤하게 알고 지내면서 일손을 나누고 안위를 걱정하는 '가족적 유대감'을 바탕으로 한 공동체로 그려진다. 즉, 마을은 여성들이 주도하는 공간으로서, 특히 남성이 부재하는 상황에서 공동체로서의 존재감이 부각된다. 예컨대 남편이 보위부에 끌려가 영애가 집 안에 고립되었을 때(12회), 만복이 서울에 간 사이 그의 아내와 아들이 납치당할 위기에 처했을 때(15화), 이들은 '위험을 무릅쓰고' 연대하여 행동함으로써 공동체의 구성원을 위기에서 지켜낸다. 정혁의 약혼녀 서단(서지혜 분)에게도 가정은 딸의 행복을 우선하는 엄마를 통해 외부에서 받은 상처를 치유하는 안식처다. 게다가 그녀의 외삼촌은 자신의 일은 등한시하는 한이 있어도 누나의 부름에 언제든지 응하고 조카를 보호하는 데 매진하는 등, 사실상 자신보다 가족을 우선하는 '아버지'로 묘사된다. 즉, 이러한 설정은 드라마에서 북한이 '가족의 이상향'을 표상하는 가상의 공간으로 연출된 것임을 드러내는데, 여기서의 환상은 '비극적 로맨스'를 표방한 드라마의 장르적 특성으로 인해 극이 진행될수록 강화된다.

희생과 구원으로 이뤄지는 사랑

드라마는 환상에 의존하는 장르다. 〈사랑의 불시착〉에서는 '희생'이 가족신화의 환상, 즉 공동체의 완벽한 결속력을 증명하는 가치로 활용된다. 이 때문에 세리를 위해 아버지의 권력을 이용하거나 불법으로 위험한 일을 행하는 정혁의 모습은 희생으로 '승화'되며, 단이 엄마의 '내로남불'형 행동 양식과 마을 여성들이 가족(공동체)의 안녕을 위해 권력에 아부하는 모습은 '가족애'로 귀결된다. 이로써 가부장제의 환영은 부활하고, 가족이기주의는 은폐되며, 현실에서 여성을 억압하는 사회구조는 애초에 존재하지 않은 것처럼 배제된다. 이같이 환상을 구체화하기 위해 현실을 이상화하는 전략은 현실과 환상의 괴리로 인해 북한을 허구의 세계로 보이게 하는 강력한 기제로 작용한다.

사실, 희생이라는 판타지는 '구원'을 위한 것이다. 세리가 귀환한 후 철강은 복수를 위해 탈북을 감행하는데, 그녀를 보호하기 위해 먼저 정혁이, 뒤이어 중대원들과 만복이 남하한다. 이 사건은 북에서의 구도를 남으로 확장시켜 세리가 이들의 도움으로 엄마와 화해함으로써 결핍을 근본적으로 해소하는 모습을 보이는 데 발단이 된다. 그 결말은 희생의 극단, 즉 '죽음'과 연관된다. 이는 인물들의 대사로 발화되기도 하며, 이로써 예상되는 비극적 상황은 한편에 치중되지 않는다. 예컨대, 북에서 세리를 대신해 총에 맞는 등 온갖 역경에 부딪혔던 정혁은 오히려 남에서는 세리에 의해 구원받는다. 이에, 그녀가 사경을 헤매는 동안 만복의 도청과 정혁의 조언으로 모녀의 진심이 노출되면서 이후 관계를 회복할 수 있었다. 이렇듯, 드라마에서 '희생과 구원'의 내러티브는 문제 해결 과정이 되는 동시에 사랑의 숭고함을 강조함으로써 시청자의 카타르시스를 일으키는데, 여기에 '운명'이 더해진다.

세리가 북한에 불시착하기 전, 이들은 이미 스위스에서 만난 적이 있다. 그 일화는 2화에서부터 그려지지만, 남녀 주인공이 그 사실을 알게 되는 것은 9화에서다. 이러한 플롯은 시청자를 전지적 시점에 놓음으로써 그들의 '운명적 사랑'을 강조하는 효과를 낸다. 여기서는 '우연'이 희생을 대체한다. 스위스에서 세리는 자살하려고 했지만 그 찰나에 정혁이 나타나 실행이 중지되며(4화), 이후 누군가의 피아노 연주를 듣고 삶의 희망을 품게 되는데(7화) 그 연주자는 바로 정혁이다. 정혁이 죽은 형에게 선물했던 시계를 찾아준 사람은 세리다. 이는 형의 죽음과 관련된 사건을 해결하는 데 결정적인 증거물이 된 것으로, "당신도 모르는 사이에 날 살렸군"(12화)이라는 정혁의 대사를 이끌어낸다. 이 장면은 '서로를 구원하는 운명적 사랑'의 판타지에 정점을 찍는다.

이러한 내용은 '우연'이라는 작위적인 설정으로 인해 결과적으로 드라마의 개연성을 떨어뜨린다. 하지만 이 드라마는 또한 '동화'를 표방함으로써 그 문제를 가볍게 넘긴다. 기획의도에 따르면, 세리와 정혁은 '도로시와 오즈의 마법사' 혹은 '사막에 불시착한 조종사와 어린왕자'의 분신이기도 하다. 즉, '동화적 비극'이기에 주인공의 희생은 죽음으로 이어지지 않으며, '(가족)공동체 신화'이므로 고아인 승준(김정현 분)과 철강만이 죽음을 맞는다. 하지만 사랑하는 단을 위해 희생했던 승준은 그녀의 복수로 사실상 구원된다. 반면, 오직 자신을 구원하고자 했던 철강의 죽음은 초인으로서의 주인공이 주변인 모두를 위해 불명예를 감수한 죽음, 즉 '궁극의 희생'을 선택하게 하는 시발점이 될 뿐이다. 다소 교훈적이기까지 한 이 동화적 환상은 세리와 정혁이 1년에 한 번씩 스위스에서 만난다는 설정으로 끝맺음으로써 둘의 '영원한 사랑'으로 완성된다.

환상입니다만, 경계해야 할 것은……

드라마는 또한 사회상을 반영하는 장르다. 〈사랑의 불시착〉에서 북한은 우리 사회의 '가족 로망'을 드러내는 환상의 세계로 연출된 공간인 것이다. 드라마가 이뤄낸 호평과 높은 시청률[7]은 시청자들이 극 중에서 세리가 받는 사랑, 위로, 온정을 욕망하고 있다는 사실의 방증일 것이다. 그렇다면 실제의 북한은 드라마에서의 그곳과 전혀 다른 장소인 것일까? 이제 처음의 질문으로 돌아가고자 한다. 우리는 진정 북한을 알고 있는가.

북한을 실제로 경험한 적이 없는 일반인이 이에 대해 알고 있는 지식이란 대부분 매체에서 접한 '보도'나 탈북자들의 '증언'에 의한 것일 테다. 이로써 북한의 이미지가 만들어지는 것인데, 사실상 그것은 하나가 아니다. 이는 본 드라마를 소환한 최근의 사건에서도 확인된다. 서해 소연평도 근처에서 해상 어업 지도를 하던 공무원이 실종된 후 북한 영토에서 발견되고, 탈북자가 배수로를 통해 한강으로 가 헤엄쳐 월북한 사건은 세리와 정혁의 에피소드와 유사한데, 두 사건에서의 사실이란 '누가' 말하는지에 따라 다르며, 설령 같다고 할지라고 그 의미가 다르게 해석된다. 여기에는 드라마의 환상에 비견되는 허구도 존재할 수 있다. 이는 '미화와 폄하'라는 극단의 평가가 공존하는 이유일 것이다. 우리가 아는 북한이란 단지 단편적이고 불확실한 이미지들의 조합일 뿐이다.

즉, 각각의 것들은 저마다의 '진실'을 품는다. 드라마나 현실이나

---

7   최종회의 시청률은 가구 평균 21.7%, 최고 24.1%로, 이는 지상파를 포함한 전 채널을 통틀어 동 시간대 1위이자, tvN 드라마의 역대 최고치이기도 하다. 김진선, "사랑의 불시착 시청률 역대 최고 'tvN 역사를 바꿨다'", ≪서울경제≫, 2020.2.17, https://www.sedaily.com/NewsView/1YYYH8E8Y7

가상과 실제가 섞여 있는 것은 매한가지라고 할 수 있다. 따라서 드라마에 몰입하여 공감했던 시청자들이 경계해야 할 점은 오히려 '드라마는 가상, 현실은 실제'라고 단정하는 이분법적 사고다. 드라마만큼이나 현실에서의 허구가 가득한 '오늘'이다. 혹시 당신이 드라마의 환상을 현실이라고 믿는다면, 그 이유는 그렇게 믿고 싶기 때문일 것이다. 그 또한 당신의 진실이다.

'거부'의 역설 — 삶의 주체 '되기'

KBS2 드라마 〈동백꽃 필 무렵〉

정유리

2020년 우리나라 넷플릭스 가입자가 466만 명에 육박했다.[1] 넷플릭스는 같은 해 173억 달러를 콘텐츠 제작에 투자했다.[2] 넷플릭스의 규모는 거대해졌고, 넷플릭스의 영향력은 우리 생활에 상당히 공격적으로 침투하고 있다.

또 대한민국 국민 83%가 유튜브를 월 30시간 시청하고 있다는 조사 결과가 발표되었다.[3] 동영상 공유 웹사이트가 보편화되면서 전 세계적으로 시간과 공간의 제약 없이 문화 콘텐츠를 즐기고 있는 것이다.

이처럼 뉴미디어의 발전에 따라 TV의 역할이 축소되는 것은 어쩌

---

1   ≪시사저널 이코노미≫, 2020.7.16.
2   ≪머니투데이≫, 2020.8.4.
3   ≪조선비즈≫, 2020.10.8.

면 당연한 현상이다. 접근이 쉬운 OTT, 동영상 공유 웹사이트 활성화와 단편적인 콘텐츠에 익숙해진 다수의 시청자로 인해 가장 타격을 받는 부문은 바로 드라마가 아닐까 싶다. 일정한 시간마다 연결성이 중요한, 긴 분량의 서사와 호흡하는 것은 하나의 '일'이 되어버렸기 때문이다.

자연스럽게 드라마의 시청률이 낮아지면서 광고 수도 줄었다. 드라마 제작 예산은 줄었고, 결국 2019년 MBC는 주말 드라마를 폐지했다. 시청률이 두 자릿수만 기록해도 선전했다고 평가를 받는 드라마의 존속이 위협받는 상황이 되어버렸다.

그럼에도 매체의 변화로 인한 불리한 요소를 극복하고, 우리가 살아가는 보통의 세계를 감동적으로 그려낸 드라마가 탄생했다. 바로 2019년 23.8%로 최고 시청률을 기록한 〈동백꽃 필 무렵〉이다. 〈동백꽃 필 무렵〉은 휴먼, 멜로, 가족, 여성, 코믹, 스릴러 등 각 장르를 융합해 극적인 장치를 흥미롭게 설정했다. 지루할 틈이 없는, 다양하면서 복잡한 장르였다. 또 〈동백꽃 필 무렵〉은 단순한 진술에 그치지 않고 '거부'하기와 '되기'[4]를 통해 서사와 캐릭터의 전형성을 전복시켰다. 여기에 함의된 성인지 감수성과 철학적 사고는 시청자들을 TV 앞으로 불러들였다.

1. '대상화' 거부하기

미혼모인 동백은 아들 필구를 데리고 옹산에 왔다. 그리고 까멜리아라는 술집을 운영했다. 옹산 남자들은 까멜리아를 자주 찾았다. 동백은 그들에게 '예쁘고 매력적인' 여성으로 대상화가 되었다. 그저 동백을 외적인

---

4   '되기'는 철학자 질 들뢰즈의 사유인 차이를 가로지르는 실천적 활동을 의미한다.

모습만으로 평가했다.

규태는 동백의 관심을 얻기 위해 까멜리아의 단골을 자처했다. 그리고 군의원들과 동행하는 자리에서 "땅콩을 서비스로 달라"며 '특별한 대우'를 강요했다. 동백은 "땅콩의 가격은 8,000원"이라면서 땅콩을 가져다줬다. 규태가 동백에게 "술을 마시면 내년까지 월세를 동결해 주겠다"는 조건을 내세웠다. 동백은 이를 단호하게 거절했다. "이 안에 제 손목 값이랑 웃음 값은 없는 거예요. 여기서 살 수 있는 건 딱 술, 술뿐이에요."

규태는 자신의 사회적 지위를 악용했다. 건물주, 지역 유지, 단골손님 등을 내세워 갑질을 했다. 세입자, 미혼모, 식당 주인인 동백에게 우위를 점하면서 폭력을 휘두른 것이다. 이는 동백의 의사에 반하는 행동을 시킴으로써 동백을 굴복시키려는 권력자의 자세다. 하지만 동백은 주체성을 지키기 위해 규태의 제안과 지시를 한 번에 거부했다. 규태의 무논리를 단번에 해체시켜 버렸다. 규태에 비해 상대적으로 힘이 약한 여성이지만 동백에게 중요했던 것은 '당신과 나' 우리 모두 평등한 존재였던 것이다.

그러나 동백을 대상화하는 인물들을 성(性)으로만 국한 지을 수 없다. 찬숙은 동백한테 까멜리아 장사가 잘되는 이유를 물었다. 동백이 "두루치기가 맛이 있어서"라고 대답하자 찬숙은 기다렸다는 듯이 이야기를 했다. "우리 도덕적으로 살자, 자식한테 부끄러운 짓 하지 말고." 찬숙은 여성이지만 남성주의적 가치척도를 가지고 있었던 것이다. 동백은 비도덕적인 삶을 살아가는 엄마로, 여성으로 비치는 것을 거부했다. "우리 필구한테 저 하나도 안 부끄러워요. 저 그런 짓 한 거 하나도 없어요." 동백은 자신이 윤리적인 주체라는 것을 당당하게 선언하고 성적 대상화가 되는 것을 거부했다. 용식은 '어떤 시선'과 불화하는 그런 동백의 모습에 반했다. "되게 예쁘신 줄만 알았어요, 근데 되게 멋지시네요. '땅콩 8,000원' 하실 때부터 팬이 돼부렀습니다."

향미는 동백을 "본 투 비 하마"라고 비유했다. "하마는 순해 보이지만 냅다 들이받으면 끝"이라면서 말이다. 동백은 맹목적인 대상화에 애매한 반응을 하지 않았다. 타인들이 명명하는 무의미한 존재로 머물지 않기 위해 '거부'를 반복했다. 동백은 스스로 동백이, 그 자신이 '되기' 위해 성스러운 '거부'를 성실하게 수행한 것이다.

2. '전형적인 가족의 형태' 거부하기

동백이 옹산에 이사를 오자 이웃들은 기다렸다는 듯이 가족 구성에 대해 질문을 했다. 동백은 서슴지 않고 대답을 했다. "남편이 없어요. 미혼이에요. 남편이 없어도 아들은 있을 수 있잖아요." 이 특별한 가족의 형태는 동백이 선택한 것이다.

동백은 유명한 야구선수였던 종렬의 아이를 임신했다. 하지만 종렬은 동백이 임신을 거론하자 예민한 반응을 보였다. 동백은 아이와의 삶을 위해 종렬에게 임신 사실을 알리지 않고 떠났다. 그리고 필구를 철저히 자신의 아이로 키웠다. 아빠, 엄마 공동의 관계는 부재하지만, 필구에게 충실히 '바깥'과 '안'이 되기 위해 노력했다.

유독 〈동백꽃 필 무렵〉에는 한부모가족이 많이 등장했다. 동백이, 용식이, 향미, 까불이까지. 이들은 저마다의 사정이 있었다. 그러나 전통적인 가족의 균형이 맞지 않다고 해서 결코 불행한 것은 아니었다. 둘이든 셋이든 가족이었고, 남아 있는 가족은 가족대로 살아갔다. 나름 치열했고, 아이든 어른이든 성장했으며, 서로를 끔찍이 사랑했다.

가족은 부모와 자식이라는 사회의 전형적인 생태다. 하지만 이 균열이 깨졌다고 해서 삶 자체가 비루한 것은 절대 아니다. 비어 있음을 극복하기 위해 더욱 노력하고 그래서 악착같이 행복을 더 찾을 수 있기 때문이다.

〈동백꽃 필 무렵〉은 다양한 가족의 형태에 대해 이야기하고 있다. 그리고 그들의 '어쩔 수 없었음'은 문제인 양 비난받을 것이 아니라 이 세계의 재구조화라는 것을 우리에게 단단히 가르쳐주고 있다.

'연대'를 할 때 수직과 수평은 전혀 중요하지 않다. 한부모가정과 미혼모는 단지 그들을 나타내는 기표에 불과하다. 우리는 진작 다양한 가족의 형태를 이해하고 가족의 전형성, 즉 가족에 대한 고정관념을 벗어날 필요가 있었다.

오락실에서 용식은 필구에게 위로를 건넸다. "나도 아빠가 없었어. 집집마다 다 아빠가 있는 건 아니여. 이 세상 사람들이 다 아빠가 있을 거라고 생각하는 사람들이나 니가 '나 아빠 없어요!' 했을 때 너를 짠하게 보는 그런 사람들, 그런 사람들 아주 촌시러운 사람들이여. 그런 사람들은 니가 그냥 짠하게 봐주면 돼."

〈동백꽃 필 무렵〉은 동백과 용식이 가족을 통해 완전한 가족이란, 가족 그 존재 자체라는 것을 아주 끈질기게, 반복해서 발화하고 있었다.

3. '타자화' 거부하기

옹산은 그야말로 씨족사회였다. 이미 공동체가 형성되어 있는 상태였고 결속력은 대단했다. 동백은 옹산 씨족사회의 타자였다. 회장님 덕순을 제외한 마을 부녀자들은 동백을 경계했다. 옹산 씨족사회에 원치 않는 변화를 가져올 수 있는 인물이었기 때문이다.

옹산의 남성들은 동백이 등장하자마자 '첫눈에 반해' 적극적으로 관심을 표현했다. 가영은 규태가 동백을 찾아가는 것이 동백이 탓이라고 생각했다. "생글생글 웃어줘요. 그게 동백 씨 일이잖아요." 가영은 동백이를 유희의 대상쯤으로 여겼다. 하지만 옹산을 안식처로 선택한 동백은 옹산 씨족사회의 타자화를 거부했다. 가영을 찾아가 상황을, 사실을 똑부러지게 설명했다. 동백은 자존심이 상하는 일이 자주 발생했지만 구석에 숨지 않았다. 옹산의 세계에 들어가기 위해 무던히 노력했다.

동백은 공감 능력이 뛰어났다. 흄은 『도덕감정론』에서 공감이란 행복과 불행을 타인과 나눌 수 있는 것이라고 이야기했다. 동백은 옹산 사람들에게 공감하면서 자연스럽게 그 세계에 편입이 되었다. 누군가를 이해하기 위해 누군가에게 먼저 다가갔다. 그리고 함께 가지고 있는 것을 나누었으며 진실한 마음을 전했다. 동백은 어느새 찬숙과는 공동 육아를 하는 사이가 되었다. 또 아무도 자신을 받아주지 않을 것이라고 생각했던 열외자 향미를 가족이라 생각했다. 까불이의 정체가 탄로 나기 전 흥식에게는 따뜻한 밥을 차려주었다. 동백은 스스로 옹산 왕따에서 벗어났으며 나아가 옹산의 중심인물로 우뚝 섰다. 옹산의 사람들은 동백을 지키기 위해 어벤져스가 되기를 자처했다.

만약 동백이 옹산의 '타자'에 머물렀다면 동백은 옹산 사람들의 시니시즘으로 인해 괴로웠을 것이다. 하지만 동백은 하나의 공간 안에서 보이지 않는 경계를 무너뜨렸다. 옹산에 적응 기간이 필요하다는 등의 불편한 요청 따위는 처음부터 할 생각이 없었다. 자신에게 발생한 문제들은 온전히 혼자 끌어안고 씩씩하게 이겨나갔다. 또 옹산의 존재자가 되기 위해 '타자화'를 거부했다. 〈동백꽃 필 무렵〉은 동백의 주체성이 빛나가는 과정을 생생하게 보여주었다.

4. '무조건적인 용서' 거부하기

동백은 일곱 살 때 정숙한테 버려졌다. 삼겹살과 갈비를 사주고 정숙은 떠났다. 동백은 보육원에서 살았고 엄마를 증오했다. 병이 든 정숙은 죽기 전, 동백에게 마지막 하나를 주기 위해 나타났다. 하지만 동백은 정숙을 도저히 용서할 수 없었다. 딸의 운명을 방치한 엄마는, 딸이 사랑받을 자격이 없는 사람이 되는 데 원인을 제공한 것이다.

동백은 자신을 찾아온 정숙을 용서하지 않았다. 정숙이 그랬던 것처럼, 정숙에게 똑같이 삼겹살과 갈비를 사주었다. 그리고 엄마를 버리겠다고 이야기했다. 동백은 정숙을 거부했다.

동백에게서 인간 내면 깊숙하게 박혀 있는 증오와 슬픔, 분노 등 복합적인 감정을 느낄 수 있었다. 애써 괜찮은 척하지 않고 정숙을 거부하는 동백이는 보통의 '나'였던 것이다. 동백이는 무조건적인 용서를 하기보다 정숙에게 원죄를 사과할 수 있는 기회를 먼저 주었다. 그래서 동백이가 정숙을 사랑하는 엄마로 인정하기까지의 과정은 보다 현실적으로, 보다 극적으로 그려졌다. 가족 간의 '용서'를 '거부'하고 다시 '용서'에 이르기까지, 단순하게 표현할 수 없는 삶의 복잡한 축을 자연스럽게 보여준 것이다. 까불이 홍식은 연쇄 살인마다. 자신의 범죄를 들키지 않기 위해서는 살인의 유일한 목격자였던 동백을 처리할 수밖에 없었다. 홍식은 음식 배달을 갔던 향미를 동백이로 착각하고 또다시 살인을 저질렀다. 주변에서 존재 자체를 부정당하고 감정을 조절하지 못했던 홍식은 피해자들을 죽일 수밖에 없었던 이유를 합리화했다. 하지만 용식을 비롯한 많은 사람들의 끈질긴 추적에 결국 검거되었다.

동백은 식당에서 홍식과 단 둘이 있는, 위험한 상황에 처했으나 홍식을 응징해야 하는 입장에서 가만히 당하고 있을 수 없었다. 정의의 힘을 발휘했고, 그렇게 홍식은 연쇄 살인마의 최후를 맞았다.

〈동백꽃 필 무렵〉에서 유일하게 이해를 할 수 없는 인물은 까불이 홍식이었다. 원죄에 대한 용서를 강력하게 '거부'하는 동백을 통해 악에 대해 재고해 볼 수 있었다.

용식은 동백을 옹산의 "다이애나"라고 불렀다. 영국의 다이애나비는 찰스 왕세자와 이혼을 했다. 하지만 자신의 영향력을 활용해 봉사에 헌신했다. 많은 사람들이 그녀를 존경하고 사랑했다. 동백 역시 마찬가지였다. 다이애나비와 삶의 조건은 다르지만 능동적으로 살아가기 위해 노력했다. 이는 '대상화', '전형적인 가족의 형태', '타자화', '용서'를 '거부'하면서 삶의 주체가 '되기' 위함이었다.

〈동백꽃 필 무렵〉은 특별한 드라마였다. 우리가 살아가고 있는 이 세계의 개념을 정의할 수 없는 것처럼, 〈동백꽃 필 무렵〉을 좋고 나쁨으로 단순하게 평가할 수 없었다. 거대하고, 추상적이고, 어렵기만 한 삶의 파편들과 삶의 가치들을 동시에 담아내고 있기 때문이다. 물론 야구 스타와 미혼모, 고아, 살인마 등 드라마의 익숙한 클리셰들까지 긍정할 수는 없다. 하지만 〈동백꽃 필 무렵〉은 문학적인 대사와 '우리 모두 행복하지만은 않다' 혹은 '우리 모두 행복할 수 있다'라는 보편적 전제를 바탕으로 서사의 필연성을 구현해 냈다.

'거부'를 통해 '되기'에 이르는 동백이를 통해 역설의 진리를 다시 한번 확인할 수 있었다. 그리고 최대치의 아픔과 슬픔을 갱신할 수 있는 용기의 필요성을 깨닫게 되었다. 동백이는 무엇을 해도 안 되는 운명을 타고났지만, 결국 스스로 피어났으니 말이다. 우리 모두, 어쩌면 동백이가 될 수 있을 것이다.

"새로운 시대에,
누군가는 말해야 한다, 보다 잘"

MBC 창사특집 다큐멘터리 〈휴머니멀〉로 보는 공존의 희망

이예찬

1. 〈휴머니멀〉이라는 다큐멘터리

인간(Human)과 동물(Animal)의 삶은 따로 떨어져 있지 않다. 씨앗이 싹트기 위해서는 흙, 물, 햇빛 등의 조건이 필요하듯 인간은 동물에게, 동물에겐 인간이 필요할 거라는 믿음. 그 믿음이 인간과 동물의 합성어, 휴머니멀(Humanimal)을 탄생시켰다. 이것이 바로, 과거 〈아마존의 눈물〉, 〈남극의 눈물〉, 〈곰〉 등의 뛰어난 다큐멘터리를 선보였던 MBC 창사특집 다큐멘터리의 새로운 이름이다. 〈휴머니멀〉은 인간과 동물, 생태계와 자연 간의 실상을 카메라에 담아 시청자들에게 전달함으로써, '과연 동물과 인간, 넓게는 자연과 인간이 공존 가능할까?'라는 질문을 던지고, 암울한 현실에도 불구하고 각 개개인의 노력이 동반된다면 공존이 가능할 거라는 희망적인 메시지를 전달하는 다큐멘터리다.

그렇다. 다큐멘터리. 일반적으로 다큐멘터리는 비주류다. 드라마와 예능에 비해 시청률이 나오지 않아 제작사와 투자자들이 선호하지 않는 장르. 그렇다면 왜 다큐멘터리는 인기가 없을까? 이유야 많겠지만 내가 생각하는 가장 큰 이유는 바로 다큐멘터리가 픽션이 아닌 사실에 입각한 현실의 '기록'이기 때문이다. 우리는 모두 현실을 살고 있고, TV나 스마트폰을 볼 때만큼은 현실이 아닌 판타지를 보고 싶어 하기 마련이다. 쉬는 시간까지 현실에서 일어나는 문제점을 들여다볼 사람은 많지 않다. 하지만 나는 여기서, 우리의 삶이 판타지가 되는 것을 막기 위해 진지하게 현실의 문제점들을 들여다볼 필요가 있다고 말하고자 한다.

'코로나19', '기후 위기', '쓰레기 대란' 등. 새로운 시대의 새로운 문제점들이 빠르게 부각되고 있다. 요즘 거리로 나가면 마스크를 쓰지 않은 사람을 찾기 힘들다. 하지만 1년 전만 해도 이러한 판타지 같은 일이 일어날 거라는 것을 누가 알았겠는가? 코로나19는 단순한 전염병이 아니라 이상기후, 산업 개발, 보금자리를 잃은 야생동물과 인간의 영역 겹침, 동물실험, 세계화 등이 복잡하게 얽혀 있는 시대적 인재(人災)다. 이러한 문제점들을 세계의 석학들은 예전부터 경고해 왔고, 지금도 여전히 앞으로 일어날 더 큰 문제점들을 경고하고 있다. 이러한 경고들을 보다 알기 쉽게 전달하는 매체가 바로 다큐멘터리다. 우리는 판타지를 원하지만 막상 현실이 판타지가 되면 견딜 수 없다. 인류에게 다가온 건 유토피아적 판타지가 아니라 디스토피아적 판타지기 때문이다. 〈휴머니멀〉은 이러한 디스토피아적 미래를 막기 위해 사람들에게 경각심을 심어주는 훌륭한 다큐멘터리다. 바로 인간과 동물의 공존 가능성을 말함으로써 말이다. 나는 시청자로서, 불확실한 미래를 함께 살아가는 생태계의 주민으로서 이 다큐멘터리를 애정 어린 관점으로 소개하고자 한다. 비평이란 결국 애정의 증거이기 때문이다.

2. 코끼리 죽이기

〈휴머니멀〉은 박신혜, 유해진, 류승룡 이 세 배우를 프레젠터로 하여 찍었다. '다큐멘터리는 너무 전문적이어서 딱딱하고 재미없다'란 편견을 이세 유명 배우를 섭외하여 어느 정도 해소했다고 할 수 있다. 하지만 프레젠터를 모두 배우만으로 섭외한 것은 아쉽다. 다큐멘터리는 실제 인물의실제 감정을 보여주는 것이 중요하다. 아무리 '인간'으로서의 박신혜, 유해진, 류승룡을 부각시켰다고 해도 그들의 직업이 배우라는 것을 시청자들이 알고 있는 이상, '혹시 연기인가?'라는 무의식적 의구심을 지울 수없기 때문이다. 더 다양한 직종과 친근한 프레젠터가 포함되었어도 좋았을 것 같다. 그렇다고 해서 이 세 명의 프레젠터가 제 역할을 다하지 못했다는 것은 아니다. 기본적인 내레이션은 배우 김우빈이 하지만, 자기 파트가 되면 세 명의 프레젠터들이 내레이션을 맡으며 '주인공 되기'를 통해 시청자들을 집중시키고 설득력을 높인다.

　이제 박신혜 프레젠터가 소개한 아프리카 보츠와나의 코끼리 죽이기에 대해서 말해보자. 보츠와나. 이름도 생소한 이곳에 전체 아프리카 코끼리 중 3분의 1이 서식하고 있다. 박신혜 프레젠터는 이곳에서 체이스 박사라고 하는 '국경 없는 코끼리회' 대표를 만나 보츠와나 코끼리 밀렵에 대한 진실을 목도한다. 그 내용은 어느 정도 각오를 하고 있었던 내게도 충격적이었다. 박신혜 프레젠터와 체이슨 박사는 헬기를 타고 가다가 썩어서 가죽만 남아 있는 코끼리 사체를 발견한다. 헬기에서 내려 살펴보니 그 코끼리는 얼굴이 없었다. 밀렵꾼들의 짓이었다. 밀렵꾼들은 먼저 코끼리의 척추를 자른다. 그렇게 하면 코끼리는 자기방어를할 수 없다. 코도 움직일 수 없다. 그 상태에서 밀렵꾼들은 상아를 뿌리까지 얻어내기 위해 코끼리의 얼굴을 전기톱으로 자른다. 이때 코끼리는 움직이지 못할 뿐이지 살아서 모든 고통을 느끼며 죽어간다. 밀렵꾼들은 총알을 아끼고, 총성을 숨기기 위해 일부러 총을 쏘지 않는다. 심지어 자신들의 행동이 발각되지 않도록 하기 위해 코끼리 사체에 독을 주입하기도 한다. 그렇게 하면 사체를 보고 몰려든 독수리들이 떼죽음을 당해 코끼리 사체 발견이 늦어져 밀렵꾼들은 여유롭게 밀렵을 할 수 있는 것이다.

박신혜 프레젠터 또한 밀렵이란 총으로 코끼리를 쏘아 죽인 이후에 상아를 뽑아가는 것이라고만 생각했기 때문에 충격을 받은 모습이었다. 제작진과 인터뷰 영상을 찍는 박신혜 프레젠터는 "그냥 막 무서웠던 것 같아요"라고 말한다. 그런데 그때, 제작진이 막연한 대사를 구체화해 주려는 듯 "사람이 무서워요?"라고 질문한다. 박신혜 프레젠터가 그러한 질문에 뭐라고 답하겠는가? 아니라고 하겠는가? 결국 그녀는 "네, 사람이 무섭고……." 이후에 답을 하지 못했다. 나는 제작진의 질문이 사족이었다고 생각한다. 사족일 뿐만 아니라 자연스러운 몰입을 방해하기까지 했다. 우리는 모두 함께 밀렵꾼들이 코끼리를 어떻게 잔인하게 죽이는지 보았다. 박신혜 프레젠터가 말하는 막연한 무서움이 무엇인지 공감할 수 있다. 그건 단순히 사람에 대한 무서움이 아니었다. 목적을 위해 수단과 방법을 가리지 않는 인간의 잔인성, 그것에 희생되는 동물들, 이러한 사실을 모르고 지냈던 것에 대한 죄책감, 상아 거래는 불법이지만 상아 공예품 거래는 합법이라는 모순 등. 이러한 복합적인 감정이 "사람이 무서워요?"라는 질문 하나로 뭉뚱그려지는 것 같아서 아쉬웠다. 차라리 가만히 박신혜 프레젠터의 다음 말을 기다렸으면 어땠을까 싶다. 막연한 대사밖에 나오지 않겠지만, 그러한 막연함이야말로 코끼리 죽이기의 진실을 함께 목도한 시청자들의 마음이지 않을까?

다큐멘터리가 현실의 객관적 기록이라지만 절대적인 것은 아니다.

감독과 제작진이 카메라를 잡고 편집을 맡는 순간 주관성이 포함된, 해석된 현실이기 때문이다. 이러한 점이 너무 지나치면 자칫 '선전'이 될 수도 있다는 것을 알아야 한다. 시청자들은 '교훈'을 얻기 위해 다큐멘터리를 보지 않는다. '감정'을 느끼기 위해 보는 것이다. 교훈은 생각하게 하지만, 감정은 움직이게 한다. 제작진의 이러한 유도는 다큐멘터리의 몰입과 사회적 역할에 방해가 될 수도 있다.

다시 주제인 코끼리로 돌아와서, 그럼 밀렵꾼들만이 코끼리를 죽이는가? 그렇지는 않다. 지금 열심히 현대사회를 살아가는 우리들도 코끼리를 죽이고 있다. 그게 무슨 소리냐고? 이야기를 들어보라. 박신혜 프레젠터와 체이슨 박사는 또 한 마리의 코끼리 사체를 발견한다. 상아가 그대로 있는 것으로 보아 밀렵꾼들의 소행이 아니다. 최근 들어 가뭄이 심해지며 코끼리들의 이동 거리가 길어지면서 이렇게 급사하는 코끼리들이 늘어나고 있다고 한다. 이상기후 때문인 것이다. 체이슨 박사는 큰 범주에서 인간은 코끼리에게 위협적이라고 말한다. 코끼리들의 가장 직접적인 위협은 물과 먹을 것이 사라져 서식지를 잃는 것이기 때문이다. 우리가 버리는 쓰레기, 우리가 사용하는 석탄 원료 등이 그 이유다. 너무 비약적이라고? 그렇게 말하지는 말자. 한 회사의 지분을 아무리 조금 가지고 있더라도 주주라고 불리기를 원하면서, 코끼리의 죽음에 자신의 지분이 없다고 말하지는 말자. 이렇듯 아프리카의 코끼리들은 하루하루 밀렵과 가뭄으로 죽어가고 있다. 특히 보츠와나에는 아프리카 코끼리의 40%가 살고 있는데, 보츠와나 정부는 오히려 2019년 9월부터 코끼리 사냥을 허가하기로 했다니 '공존'이라는 말은 새삼 멀게만 느껴진다.

3. 트로피 헌터

미국 서부 몬태나주에 사는 올리비아 오프레라는 여성은 트로피 헌터다. 트로피 헌터란 사냥이 허가된 나라에 거액의 돈을 지불하고 동물을 사냥하는 사냥꾼이다. 그렇게 사냥한 동물 앞에서 기념사진을 찍고, 박제해 집 안 거실에 전시해 놓는다. 유해진 프레젠터는 그녀의 거실을 가득 채우고 있는 동물 박제를 보고는 표정이 굳어졌다. 하지만 정작 트로피 헌터인 올리비아는 "저는 야생동물들의 목숨을 빼앗지만, 그들의 삶을 구하기도 합니다"라고 말한다. 어떻게 이런 모순적인 언행이 가능할까?

트로피 헌터들의 주장은 이렇다. "우리가 아프리카에서 사자나 코끼리를 사냥할 수 있는 권한을 사기 위해 많은 돈을 지불했고, 그 돈은 아프리카 현지 지역사회로 배분된다. 아프리카인들은 그들의 자원인 야생동물을 통해 이익을 얻고, 심지어 이 돈은 동물 보호를 위해 쓰이기도 한다. 오히려 우리들은 동물을 죽이는 것에 무턱대고 반대하는 사람들에게 묻고 싶다. 그래서 당신들이 하는 건 뭔가? 빈곤으로 죽어가는 아프리카 사람들을 위해 무엇을 했는가?" 이들의 주장은 일견 일리가 있다. 트로피 헌팅은 이미 총기, 장비, 미디어 부분 등이 결합된 거대 산업이다. 이 산업은 주로 아프리카에 몰려 있고, 그중에서도 남아프리카공화국은 1년에 한화 2조 원이 넘는 산업 규모를 자랑한다. 남아프리카공화국에서는 '캔드 헌팅'이라는 방식의 트로피 헌팅이 이루어지는데, 이것은 사육된 동물들을 울타리에 가둬두고 사냥을 하는 방식이다. 남아프리카공화국에는 이러한 캔드 헌팅 장소가 9,000곳 이상 존재한다고 한다. 마땅한 수입원이 없는 이곳 사람들에겐 트로피 헌팅 사업이 생업일 수 있는 것이다.

그런데 이러한 트로피 헌터들의 주장은 사실일까? 다큐멘터리가 진행되면서 그렇지 않다는 것을 알 수 있다. 국제동물단체가 발간한 보고서 「2억 달러라는 질문: 트로피 헌팅은 실제로 아프리카 지역사회에 얼마나 기여하는가?」[1]에 따르면, 헌팅 업체들은 헌팅 구역에 사는 주민과 지역사회에 자신들 총수익의 3%만을 돌려주는 것으로 파악됐고, 수익 대부분은 업체와 정부 관계자가 가져간다고 한다. 즉, 트로피 헌터들의 주장은 사실이 아니다.

이러한 트로피 헌팅 세계가 존재했는지도 몰랐던 나에게 그들의 모순을 포착하여 생생하게 전달해 준 〈휴머니멀〉 제작진에게 감사한 한편, 아쉬운 마음도 있다. 트로피 헌터들의 주장은 정말 그럴듯했다. 충분히 발전된 사회에 살고 있는 우리가 아직 가난한 아프리카 사람들에게 '동물 보호'라는 명목으로 그들이 가지고 있는 야생동물이라는 '자원'을 사용하지 말라고 한다면, 아프리카의 입장에서는 받아들이기 힘든 법이다. 이러한 아프리카 사람들의 입장과 동물과 공존해야 한다는 우리의 입장을 더 심도 있게 대비시켜 줬으면 문제의 본질(양극화, 신자유주의 등)을 깊숙이 파헤칠 수 있었다고 생각한다. 그러나 "트로피 헌팅이 아프리카를 살린다는 믿음. 이들 역시 굳건한 확신 아래 자신의 욕망을 충족시키고 있습니다" 등의 내레이션은 너무나 우리의 입장만을 대변하고, 아프리카의 경제, 문화, 그곳에 살고 있는 사람들을 배제한 목소리였다. 이러한 내레이션에서는 제작진들의 감정, 해석, 사감이 너무 많이 섞여 있어 시청자들의 주체적인 해석을 방해할 여지가 있었다.

나는 꼭 〈휴머니멀〉이 아니더라도, 모든 다큐멘터리는 거울이어야지 렌즈면 안 된다고 생각한다. 현실을 있는 그대로 비춰주고 판단은 시청자들이 하는 것이지, 현실을 왜곡시켜 보여주는 것은 차라리 보여주

1   "The $200 Million question", Economists at Large(2013).

지 않는 것만 못 하기 때문이다.

4. 어떤 전통

덴마크령 페로제도, 아름다운 해변이 있는 인구 4만 명 정도의 흐반나준트 마을에는 어떤 전통이 있다. 바로 들쇠고래 사냥이다. 매년 여름이 되면 들쇠고래 무리가 페로제도 옆을 지나간다. 흐반나준트 마을의 어부들은 그때를 놓치지 않고 모터보트를 타고서 들쇠고래 무리를 마을 해변으로 몰아넣는다. 해변에는 갈고리가 달린 밧줄을 든 마을 청년들이 있다. 들쇠고래들이 해변 가까이 오면 청년들은 들쇠고래의 미끈한 몸에 갈고리를 찔러 넣는다. 해변은 순식간에 붉게 변하고 비린 석양이 떠오른다. 끌려 올라온 들쇠고래들은 아가미에 칼이 들어와 목이 잘린다. 해변에는 마을의 남녀노소가 모두 나와 이 광경을 바라보며, 어린아이는 죽어가는 들쇠고래가 신기한지 만져보기도 한다. 이 풍경은 바로 '그라인다드랍', 페로제도에서 7, 8월 중 벌어지는 전통 고래 사냥 축제다. 들쇠고래는 국제포경위원회에서 정한 보호 어종이 아닌 데다, 상업적 목적이 아니란 이유로 여전히 합법적으로 진행되는 일이다. 수백 년 전 페루 정착민들은 생존을 위해 고래를 잡았다. 하지만 대체식량이 충분한 지금은 그저 '전통'이라는 이름으로 매년 행해지고 있다. 나는 이것을 보고 우리나라의 '식용 개' 문제가 떠올랐다. 하재영 작가의 『아무도 미워하지 않는 개의 죽음』[2]을 읽고 관심을 가지게 된 이 문제 또한 '전통'과 관련 있다. 현재는 개고기를 먹지 않아도 건강을 유지할 수 있다. 오히려 개고기를 먹지

---

2   하재영, 『아무도 미워하지 않는 개의 죽음』(창비, 2018).

않는 것이 더 건강할 것인데도 개고기를 먹는 이유는 오래전부터 그렇게 해왔기 때문이다. 하지만 가치관과 환경이 변하면 전통도 변해야 한다. 고여 있는 전통(傳統)은 고통(苦痛)일 따름이다.

'전통'이라는 이름으로 고래들이 수난을 당하는 것은 페로제도뿐만이 아니다. 가까운 나라 일본의 타이지 마을에서 벌어지는 일들 또한 그렇다. 타이지 마을은 돌고래 관광상품으로 특화되어 있는 돌고래 마을이다. 제작진들은 이곳에서 돌핀 프로젝트 활동가 팀 번즈를 만나 이 마을에서 일어나는 일들을 시청자들에게 전해준다. 돌고래는 자신의 존재를 인지할 수 있고, 가족 간의 유대가 강한 동물이다. 팀은 "잔인하지 않은 돌고래 포획은 없지만, 타이지의 방법은 특히 더 잔인합니다"라고 말한다. 과연 그랬다. 일본 어부들은 돌고래들을 작은 만(灣)에 몰아넣고 그물을 친다. 돌고래는 가족을 버리고 도망치지 않기 때문에 한곳에 뭉쳐 있다. 그때 다이버들이 접근해 돌고래를 붙잡고 찍어 누른다. 돌고래들은 도망치려고 발버둥질하다 온몸에 상처가 생기고, 보트 프로펠러에 베이기도 한다. 예쁘지 않은 돌고래는 죽어서 판매하는데, 그때 생기는 핏물을 감추기 위해 천막을 치고 작업을 한다. 작업 과정은 이렇다. 한 사람이 칼날 달린 긴 쇠막대로 돌고래의 척수를 끊으면, 다른 사람이 얼른 마개로 그 구멍을 막아 핏물이 바다에 퍼지지 않게 한다. 이모든 작업이 국제사회로부터의 비난을 회피하기 위한 방편이다. 사로잡힌 돌고래는 평생을 관광상품으로 살아가거나 해외 각국의 전시용 수족관으로 수출된다.

많은 사람들은 돌고래가 바다에서 수족관까지 안전하게 옮겨져서 그곳에서 행복하고 좋은 삶을 누리고 있다고 생각하지, 이런 비도덕적인 포획 방법을 알지 못한다. 사회적 연대가 강한 돌고래들은 자신의 가족들이 바로 옆에서 죽임을 당한 것을 평생 잊지 못한 채 트라우마를 안고 살아간다. 2010년부터 2017년까지 타이지 마을은 생포한 돌고래 중 639마리를 전 세계로 수출했는데, 대한민국은 이 중 44마리를 수입했다. 중국에 이어 2위의 돌고래 수입국이다. 수족관의 돌고래들은 먹이를 먹기 위해 재주를 부려야 한다. 이것은 모두 이윤과 인간의 '즐거움'을 위해서 행하는 일이다.

5. 지배자 인간, 앞으로 우리는……

코끼리 죽이기, 트로피 헌팅, 전통들까지. 인간과 동물의 공존이 정말로 가능한 일일까? 이에 대한 답 또한 인간에게 있었다. 류승룡 프레젠터는 짐바브웨에 있는 ALERT 야생동물보호센터를 찾아갔다. 그는 이곳에서 사자를 만났다. 사자에게서 인간을 보호하기 위해서가 아니라, 인간에게서 사자를 보호하기 위한 장소였다. 이게 도대체 무슨 소리일까?

짐바브웨는 이상기후로 인해 50년 만의 대가뭄을 맞았다. 사자들은 부족해진 먹이와 물을 찾아 인간들의 영역으로 내려왔다. 밤이 되면 마을에 사자가 찾아와 소를 물어간다. 짐바브웨는 실업률 80%에 달하는 최악의 경제난을 겪고 있는데, 이곳 사람들에게 소는 유일한 생계 수단이자 목숨보다 중요한 자산이라고 한다. 이런 상황은 아프리카 전역이 비슷하다. 결국 사람들은 사자에게 잔인한 복수를 시작했다. 사람들은 사자가 다니는 길목에 독을 푸는 일도 서슴지 않으며 사자를 죽였다. 이 때문에 지난 21년간 아프리카 사자들은 절반 이상 줄었고, 멸종위기종으로 지정되기에 이르렀다. 이것이 바로 ALERT 야생동물보호센터에서 사자들이 보호를 받는 이유다. 이곳의 사자들은 전부 사람들에게 내몰려 구조된 것이라고 한다. 하지만 문제는 돈이다. 고깃값, 진료비 등,

사자를 관리하는 것에는 많은 돈이 든다. 이곳이 정부의 지원을 받는 곳도 아니기 때문에 상황은 어려워져 가지만, ALERT 야생동물보호센터는 사자 개체수 유지를 위해 앞으로도 노력할 것이라고 한다.

케냐 올페제타에는 멸종위기를 맞은 또 다른 동물이 있다. 박신혜 프레젠터가 그 동물을 찾아가 보았다. 그 동물은 바로 북부흰코뿔소. 세상에서 단 두 마리만이 존재하는 애처로운 동물이다. 본래 이들은 남수단, 콩고 등지에서 6,000마리 이상이 살고 있었지만, 주변 나라들의 끝없는 내전으로 서식지가 파괴되고, 뿔을 얻기 위한 밀렵 등으로 멸종 위기까지 내몰린 것이다. 이렇게 인간에 의해 멸종 위기를 맞았지만, 희망을 이어갈 수 있는 것도 인간들 덕분이다. 북부 흰코뿔소의 멸종을 막기 위한 마지막 방법은 바로 '체외 인공수정'. 냉동시킨 수컷의 정자와 암컷의 난자를 결합해 배아를 만들고, 북부 흰코뿔소와 유전인자가 비슷한 남부흰코뿔소를 대리모로 하여 종을 이어가는 것이다. 이것을 위해 이탈리아의 아반테아 연구소에서 노력한 결과 두 개의 북부흰코뿔소 배아를 만드는 데 성공했다고 하니, 멸종을 막기 위한 두 번의 기회가 주어진 셈이다.

이들 외에도 인간과 동물의 공존을 위해 노력하는 많은 사람들이 있다. 케냐 야생동물보호국 구조팀장 도미닉 미젤라, 학대받는 코끼리를 구하기 위해 태국 전역을 누비는 샌드언 차일러트, 킬햄 베어센터에서 곰들을 보호하고 있는 벤 킬햄 박사, 생업도 미루고 타이지 마을에서 돌고래 학대 실태를 감시하는 팀 번즈, 호주 산불 사태에서 야생동물을 구하기 위해 노력했던 많은 시민들, 그리고 4개 대륙 10개국을 누비며 1년 동안 좋은 영상을 촬영하기 위해 노력한 〈휴머니멀〉 제작진과, 그들의 기치에 공감하며 응원을 보내주는 시청자들까지. 모두가 인간과 동물의 공존을 위하는 사람들이고 이들이야말로 '휴머니멀'이라고 불릴 자격이 있다.

지금, 그 누구도 경험해 보지 못한 새로운 시대가 열리고 있다. 우리 아버지, 어머니 세대들이 산업, 발전, 경제를 위해 일해왔다면, 앞으로 우리는 자연, 환경, 그리고 무엇보다 '공존'을 위해 일해야 한다. 단순히 동물들이 불쌍하다는 감상, 그것이 우리와 무슨 상관이냐는 무시에 그치는 것이 아니라, 생태계의 일원인 그들에게 문제가 생기면 마찬가지로 생태계의 일원인 인간도 위험하다는 경각심을 가질 필요가 있다. 〈휴머니멀〉에 나온 정보로 예를 들어보면, 짐바브웨에서 사람들이 사자들에게 복수를 하면 할수록 가뭄은 심해진다고 한다. 왜냐하면 사자들의 개체수가 줄어들면 초식동물들의 개체 수가 늘어나는 것은 당연한 일이고, 그렇게 늘어난 초식동물들이 풀을 더 많이 뜯어먹어 사막화가 가속화된다는 논리다. 이 외에도 서식지 겹침을 통한 새로운 전염병 발발, 식물들의 수정(受精)을 도와주던 동물의 멸종으로 인한 식물들의 멸종 등. 생태계는 종족별로 나눠져 있는 것이 아니라 하나로 이어져 있다는 사고가 필요하다. 단순히 '이가 없으면 잇몸이 시리다'는 생각을 넘어, '이와 잇몸은 모두 소중한 우리의 몸이다'라는 생각이 필요한 것이다. 이것이 바로 〈휴머니멀〉이 강조하는 '공존'의 필요성이다.

'코로나 세대', '기후 우울증' 등의 신조어가 탄생하고 있는 지금, 누군가가 말해야 한다면 우리가 말하자. '이대로 가다간 위험하다! 공존을 위한 노력을 하자!' 그리고 말해야 한다면 보다 잘 말하자. 나는 다큐멘터리의 가치는 얼마나 미학적인가, 얼마나 교훈적인가에 있다고 보지 않는다. 얼마나 사실을 있는 그대로 반영하는가로 평가받아야 마땅하다고 생각한다. 그리고 그 사실을 전달받은 시청자들에게서 감정과 행동을 이끌어낸다면 그만한 다큐멘터리가 없다고 생각한다. 나는 〈휴머니멀〉을 통해 동물 문제를 해결하려면 자본주의, 이데올로기, 세계화 등 인간의 나머지 모든 문제들을 다시 들여다보고, 해결해 나가야 한다는 것을 느낄 수 있었다. 이러한 인식 변화의 계기를 마련해 준 〈휴머니멀〉에 애정 어린 감사의 인사를 전하며 마지막으로 당부한다. 어려운 시기에, 우리 모두 힘을 내자. 동물이든 식물이든 기계든 인간이든 상관없이, 약자든 강자든 빈자든 부자든 상관없이, 이데올로기와 종교, 인종과 성별의 차이와 상관없이, 함께 이 세상에서 살아가자. 같이 '공존'하자.

뭉치면 살고 흩어지면 죽는다

tvN 〈대탈출3〉로 본 개인주의와 협동심

박한솔

1. '웃음'보다 '재미'에 초점을 둔 예능

예능 프로그램의 목적은 시청자에게 웃음을 선사하는 것이 보편적이다. 과거에는 박장대소와 같은 웃음이 우선시됐지만, 최근 들어서는 고정관념에서 벗어나 잔잔한 웃음도 허용된다. 몇 년 전부터 유행한 관찰, 힐링 예능은 박장대소와는 거리가 멀다. 웃음 빈도가 줄어들었고, 강도 또한 예전만 못하다. 공감과 감동, 웃음이 한데 어우러지는 요즘 예능은 시청자에게 색다른 재미를 안겨준다. 〈나 혼자 산다〉, 〈삼시세끼〉, 〈미운 우리 새끼〉 같은 예능이 이에 해당된다. 1인 가구가 급증함에 따라 TV 속 연예인들에 공감하거나 대리만족을 느끼는 사람들도 많아졌다. 세월은 팽배하는 개인주의를 막지 못했고, 사람들은 관계에 벽을 쌓는 데 능숙해져만 갔다. 정서적으로 결핍된 사람이 안정을 찾을 수 있는 창구는 힐링 예능이었다. 방송국은 좋든 싫든 시청자의 입맛에 맞출 수밖에 없다. 세상에 찌들고 치인 이들을 위해 제작자들은 힐링 예능 제작에 열을 올렸다. 시청률이 말해주듯이, 공감과 편안함에서도 시청자들은 재미를 느끼기 때문이다.

〈대탈출〉은 tvN에서 제작한 예능이다. 방 탈출 게임을 모티브 삼아 만든 국내 유일의 탈출 버라이어티로서, 출연자들은 의문의 밀실에서 게임을 시작한다. 곳곳에 숨겨져 있는 단서를 찾아야 하며, 이를 토대로 문제를 해결한 뒤 거대한 세트를 탈출해야 한다. 〈대탈출〉도 일종의 관찰 예능이기는 하지만, 보편성과는 거리가 멀다. 편안한 힐링 예능과는 달리, 시청자는 상황에 깊이 몰입하고 출연자의 탈출을 적극적으로 응원한다. 문제를 하나씩 해결할 때마다 함께 기뻐하고 방문이 열릴 때마다 짜릿한 쾌감을 느낀다. 출연자들이 탈출하기까지 10시간 정도 걸린다. 하지만 모든 문제를 풀고 마지막 문을 열었을 때의 희열은, TV로 지켜보는 시청자들도 여실히 느낄 수 있다.

2. 정종연 PD의 예능 그리고 대탈출

〈대탈출〉을 연출한 정종연 PD는 코믹한 분위기를 좋아하는 사람이 아니다. 전작에서 주로 정치와 갈등을 소재로 예능을 만들 정도로 특이했다. 갈등과 예능은 어울릴 수 없는 단어 같지만, 이단아 정종연 PD는 묵묵히 자신의 길을 개척했다. 두뇌 심리 서바이벌 〈더 지니어스〉, 모의 사회 리얼리티 게임쇼 〈소사이어티 게임〉이 대표적이다. 두 예능은 제목만 보면 단순히 게임 실력이 뛰어난 사람이 살아남는 구조 같다. 물론 게임 실력도 중요하지만, 거기서의 생존경쟁은 정치적인 움직임이 필수불가결하다. 자신의 실력만 믿고 타인과의 교류를 소홀히 하는 출연자는 다수 연합에게 밀려 탈락하기 마련이다. 하지만 다수 연합이 승승장구해도 시청자가 그들에게 몰입하거나 공감할 수 없었던 이유는, 그들의 동상이몽이 적나라하게 드러났기 때문이다. 서바이벌의 특성상 결승전에 진출할 수 있는 정원은 한정되므로, 연합의 붕괴는 필연적일 수밖에 없다. 갈등의 극치를 찍은 예능 〈소사이어티 게임〉은 인간의 속내와 본성을 담아내는 것이 기획의도였다고 한다. 사람 여럿이 모이면 리더가 생기고, 리더를 따르는 사람들이 생긴다. PD는 사람의 성격과 관계에 흥미가 있어 일종의 다큐 같은 예능을 만든 것이다. 〈소사이어티 게임〉이나 〈더 지니어스〉는 출연자 전원이 우승할 수 있는 것이 아니기 때문에, 우승에 근접하려면 기본적으로 이기심이 있어야 한다. 고로 함께 있어도 함께 있는 게 아닌 동상이몽의 상황이 많이 벌어진다. 중간중간에 삽입되는 출연자의 속마음 인터뷰는 실제 행동과 상반되기에, 프로그램을 보고 있으면 '사람은 참 무섭구나'라는 감정마저 든다.

〈대탈출〉은 그의 전작들과 비슷한 듯하면서 조금 다르다. 탈출하기 위해 직면하는 수많은 퀴즈, 퍼즐, 암산 등은 전작들의 두뇌게임을 떠올리게 만든다. 하지만 정종연 PD는 〈대탈출〉에서는 이전부터 즐겨 사용했던 정치와 갈등을 예능 소재로 삼지 않는다. 불편함보다는 편안함을 선택했으며, 마니아틱한 감성을 조금 덜어내고 대중성을 가미했다. 밀실에 오랫동안 갇혀 있으면 출연자와 시청자 모두 답답하기 마련이지만, 문제를 해결함과 동시에 방에서 탈출하는 순간 그 모든 답답함이 해소된다. 이러한 과정들 속에서는 갈등보다 협동에 초점이 맞춰진다. 출연자들이 머리를 맞대고 문제를 풀어나가는 이유는, 개인의 목적이 아닌 공동의 목적에 도달해야 하기 때문이다.

〈대탈출〉의 강점은 개성 있는 캐릭터, 기발한 문제 같은 것들이 있지만, 뭐니 뭐니 해도 매회 매력적인 스토리가 있다는 점이다. 출연자들은 좁은 밀실에서 안대를 풀고 탈출을 시작하지만, 그곳이 어떤 공간인지는 전혀 모른다. 하지만 단서를 얻고 방을 하나씩 탈출하면서 낯설었던 공간의 비밀을 알게 된다. 주로 범죄, 좀비, 오컬트 같은 요소들이 그들을 맞이한다. 픽션인 상황이어도 출연자들이 실제처럼 몰입한다면 시청자 역시 그들의 감정을 뒤따르게 된다. 건물 전체가 어둠으로 뒤덮인 '어둠의 별장' 회차나 좀비를 만들어내는 공장 콘셉트인 '좀비 공장' 회차는 〈대탈출〉 팬들 사이에서도 최고의 회차로 꼽힌다. 스토리랑 연출도 훌륭했지만, 출연자들이 워낙 깊이 몰입하여 그들이 느끼는 공포심이 시청자들에게도 고스란히 전달됐기 때문이다.

3. 개인주의가 협동심에 이르기까지

〈대탈출〉에는 여섯 명의 연예인이 출연한다. PD는 재미를 줄 수 있을 것 같은 검증된 예능인을 섭외했다. 그와 동시에 방을 쉽게 탈출할 수 없을 것 같은 멤버로 팀을 구성했다. 모두가 문제를 잘 푸는 사람이라면 협동보다는 경쟁을 하기 때문이다. 다양한 수준의 멤버로 팀을 구성해서 전작의 이념에서 벗어나 새로운 곳으로 발돋움하는 듯했다. 멤버 중에 실질적으로 문제를 푸는 사람은 신동과 유병재 두 명이고, 다른 멤버들은 힘쓰는 일을 도맡거나 예능의 재미를 위해 익살스러운 역할을 담당했다. 그래도 프로그램의 목적 자체가 문제를 풀어서 탈출하는 것이기 때문에, 모든 멤버들은 머리가 지끈거려도 문제를 풀기 위해 노력했다. 그러다 한 멤버가 단서를 발견하거나 막힌 문제를 해결했을 때, 환희를 느낌과 동시에 주변의 인정을 갈구한다. 그리고 "나 하나 했어!"라고 외치며 자랑스러워한다. 칭찬과 인정이 오가지만 암묵적으로 경쟁이 이뤄지는 것을 느낀다. 시즌 1 중간 인터뷰를 들어보면 다들 문제를 해결할 때마다 "마음이 편하다", "오늘 활약이 좋다"라고 말한다. 이 정도에서 멈추면 좋겠지만, 다른 멤버가 문제를 풀었을 때는 시샘하는 모습을 보인다. 탈출에는 협력이 절실하지만, 멤버들 마음속에서는 개인주의가 피어오른다. 서로 머리를 맞대도 모자랄 상황에서 따로 행동하는 멤버도 있다. 자신이 돋보이고 싶었다는 것이 그 이유이다. 멤버들은 귀신, 범죄와 같은 스토리 속에 떨어졌음에도, 몰입하는 데 곤혹스러워하며 자신의 이미지를 챙기기 바쁘다. '나 혼자', '나 먼저'라는 생각이 몰입을 방해하고 탈출을 향한 걸음을 늦추는 것이다. 〈대탈출: 시즌 1〉에서 주장 제도가 있었는데, 매회 활약이 가장 우수한 멤버를 뽑아 당일 주장으로 임명하는 것이었다. 완장의 의미는 게임을 기획한 제작진에게 실력을 인정받았다는 의미다. 주장이 되지 못한 멤버는 부러움을 느끼고 자극을 받는다. 그중 실력이 저조한 멤버는 오히려 자신감이 떨어진다. 회차가 거듭되면서 대부분의 멤버가 주장으로 한 번씩 선출됐지만, 활약이 더딘 사람은 다른 사람이 완장 차는 것을 보고 있을 수밖에 없었다. 경쟁심리를 자극하고 협동심을 망가뜨리는 주장 제도는 〈대탈출: 시즌 2〉부터 폐지되었다.

그들은 시즌을 거듭할수록 더욱 두터워졌다. 위기를 여러 번 극복하고 대탈출에 성공하면서 배려와 협동이 이 프로그램의 핵심이라는 것을 깨달았다. 팀보다 내가 중요하다고 말할 정도로 개인주의가 팽배했지만, 협동심의 저력을 체감한 이후 "뭉살흩죽"(뭉치면 살고 흩어지면 죽는다)을 외치면서 모토를 가다듬었다. 멤버들은 동료가 문제를 해결했을 때도, 예전처럼 질투를 하기보다는 다 같이 진심으로 기뻐하고 축하해 주었다. 경쟁이 사라지자 동료애가 짙어지고 문제를 마주한 이들의 고민도 경감되었다. 멤버들의 정신적 성장은 시청자들이 기대하면서 보는 부분이기도 하고, 프로그램에 입체감을 불어넣는 데도 크게 일조했다.

캐릭터 간의 관계성은 어떤 작품이든 중요하며 예능은 말할 것도 없다. 그 관계성에서 이기심이 느껴지지 않고 배려가 느껴진다는 것은 시청자들이 방송을 더욱 편안하게 볼 수 있다는 의미다. '어둠의 별장' 회차는 암전된 별장을 탈출해야 하기에 멤버들은 평소보다 몇 배로 큰 공포를 느꼈다. 공포심이 커진 만큼 멤버들은 개인행동을 자제했다. 어둠 속에서 이뤄지는 소통과 완벽한 역할 배분은 그간 쌓아온 호흡을 알게 해주었다. '빵공장' 회차에서도 마찬가지다. 이 회차에서는 제작진이 무전기라는 아이템을 추가함으로써, 멤버들이 협력 없이는 깰 수 없는 상황을 만든다. 도박에 참여한 멤버가 승리하기 위해 다른 멤버가 CCTV로 패를 확인해서 알려주거나, 굳게 잠겨 있는 서버실 문의 비밀번호를 알려주는 식이다. 제작진은 이전 시즌부터 무전기를 자주 사용했고, 비중 또한 적지 않게 상황을 조성했다. 의도적으로 멤버를 나눈 다음 '네가 없으면 내가 죽어'식의 장치를 마련한 셈이다. 이 모든 것은 탈출을 위한 협력에 중점을 두기 위해서다.

4. 더불어 사는 세상

〈대탈출〉의 인기 요인은 흥미진진한 스토리와 밀실에 갇힌 연예인들이 문제를 해결하며 짜릿함을 주는 데 있다. 스토리는 정교한 서사와 디테일한 묘사 덕에 시청자의 몰입도를 한껏 높여준다. 난이도가 높아 절대 못 풀 것 같은 문제가 종종 나오지만, 멤버들이 머리를 맞대고 문제를 해결했을 때 기쁨은 이루 말할 수 없다. 최종 탈출에 성공했을 때는 전율을 느낄 정도로, 시청자도 출연자만큼 기분이 좋다. 이렇듯 눈앞에 가로막혀 있던 상황을 함께 벗어난다는 것이 〈대탈출〉의 가장 큰 매력 포인트다. 개인보다 집단에 초점을 맞추고, '혼자'보다 '함께'를 중요시해 장벽을 부술 때마다 감동과 희열을 얻는다. 멤버들의 교차하는 감정은 브라운관을 뚫고 시청자에게 전달된다. 어쩌면 〈대탈출〉 멤버들의 이러한 이상적인 협동심을 보며 시청자는 대리만족을 하는지도 모른다.

〈대탈출〉은 매회 배경과 스토리가 바뀐다. 단서의 위치와 문제도 바뀐다. 하지만 목표는 동일하다. 탈출이다. 더불어 멤버들의 협동심 또한 매회 다를 것이 없다. 오히려 회가 거듭할수록 더욱 탄탄해진다. 탈출을 위해서 없으면 안 되는 요소이기 때문이다. 우리는 삶에서 수많은 고난과 시련을 직면한다. 앞길에 제동이 걸리면 어두운 밀실에 갇힌 것처럼 답답하지만, 위기를 타개하는 방법은 쉽게 찾아지지 않는다. 현실의 세상은 제작진이 구현해 놓은 것이 아니기 때문에, 변수도 많고 타개책의 실마리도 찾기 어렵다. 하지만 실마리 하나를 발견한다면 밀실 탈출을 위한 단계가 차례로 보일 것이다. 개인주의를 표방하는 사람들은 모든 것을 혼자 감내하려는 성향이 있다. 사람들과 함께 어울려 사는 세상인 만큼, 우리는 그동안 만나고 정을 나눠왔던 사람들과 고난을 이겨낼 권리가 있다. 마찬가지로 나도 그들이 어려울 때 도와주는, 그런 진심 어린 상부상조가 세상을 평화와 이상에 가깝게 만든다. 협력과 상생을 통한 공존은 인생의 답답함을 해방시킨다.

'혼자'의 시대로 접어든 지도 세월이 꽤 지났다. 개인주의를 추구하는 삶은 수년 전부터 지속됐고, 여전히 진행 중이다. 아무래도 복잡하게 얽혀 있는 관계들은 피곤하기 마련이라 사람들은 무의식적으로 주변 사람과 담을 쌓으며 살아간다. 개인적인 생활에 익숙해지자 언젠가부터 누군가와 함께하는 것에 미묘한 스트레스를 받는다. 사람과의 만남이나 대화를 최소화하고 오직 나의 삶에만 집중한다. 그동안 나 자신을 깎아오며 수없이 행해온 이타적인 행동들, 나보다 다른 사람을 먼저 챙기는 배려들. 그런 과거를 겪은 사람들이 결국 혼밥과 혼술로 자신을 위로하고 비혼으로 귀결되는 경우도 적지 않다. 하지만 인간은 사회적인 동물이다. 필연적으로 무리를 이루게 되며, 사람과 소통을 단절하고 살 수는 없다. 일인불과이인지(一人不過二人智)라는 말처럼 한 사람의 지혜가 아무리 뛰어나도 여럿이 함께하는 것만 못 하기에, 혼자보다 함께일 때 더욱 지혜롭고 건강한 인생에 다다를 가능성이 높다. 주변 사람과 더불어 지내며 서로 생각을 공유하고 소통하면, 정서적 안정을 취하면서 내면의 몸집까지 키울 수 있다. 인생은 사람과 어울려 살아가기에 의미가 있고, 혼자가 아니기에 머나먼 여정이 외롭지 않다. 〈대탈출〉에서 "뭉살흩죽"이라는 모토가 강력하게 작용한 것처럼, 상황의 진전과 정신적 성장은 옆 사람의 힘이 없다면 이뤄지기 힘든 일이 아닐까 싶다.

새로운 시청자의 탄생

SBS ⟨정치를 한다면⟩ 속 사고실험을 중심으로

김효주

최근 몇 년 동안 인류는 역사상 가장 많은 미디어의 탄생을 지켜보고 있다. 누구나 콘텐츠 제작자가 될 수 있는 시대로의 개막은 미디어 생태계에도 변화를 가져왔다. 지상파와 종합편성채널 및 케이블 채널만이 공급자였던 미디어산업에 MCN과 OTT 채널 등 다매체 플랫폼이 등장하면서 수용자와 공급자의 경계를 허문 까닭이다. 이러한 변화는 방송국과 TV 프로그램에 위기로 다가온다.

최근 유튜브 채널 '피지컬갤러리'에서 제작한 ⟨가짜사나이⟩는 이런 흐름을 대변한다. 가상의 군대 훈련 상황을 설정해서 시청자에게 출연진의 체험을 경험하게 하는 이 프로그램은 수많은 논란에도 큰 화제를 낳았다. 이후 극장과 브라운관까지 남성성을 되찾거나 남성성을 확인하는 여정을 담는 콘텐츠가 등장했다. 지상파와 종합편성채널 등은 헬스 케어와 밀리터리 체험을 결합한 프로그램을 내놓고 있다. 콘텐츠

시장의 흐름이 긴 호흡과 공간을 기반으로 하는 TV와 라디오에서 짧은 시간과 데이터를 기반으로 하는 디지털 콘텐츠로 전이되고 있다는 하나의 방증일 것이다.

긴 호흡보다 짧은 호흡의 콘텐츠가 많아지고, 일상 자체가 하나의 콘텐츠가 되는 시대는, 특히 교양 프로그램에 존재 의의와 대응 방법을 묻는다. 보통 교양 프로그램은 자극적이기보다 우리 사회에 통용되어야 할 가치를 전하는 느린 프로그램이기 때문이다.

지금까지 경험하지 못한 미디어 환경 변화에 발맞춰 TV 교양 프로그램에서도 새로운 미디어 실험이 있었다. 지난 2020년 4월 15일에 시행된 제21대 국회의원 선거를 앞두고 방영된 SBS의 〈정치를 한다면〉이 바로 그것이다. 이 프로그램은 그동안 교양 프로그램에서는 자주 시도되지 않았던 '사고실험'이라는 개념을 구현했다.

사고실험은 특정한 상황 또는 세계를 설정하고 이를 마주하는 인간을 바라보는 것[1]을 의미한다. 사고실험의 용례는 고대에서부터 찾을 수 있다. 우리는 누군가의 삶을 궁금해하고 머릿속에 맴도는 추상적 상황에 대한 답을 찾고자 했다. 자신이 경험할 수 없는 바를 타인의 경험에 이입해서 해결하는 방식은 논리적 판단력뿐 아니라 이해력에도 영향을 미쳤다. 바꿔 말하면, 사고실험을 통해 특정 대상과 상황을 이해할 수 있게 된다.

미디어 속 사고실험은 영국의 실증주의 철학자 앨프리드 노스 화이트헤드가 수립한 '과정 철학'으로 이해해 볼 수 있다. 그에 따르면 형이상적인 실체는 눈으로 확인할 수 있는 영역에서 검증된다. '민주주의', '정치', '사나이' 같은 개념은 우리가 실체를 바로 떠올리기 어렵다.

1   A. N. 화이트헤드, 『과정과 실재』(민음사, 2003), 20쪽.

미디어는 이러한 개념에 대한 상상력과 호기심을 자극하면서 가시적으로 구현하는 역할을 한다.

이 글에서는 SBS 〈정치를 한다면〉 중 '뽀브리'의 선거 과정을 중심으로 미디어 속 사고실험을 살펴본다. 그리고 이 흐름 속에서 새로운 형태의 교양 프로그램은 동시대에 어떤 함의를 가질 수 있는지 알아보고자 한다.

우리가 정치를 한다면?

정치는 일상에서 떼려야 뗄 수 없지만, 그 단어를 생각하는 우리의 상상력은 협소하다. 그동안 우리 사회에서 정치는 암묵적으로 멀리 있는 것으로 통용됐다. 정치 이야기는 꺼내서는 안 될 영역으로 여겨졌다. 미디어도 한몫했다. TV 프로그램에서 정치는 치고받고 싸우는 모습만을 조명하거나 정치인의 사적인 삶을 추적하면서 정치의 예능화와 연성화에만 그쳤다.

〈정치를 한다면〉은 그동안 쉽게 경험하거나 상상하지 못했던 정치 상황을 설정한다. 가상의 공간 '뽀브리'에서의 선거 시뮬레이션이 이 프로그램의 핵심이다. 가상의 마을에는 민주사회의 특징처럼 다양한 인물이 등장한다. 총 11명의 출연진은 워킹 맘부터 유튜버, 변호사, 택시 기사, 스탠드업 코미디언 등 다양한 세대와 계층을 대표한다. 이들은 '뽀브리'라고 설정한 강원도 인제군 상남면 미산리에서 예비 정치인으로 선거 유세를 펼친다. 실제 마을 주민을 대상으로 투표까지 2박 3일 동안 선거와 현실 정치의 명암을 압축적으로 그려내고 있다.

'뽀브리'는 매우 현실적이다. 제2화에서부터 마을회관, 지역 과수원, 가가호호 주택 등을 방문하며 선거유세 장면을 담는다. 후보들이 주민에게 인사를 건네고 후보자 간에 네거티브 등을 서슴지 않는 모습은 현실과 크게 다르지 않다. 정당 규모에 따라 자금이 결정되고 선거 사무실과 유세 방식이 달라지기도 하면서 정당의 힘을 경험한다. 거대 정당과 군소 정당의 상황도 가감 없이 보여준다. 이 외에도 합당을 위해 신당을 창당하거나 당명을 교체하는 모습은 현실 정치와 밀접하게 닿아 있다. 그런 점에서 한 후보자의 삭발을 그저 해프닝으로만 바라볼 수 없다. 유세 막바지에 후보 간 합종연횡이 이루어지면서 후보의 위치가 역전되는 일 또한 현실정치의 일면이다.

〈정치를 한다면〉은 그 지점에서 출발한다. 이 프로그램은 시청자에게 질문을 던지고 능동적으로 그 답을 찾게 한다. 정치인의 삶을 보여주고, 정책을 알려주면서 가르쳐주려고 하기보다 정치 주체로서 시청자가 스스로 고찰할 수 있는 계기를 제공한다. 실재와 가상이 혼재하는 공간에서 정치라는 실체가 선거라는 하나의 사고실험으로 발현될 수 있도록 돕는다. 시청자는 현실이지만 또 존재하지 않는 공간에서 자신의 사고와 생각을 끊임없이 실험할 수 있다.

〈정치를 한다면〉은 시청자를 가상 선거권자로 내세워 정치를 입체적으로 바라볼 수 있게 한다. 참가자에 이입해서 '뽀브리' 선거에 참여하거나 화면 밖에서 실제로 선거가 어떻게 이뤄지는지를 살펴본다. 정치를 바라보는 시야각을 넓혀 이해의 폭도 넓히자는 것이다.

화면을 통해 우리가 알지 못하고 경험할 수 없는 우리 사회의 다른 이면을 '체험'할 수 있게 하는 것, 그래서 고정관념이나 혐오를 이해와 연대로 바꾸는 일은 대중매체에 남아 있는 효용이자 교양 프로그램의 존재 이유다. 교양 프로그램은 사회에 만연한 갈등에 대한 사고실험을 설정하고, 이를 체험할 수 있는 장으로 나아가야 한다.

시청자에서 주체적 행위자로

앞서 살펴본 대로 〈정치를 한다면〉은 시청자의 주체성에 주목한 프로그램이다. 가상의 정치적 체험을 통해서 실제 삶에서 벌어지는 정치적 행위에 대한 통찰을 유도한다. 하지만 시청자를 온전히 판단할 수 있는 주체적 존재로 바라보지는 못했다.

〈정치를 한다면〉의 스튜디오 부분은 시청자에게 '뽀브리'의 일원으로 몰입하기보다 관찰자로 남도록 유도한다. 이 프로그램은 '뽀브리'에서 당선자를 뽑는 과정과 스튜디오 촬영으로 나뉜다. 스튜디오 부분에는 기존에 촬영한 '뽀브리' 영상을 시청하며 패널이 이야기하는 방식으로 진행된다. 패널로 전현직 정치인과 교수 등이 등장해 '뽀브리'에서의 2박 3일간의 여정을 설명한다. 끊임없이 '뽀브리'와 스튜디오를 왔다 갔다 하면서 시청자의 몰입을 방해한다.

또 스튜디오 부분은 '뽀브리' 정치 실험과 달리 시청자와 거리감을 조성한다. 전문가의 해설은 시청자에게 주체적 행위자로 판단할 수 있는 근거로 작용하기도 하지만, 방향타로 설정될 가능성이 크다. 시청자는 영상을 시청하고 능동적으로 판단하기보다 전문가의 발언을 참고해서 수동적인 판단을 내리게 된다. 스튜디오 구성 역시 고대 그리스의 신관처럼 둥글게 모여 앉아 위에서 아래를 내려다보는 구성이다.

무엇보다 몰입하기 위한 완전한 정보 값을 시청자들에게 제공하지 않았다. 첫날 인상 투표에서 최하위였던 50대 택시 기사는 우여곡절 끝에 당선된다. 하지만 그는 '뽀브리'를 이끌 어젠다나 특별한 공약이 없었다. 당선자뿐 아니라 다른 참가자 역시 공약에는 주목하지 않았다. 돈이 없어 반찬 없이 밥을 먹는 모습이 집중되거나 삭발하는 장면이 주목되는 등 어떤 모습으로 보이는지에만 초점을 맞췄다. 공약은 유세 때만 언급하는 정도로 등장했다. 현실의 이미지 정치와 일맥상통하는 지점이다.

물론 현실에서도 공약보다 인물이나 정당을 보고 투표하는 행태가 존재한다. 하지만 이러한 투표행태를 그대로 담기보다 공약에도 집중하는 모습을 그려주는 쪽이 교양 프로그램이 해야 하는 일이다. 사고실험 같은 프로그램에서 기획자 및 제작자가 공약을 굳이 강조하는 쪽도 바람직하지 않지만, 다른 부분과 비교해도 비중이 적은 것은 아쉬운 점이다. 참가자가 공약을 어떻게 다루는지를 편집하지 않고 방송했다면, 시청자의 정보 값이 높아져 몰입도도 높아지고 실제 정치를 알리고자 한 프로그램의 기획의도도 더욱 선명해졌을 것이다.

이런 점에서 〈정치를 한다면〉은 수용자의 '미디어 리터러시'라는 문제를 환기한다. 미디어 리터러시란 단순히 미디어를 읽고, 쓰고, 듣고, 말하는 능력뿐만 아니라 미디어를 통해 새로운 의미와 가치를 창출하는 능력까지 포함한다. 이를테면, 미디어를 통해 타인을 이해한다거나 사회 갈등을 해소하고 문제를 판단할 수 있는 등의 능력이다. 리터러시는 시대에 대한 사유, 타인의 경험과 사유에 대한 이해, 삶에 대한 기록과 숙고를 추구한다.[2] 다매체 시대의 미디어 리터러시는 서로를 이해하기 위한 사회 필수 역량이다.

미디어 리터러시 관점에서 〈정치를 한다면〉을 바라본다면, 스튜디오에서 전문가의 해설보다 시청자가 경험할 수 있는 지점에서의 정보 값이 필요하다. 더욱이 사고실험이라는 설정에서는 공약처럼 시청자가 주체적으로 판단 가능한 근거가 있어야 누군가의 삶을 상상하고 이해해 보는 경험을 할 수 있다.

---

2 김성우·엄기호, 『유튜브는 책을 집어삼킬 것인가』(따비, 2020), 178쪽.

새로운 시대의 교양 프로그램

〈정치를 한다면〉은 변환기에 놓인 교양 프로그램에 해결책을 제시한다. 교양 프로그램은 타인을 이해할 수 있는 사고실험이 가능한 경험의 장이 되어야 한다.

〈정치를 한다면〉을 통해 시청자는 선거가 어떻게 이뤄지는지 이해할 수 있다. 출연자의 행동을 살펴보며 정치 혐오와 정치 무관심 등을 개선하는 기회로도 삼을 수 있다. 실제로 유세가 막바지에 다다르자 '뽀브리' 후보들 역시 야합하고, 탈당과 네거티브를 서슴지 않는다. 실재와 가상이 교차하는 혼재된 하이퍼리얼리티의 공간에서 시청자는 주체적으로 설계된 실험에 참여하고 관찰하는 주체와 관찰자 사이를 넘나든다. 이 과정에서 시청자는 판단의 주체로 추상적 차원의 형이상적인 질문을 사유할 수 있게 된다.

다만 〈정치를 한다면〉 역시 시청자를 완전한 능동적 주체로 인식하지는 못했다. 열린 상황을 만들고 시청자를 사유의 주체로 끌어왔지만, 결국 닫힌 결말을 향해 나아간다. 당선자가 확정되고 모의 정치 실험이 끝나면 사고실험도 종료된다. 방송 종료에 가까워질수록 시청자는 사고실험 몰입도나 미디어 리터러시와는 관계없이 다시 수동적 존재로 돌아가게 된다. 하지만 이것은 방송시간이 제한된 TV 프로그램의 제약으로도 볼 수 있다. 또한 방송 이후 다양한 갈래와 콘텐츠로 확장하기 어렵다는 TV 프로그램이 가진 한계일 것이다.

그러나 시청자는 정적인 수용자에서 동적인 주체적 독해자이자 참여자로 콘텐츠를 소구하려 한다. 실제로 최근 넷플릭스는 시청자의 선택을 강조하는 모델을 콘텐츠로 제작하면서 시청자 참여 욕구를 수용하고 있다.

가상의 사고실험과 시청자의 주체적인 참여 욕구를 반영한 콘텐츠는 이미 디지털 플랫폼에는 많이 존재한다. 주로 원초적인 쾌락을 끌어내는 자극적이고 선정적인 콘텐츠다. 가학적인 고통을 포르노처럼 보여준다거나 누군가의 아픔을 극대화하면서 특정 세대를 중심으로 콘텐츠 시장을 잠식하고 있다. 사고실험이 인간 본연의 능력인 사유하는 능력을 자극하기보다 욕망을 좇고 돈벌이를 하는 수단으로 전락하고 있다.

빠르고 자극적인 콘텐츠 홍수 속에서 교양 프로그램은 디지털 리터러시를 발현할 수 있는 사고실험 프로그램을 만들어야 한다. 물론 프로그램을 통해 우리의 세계가 옳고 그름으로 구성되지 않으며 여러 가치가 존재한다는 사실을 경험할 수 있게 해야 한다는 전제 조건이 따른다. 교양 프로그램의 미래는 우리 사회와 세계에 다양한 사람과 삶이 존재한다는 미디어 리터러시를 변화하는 트렌드에 맞춰 구현하는 데에 있다.

부캐의 세계, 정체성의 포트폴리오

임민혁

이른바 부캐의 전성시대다. 예능을 접한 사람이라면 누구나 '부캐'라는 단어를 들었을 것이다. 부캐는 말 그대로 캐릭터다. 게임하기를 좋아하는 필자로서 부캐(부캐릭터)와 본캐(본캐릭터)의 설정은 꽤 친숙하다. 하지만 게임에 친숙하지 않더라도 부캐가 원래의 본캐와 다른 정체성을 형성하고자 한다는 사실은 알고 있을 것이다. 부캐는 본캐와 이어질 수도 그렇지 않을 수도 있다.

〈놀면 뭐하니?〉의 유산슬, 싹쓰리, 환불원정대 등은 대표적인 부캐 설정 프로젝트다. 참여자들은 단순히 새로운 방향의 예능을 시도하는 것을 넘어서, 새로운 정체성의 설정을 추구한다. 예를 들면 트로트 가수 '유산슬'을 설정하는 유재석은, 예능인 유재석이냐고 누군가로부터 질문을 받을 때 유산슬이라고 대답하며, 인터뷰 프로인 〈아침마당〉이나 트로트 공연 행사에서도 신인 가수 유산슬로서 행위한다. 정체성의 혼

돈을 방지하기 위해 본캐인 유재석의 특징을 가급적 배제하고자 하는 것이다.

정체성을 구성할 때에는 기본적인 방향을 먼저 잡는 것으로 시작한다. 새 정체성이 제대로 확립되고 본캐로부터 잘 분리되기 위해서, 기존의 본캐가 잘 시도하지 않았던 분야나 성격에 대해 설정하고 차츰 그 설정을 발전시켜 간다. 처음부터 부캐는 이러이러하다고 단정 짓고 나면 이를 따라갈 시청자는 없을 것이다. '싹쓰리'에 등장하는 이효리, 비, 유재석은 어떤 장르의 노래를 해야 할지, 각자 부캐의 이름은 어떻게 지을지, 부캐에 대해 고민하는 과정을 보여주고 고민의 결과에 따라 다음 단계를 진행한다. 시청자는 이를 따라가며 부캐의 성장을 지켜볼 수 있다.

부캐의 성장에는 시청자의 피드백이 필수적이다. 예능 프로그램 그리고 예능인은 결국 대중의 호응과 인기에 민감할 수밖에 없기에, 시청자의 의견에 따라 부캐의 설정을 가감하거나 수정하는 경우가 많다. 게다가 요즘에는 단방향으로 전송되던 TV의 시대를 넘어서 유튜브와 인스타그램과 같은 SNS를 통한 양방향 소통의 시대로 나아가고 있다. 예전에 「Video killed the radio star」와 같은 노래가 있었다면, 지금은 'Youtube may kill the video star'와 같은 구호가 성립할 법한 흐름인 것이다. 그러다 보니, 이미 고착된 본캐에 비해 부캐는 대중과 사회의 변화에 적응하는 데 유연하다.

따라서 대중의 욕구를 반영하는 거울로서 부캐가 반응한다. 다만 이 반응에는 부캐와 더불어 본캐도 영향을 받는다. 예를 들어, '싹쓰리'에서 이효리와 비는 과거의 이효리와 비를 통해서 지금의 린다G(이효리)와 비룡(비)이 있음을 부정하지 않으며, 2020년대의 세계에서 2000년대 초반의 취향 또한 일종의 부캐의 특징이 될 수 있음을 보여준다. 만약 2000년대 초반의 가수로서 이효리와 비가 존재하지 않았다면 부캐의 존재는 상상하기 어려웠을 것이다. 하지만 대중의 욕구는 항상 북돋아주는 방향으로만 존재하는 것은 아니어서, 부캐의 형성 과정에 (대중의 욕구가 합리적인지 아닌지는 차치하고) '하지 말라'는 부정적 피드백이 나타나기도 한다. '환불원정대'에서 이효리는 가능성 있게 꼽은 부캐의 새 이름이 어느 나라의 지도자와 유사하여 문제가 있을 수 있다는 SNS상의 지적에 사과를 하기도 했다. 부캐는 조금 더 시청자와 밀접하게 다가가면서 성장과정을 보여준다는 긍정적인 면도 있지만, 대중과의 거리 조절에 실패하면 파국을 맞을 위험성도 있다.

캐릭터는 대중과의 거리를 두지 않으면 안 되는가? 이에 대해서는 여러 갈래의 생각이 존재할 수 있겠으나, 우리가 생각하는 정체성이란 보통 지속적이고 연속적이며 일관성이 있고, 다른 이들과 구별 지을 수 있는 특징이 있다. 자아와 함께 꾸준히 성장하고 변화하지만 변동성이 적고 안정된 상태여야 하는 것이다. 이를 지키지 못한다면 경계성 성격장애와 같은, 반응의 예측불가능성으로 인해 자신의 욕구를 극단적으로 표현하는 매우 불안정한 자아를 가지게 된다. 대중의 관심사와 욕구는 꽤 진폭이 크다. 사랑, 우정과 같이 우리가 생각하는 보편적인 정서와 가치는 그 자체로 대중의 입맛에 맞는 측면이 있으나 자극적이고 탐닉적인 소재가 유리한 예능에서는 대중의 눈길을 사로잡기에 불리하다. 결국 거리 두기에 실패한 정체성을 가진 부캐는 불안정할 수밖에 없다. 그리고 본질적으로 예능은 다른 장르의 프로그램보다 대중과의 밀착도가 높기 때문에, 예능에서 형성된 부캐도 조금 더 불안정한 특징을 가진다.

유지에 실패하거나 수명이 다한 부캐는 지워진다. 게임에서처럼 다시 살릴 가능성을 염두에 둘 수 있겠지만, 대중의 관심사에서 멀어진 부캐는 굳이 유지할 필요가 없는 것이다. 불안정한 부캐를 계속 유지하려면 힘이 든다. 이미 꾸준히 세월을 통해 정체성이 확립된 본캐에 비해, 부캐는 대중의 욕구와 관심사를 기민하게 반영해야 하기에 더 많은 노력과 자원이 들고 따라서 적절한 유효기간이 지나고 나면 놓아주는 편이 나을 수 있다. 다행히 부캐는 지우기 쉽다. 게임이든 예능이든 마찬가지다. 그만두면 된다. 그래서 부캐는 본캐에 비하면 마음의 부담은 덜하다. 성공하면 좋고 실패했을 때는 지우면 그만이다.

부캐의 정체성 측면에서 일종의 대척점에 있는 프로그램이 하나 있다. 바로 〈복면가왕〉이다. 이 프로그램의 경우에는 본캐가 내부적으로는 유지되지만, 겉으로 드러나는 정보가 거의 없다 보니 본캐의 특징을 상당히 삭제하면서 가창력과 목소리, 약간의 외형만 남겨놓은 부캐를 제시한다고 볼 수 있다. 물론 특징적인 목소리와 발성을 지닌 사람의 경우, 평가단이나 관중이 복면의 정체를 유추하기 어렵지 않을 것이다. 하지만 이 프로그램의 규칙은 복면을 벗을 때까지 복면 안의 사람이 누구인지 유추하는 것이고 유추의 과정을 즐기는 것이지, 누구라고 확정 짓는 것이 아니다. 다시 말하자면, 복면 안의 본캐가 누구인지 드러나는 순간 부캐는 사라진다. 이 프로그램에서 부캐는 상대적으로 짧은 수명이 정해져 있으며 성장 과정이 드러나는 것도 아니다. 대중의 욕구가 반영되었기보다는 본캐의 정체성 쪽으로 대중을 끌어온다.

역할놀이는 어떤 역할에 대해 그 역할을 하는 사람뿐만 아니라 역할 연기를 바라보는 사람이 어떻게 그 역할을 받아들이느냐에 성패가 달려 있다. 〈복면가왕〉에서의 부캐는 본캐에 종속적이며 문자 그대로 부차적인 것이다. 부캐가 본캐와 다른 사람일 것이라고는 아무도 상상하지 않는다. 하지만 최근 호응을 얻고 있는 '환불원정대', '싹쓰리'와 같은 〈놀면 뭐하니?〉 프로그램의 프로젝트성 부캐는 본캐의 부속이 아니다. 부캐는 본캐와 다른 성향을 가졌으며, 페르소나도 본캐와는 궤를 달리한다. 그리고 그렇게 봐주기를 원한다. 이른바 연기다. 대중은 드라마를 보듯이, 연기되는 캐릭터에 호응한다. 대중이 생각하기에 본캐와의 차이점이 두드러지지 않는다면, 부캐는 단지 본캐일 뿐이고 예능인이 다른 분야에 도전하는 상황이 된다. 하지만 본캐와 차별점을 부각시키는 순간, 부캐는 갑자기 어떤 분야의 새로운 캐릭터가 되고 신참이 되며, 도전자가 되고 대중은 기꺼이 이 상황을 기존과는 다르다고 인식한다. 기준 틀이 변했기 때문이다.

하지만 부캐가 과연 본캐의 영향력에서 벗어날 수 있을까? 그렇지 않다. '유산슬'이건 '유두래곤'이건 이를 연기하고 있는 본캐는 '유재석'임을 누구든 안다. 애초에 부캐의 형성 과정에서 본캐의 인지도나 네트워크가 반영되지 않을 수 없다. 만약 부캐 '짜장면'이나 '장풍'이 우리나라 어디선가 살고 있는 장 아무개였다면, 우리는 아무도 관심을 가지지 않을뿐더러 애초에 관심을 가질 만한 기회를 얻기도 힘들었을 것이다. 자본과 인력이 투입되는 예능에서, 본캐가 가진 자원을 최대한 이용하는 것이 부캐의 성공 가능성을 높인다. 최적의 전략이 있다면 따르지 않을 이유가 없다. 또한 예능 프로그램을 통해 부캐의 특징을 구체화하고 설정을 덧붙이지만, 정체성은 아무리 요소요소를 취합하여 정의한다고 해도 이에 비해 거대하기에, 예능 프로그램에서 설명되고 논의된 것만으로 부캐의 모든 특징을 정의할 수는 없다. 설정의 빈틈은 결국 본캐로부터 빌려올 수밖에 없다. '유산슬'은 트로트 가수지만 유재석의 목소리를 가졌다. '비룡'은 복고 가수지만, 가수 비의 춤사위에 익숙하다. 부캐의 친숙함은 본캐에서 나오고 대중은 친숙함을 좋아한다. 부캐는 시청자들에게 새롭게 시작하는 척하지만 실상은 그렇지 않다고 비판을 받는 이유이기도 하다.

분명 부캐는 본캐의 성장을 견인할 것이다. 예능인 여부를 떠나 한 개인의 생애를 볼 때, 개인 입장에서 다양한 정체성을 경험할 수 있다면 축복이다. 대부분의 이름 없는 사람들은 본캐 하나만을 유지하기도 힘든 세상에서, 본캐와 부캐를 번갈아가며 활동할 수 있는 여건은 삶을 영위하는 기본 조건에서 안정성을 더한다. 부캐가 망하면 돌아오면 된다. 본캐가 잘 안 되면 부캐를 열심히 하면 된다. 필자는 이를 정체성의 포트폴리오라고 부른다. 일단 포트폴리오를 구성하고 나면, 자원을 배분할 수 있다. 대중의 기호와 흐름에 맞추어, 본캐와 부캐, 하나의 부캐와 또 다른 부캐의 비중을 조절하면 된다. 만약 부캐의 유지비용이 과도하거나 수명이 다했다면, 굳이 유지하지 않는다. 본캐는 그 자체뿐만 아니라 거대한 포트폴리오로서 존재한다. 예능인 유재석을 예를 들면, '유재석'인 유재석이자 '유산슬'인 유재석이고 '유두래곤'인 유재석이 되기도 하는 것이다. 이러한 본캐의 확장은 본캐의 가치를 더욱더 높여준다.

한편, 부캐는 본질적으로 본캐의 영향을 받는다는 점에서 캐릭터와 부캐 분야의 빈익빈 부익부 현상이 심화될 것으로 생각한다. 최근 트로트 열풍이 불어옴에 따라 꽤 많은 수의 예능인이 트로트 부캐를 시도하는 것을 살펴볼 수 있다. 또한 본캐로서 충분히 성공적인 예능인들이 부캐를 통해서 자신의 또 다른 목소리를 내기도 한다. 부캐로서 존재해도 어느 정도 호응이 있을 만한 분야에 본캐의 도움을 받아 부캐로 진입한다는 전략은 현실적이면서도 합리적이다. 본캐의 도움을 받지 못한다고 할지라도, 부캐를 통해 어려운 상황을 타개하고자 하는 선택도 분명히 존재한다. 누구나 자신만의 포트폴리오를 갖추고 싶어 하며, 포트폴리오를 통해 다변화된 대중의 기호 중 일부를 맞추고 강점으로 부각시킬 수 있다면 부캐 도입은 성공적이었다고 평가할 수 있다. 포트폴리오는 다양성을 추구하고 비중을 알맞게 조정할수록 더 높은 수익과 더 낮은 위험을 기대한다. 포트폴리오는 본캐와 관련이 있기에, 본캐의 포트폴리오가 확장될수록 확장의 속도는 가속화할 것이다. 포트폴리오가 크면 클수록 더 다채롭고 위험한 시도를 할 수 있고, 실패했을 때도 충격을 완화하여 버틸 수 있으며, 부캐가 성공적으로 안착했을 때에는 정체성 포트폴리오의 효율적 투자선(efficient frontier)을 확장할 수 있기 때문이다. 이는 시장의 원리와 유사하다.

정체성의 포트폴리오를 구성하는 흐름이 옳다 혹은 그르다에 대한 당위적인 판단은 보류한다. 최근 불고 있는 부캐 열풍은 대중과 시장의 흐름을 반영한 결과이며, 예능인 개인의 관점에서도 지속 가능하고 변화에 적응하는 삶을 추구하는 최적의 전략과 닿아 있다. 게다가 부캐를 꿈꿀 수 없는 사람들에게는 대리만족과 부러움을 동시에 불러일으키기도 한다. 이는 실제 인물이 등장하는 리얼리티 드라마에 가깝다. 다만 정체성을 '부캐'라는 용어로 치환함으로써, 생성된 부캐를 손쉽게 소비와 소모가 가능한 캐릭터로 받아들일 수 있다는 사실에 대해서 경계할 필요가 있다. 현실 세계에는 게임과 달리 새로운 캐릭터 생성과 리셋이 없기 때문이다. 그런 우려에도 불구하고 부캐 열풍은 아직까지 강력하다. 쓸모없기 때문에 쓸모 있는 것이 아니라,[1] 애초에 쓸모로부터 태어난 부캐의 힘은 과연 어디서 나오는 것일까. 대중과 시장의 논리인가 아니면 정체성을 확장하고자 하는 본캐의 욕망인가. 쓸모의 정체는 과연 무엇인가.

---

1 문학평론가 김현 선생님의 기록으로부터 문학의 '쓸모없음의 쓸모'를 빌려온 것이다.

놀자, 놀자, 한 번 더 놀아보자꾸나!

MBC의 〈놀면 뭐하니?〉

━━━━━━━━━━━━━━━━━━━━━━ 한재연 ─┘

1. '놀면 뭐하니?'의 중의적 의미

'놀면 뭐하니?'는 MBC의 예능 프로그램 제목이기도 한데, 한국인이라면 누구나 한 번쯤 써봤음직한 말이기도 하다. 그런데 이 말을 외국인에게 이해시키기는 대단히 어렵다. 이것을 말 그대로 '놀 때, 무엇을 하며 노느냐?'의 의미로 쓴다면 아직 한국어 수준이 초급 정도임을 드러내는 것이다.

사실 이 말은 김태호 PD가 일을 쉬고 있을 때 유재석이 전화해서 실제 했던 말이라고 한다. '놀면 뭐하니?'에는 다음 말이 따라올 수 있다. '뭐라도 해봐야지' 혹은 '일해야지'. 다시 말해서 '놀아봐야 뭐 뾰족한 수가 있느냐'라는 뜻이다. 더 깊이 파고든다면 '놀면 뭐하니?'에서 '놀면'은 실제로 '뭔가를 하면서 놀이를 즐긴다'는 뜻보다는 '아무것도 안

한다'는 뜻이 더 우세하고, '아무것도 안 한다'는 '쉰다'는 뜻과 궤를 같이
한다.

'놀면 뭐하니?'의 의미에 대해서 이렇게 길게 잔소리를 늘어놓은 까
닭은, 동명의 이 프로그램이 바로 그 중의적 의미의 기획의도를 갖고 있
기 때문이다.

2. 예능이란 무엇인가?

아주 기초적인 수준에서 '놀 때, 무엇을 하고 놀까?'가 이 프로그램의 기
획의도이며 본질이라고 할 수 있다. 호모 루덴스라는 말이 있을 정도로
인간은 놀이를 좋아하는 성정을 지녔다. 그런데 인간은 놀이 역시 그냥
노는 것이 아니라 더 재미있게 놀려고 한다. 이런 본성이 없었다면 예술
과 문화가 발달하지 못했을 것이다. 물론 예술과 문화의 발달도 기본적
인 생산력의 증대가 없었으면 불가능할 테지만, 인간은 일하기 위해 일하
는 것이 아니라 쉬기 위해, 놀기 위해 일한다.

"일하지 않으면 먹지도 마라"라고 『성경』에 쓰여 있다지만, 인간은
일하기 위해 태어난 것이 아니다. 인간은 무위의 순간을 즐기기 위해서
일을 한다. 이는 경험적 진리라 할 수 있는데 일터에서 만난 사람들보다
휴가지에서 만난 사람들의 얼굴 표정이 훨씬 밝은 것만 봐도 알 수 있다.

인류의 역사란 노동시간 단축을 위한 역사라 해도 과언이 아니다.
예를 들어, 세탁기의 발명은 하루 평균 4시간의 빨래 시간을 사라지게
했다. 그 시간 동안 인간은 무엇을 할까. 자아성찰의 시간을 가질까, 깊
은 명상에 잠길까. 아니다, 그 시간에 인간은 무엇인가를 보며 즐긴다.
텔레비전을 보든지 스마트폰을 보든지. 일에서 해방된 인간은 그만큼

의 시간을 다른 일을 하면서 보내기보다는 놀면서 보내게 되는데, 그 놀이는 나중에 노동과의 경계가 흐릿해질 만큼 전문성을 띠기도 한다. 우리가 흔히 예능 프로그램이라고 부르는 것이 그렇다.

예능 프로그램이란 도대체 무엇일까. 사실 예능 프로그램이라는 말보다는 오락 프로그램이 정확한 의미에서는 더 맞는 말일 텐데 어느 순간 우리 일상언어에서는 '예능'이라는 말이 입에 붙어버렸다. 사실 예능은 재주와 기능을 아울러 일컫는 말이다. 따라서 별다른 재주도 없는 사람들이 모여 떠드는 말잔치나 특별한 기능을 보유하지 않은 사람들의 일거수일투족을 '리얼'이라는 이름을 붙여서 보여주는 것은 '예능'의 본래 의미에 걸맞지 않는다. 그러므로 예능 프로그램이라는 말은 틀렸고, 이제부터 오락 프로그램이라고 해야 한다. 미안하지만 나는 절대로 이런 주장을 하려는 것이 아니다.

오락 즉 즐겁게 잘 노는 것이, 예능 즉 재주와 기능이 된 것이다. 이러한 의미 변화는 어떤 징후를 우리에게 넌지시 보여주는가. 앞으로 내가 쓸 내용은 바로 이것이다. 여기에서는 간단히 이렇게 말하자. 예능이란 무엇인가 묻는다면 즐겁게 잘 노는 것이라고 답하겠다고. 즐겁게 잘 노는 것이야말로 우리 시대의 재주와 기능이라고. 유재석이라는 인물이 구현하고 있는 가치가 바로 그것이라고. 더 자세한 얘기는 유재석이 아니라 유고스타, 유산슬, 유르페우스, 유두래곤, 지미유를 만나서 들어보자.

3. 저녁이 있는 삶만이 허락하는 것

한때 대선 후보군에 속했던 정치인이 내걸었던 캐치프레이즈 "저녁이 있는 삶"은 지금 봐도 가슴에 잔잔한 파문을 일으킨다. 저녁이 있는 삶은커 녕 주말도 없는 삶을 사는 사람들이, 지금 대한민국에는 너무 많다. 초등 학생 때부터 학원을 몇 개씩 다니고, 중고생 때는 입시 지옥을 겪고, 대학 에 가서는 취직이 안 될까 두려워하고, 사회에 나와서는 남에게 뒤처질까 걱정하고, 중년 이후에는 노후를 고민한다. 도대체 무엇을 위해서 그렇 게 열심히 사는 것일까.

밧줄로 꽁꽁 묶어놓듯이 일상은 우리를 옥죈다. 예능 프로그램식 으로 말하면 하나의 캐릭터, 주 캐릭터로서의 삶이 너무 힘들다. 부캐 (부캐릭터, 이하 부캐)는 꿈도 못 꾼다. 1년에 한두 번 휴가를 내어 여행이 나 가야지 일상적 자아에서 벗어난다. 그래서 그렇게 사진을 찍고, 부지 런히 인스타그램에 사진을 올린다, 나에게도 이런 모습이 있다고. 소셜 미디어에 박혀 있는 사진들은 모두 화사하다. 배경도 근사하고, 음식은 훌륭하고, 표정은 너무 행복하다. 다들 연예인 같다. 이런 날들은 며칠 안 된다.

유재석이 〈놀면 뭐하니?〉에서 보여주는 다양한 부캐들은 우리에 게 새로움을 선사하는데, 그 새로움의 다른 이름은 해방감이다. 단 하나 의 캐릭터로, 단 하나의 존재로 일상을 살아가야 하는 우리에게 다른 삶 의 가능성을 보여준다. 드럼을 칠 때, 유재석은 MC가 아니라 유고스타 라는 드러머다. 그는 히트곡을 뽑아내는 신인 트로트 가수 유산슬이 되 기도 하고, 하프 연주자 유르페우스가 되기도 하며, 레트로 감성을 자극 하며 유두래곤이라는 복고풍 혼성그룹의 댄스가수가 된다. 심지어 미 국에서 온 걸 그룹 제작자 지미유가 되기까지. 요즘에는 중학생만 되어 도 이런 삶을 꿈꾸지 않는다. 자기 깜냥을 너무나 일찍 알아차리기 때문 이다. 대통령이 되겠다는 어린이도 사라진 지 오래다. 존재 이전의 꿈. 지금의 나 말고 다른 누군가가 되고 싶다는 희망. 그런 희망이 점점 사라져서 오롯이 현실의 나만이 나의 내면을 꽉 채울 때, 우리의 삶은 '지긋지긋한 집구석'처럼 되어간다. 유재석이 보여주는 다양한 부캐는 이 지긋지긋한 집구석에서 행하는 과감한 가출이다. 그런데 이 가출은 누구나에게 허락될 수 있는 것인가?

결론부터 말하자면 이런 부캐들의 향연이 허락된 사람들은 극소수다. 저녁이 있는 삶을 살 수 있는 사람들. 그리고 주변에 그런 사람들이 있고 그들과 친구가 될 수 있는 사람들. 유고스타에게는 드러머 손스타와 작곡가 이적이 있고, 유산슬에게는 이건우 작사가와 작곡가 박토벤과 편곡자 정차르트가 있다. 유르페우스에게는 하프를 가르쳐줄 선생님과 오케스트라가 있으며, 유두래곤에게는 이효리와 비가, 지미유에게는 엄정화·이효리·제시·화사가 있다. 더 본질적으로 유재석에게는 이런 식의 존재 이전이 '돈이 되는 일'이자 새로운 도전이다. 그것을 지켜보는 시청자로서 우리는 유재석의 존재 이전이 부럽기만 하다. 언제 새로운 것에 도전해 보았을까. 자문하며 내 삶의 초라함을 느끼기도 한다. 즐거운 웃음 속에 깃든 씁쓸함이랄까.

4. 놀아봐야 뾰족한 수는 없는 것일까?

어느 철학자의 말마따나 현대인은 타인을 착취할 수 없을 때 자기를 착취한다. 대부분의 사람이 타인을 착취할 만큼의 권력을 갖고 있지는 못하므로 대개는 자기를 착취하는데, 그것의 그럴싸한 이름은 '자기 계발'이다. 나는 〈놀면 뭐하니?〉의 감동 포인트에 '자기 계발'이 있다는 점을 지적하면서 그 가능성과 한계를 함께 논해보고자 한다.

유재석은 파도 파도 미담밖에 안 나온다는 연예계의 드문 '바른생활 사나이'다. 그는 긴 무명 시절을 겪었지만 '흑역사'가 없고, 스타가 된 뒤에도 어떤 물의도 일으킨 적이 없다. 거기에 〈무한도전〉 시절부터 하나 더 추가된 장점이 있는데, 그것은 바로 그가 대단한 노력파라는 사실이다. 김태호 PD는 바로 이와 같은 그의 장점을 특화하여 유재석이 어떤 것을 억지로 하게 되더라도 최선을 다해 그것을 수행하는 모습을 보여준다. 배경음악과 편집의 도움을 받아 그런 장면들은 대개 시청자에게 감동으로 다가온다. 이 감동에 대해 나는 평가절하 할 생각이 전혀 없다. 다만 이것이 예능이라는 단어에 어떻게 적용되는지를 분석해 보고 싶다.

앞서 말했듯이 어느 순간 예능은 재주와 기능을 보여주는 것이 아니라 즐겁게 모여 노는 것을 보여주는 것으로 의미가 바뀌었다. 우리는 언제부턴가 뛰어난 기예를 지닌 사람보다 인간미 있는 약간은 헐렁한 인물을 예능 프로그램에서 더 자주 보게 되었으며, 그런 인물을 좋아하게 되었다. 왜 그럴까. 그것은 우리의 삶이 강제하는 빈틈을 허용하지 않는 팍팍함 때문이 아닐까. 지미유를 따라다니는 김지섭(김종민)은 현실에서라면 매니저 생활을 단 하루도 제대로 할 수 없을 것이다. 그러나 예능 프로그램에서라면 그는 사랑스러운 매니저다. 예능 프로그램이란 역시 현실이 아니라 우리의 꿈을 다룬다는 것. 우리의 마음을 푸근하게 하고, 긴장을 풀게 하고, 우리를 쉬게 하는 예능 프로그램이란 모름지기 현실의 가르침을 잠깐 잊게 해줘야 하는 것이 아닌가. 그런데 유재석은 '열심히 하는 자가 성공한다'는 가르침을 잊을 때마다 일깨운다.

다시 말해 유재석은 어쩌면 우리가 잊고 있던 예능의 원래 의미를 복원하는 연예인이다. 다만 그는 이미 갖춰진, 기성의 재주와 기예를 우리에게 보여주는 것이 아니라 그러한 재주와 기예를 갖추기 위한 노력의 과정을 보여준다. 그 과정 속에서 그는 기쁨과 슬픔을 시청자와 함께 나눈다. 그러므로 예능 프로그램은 단순한 오락과는 다른 것이 된다. 그냥 놀면 뭐 하겠느냐는 것이다. 뭔가 열심히 하는 모습을 보여주면 그 속에서 서투른 배움의 과정도 노출되고, 자연스럽게 웃음과 감동의 요소도 드러난다는 것. 그렇다. 그냥 놀면 뾰족한 수가 없다. 놀더라도 열심히 뭔가 하면서 놀아야 한다. 이런 이중적 과제를 가장 잘 수행하는 이가 유재석인데, 사실 이는 우리 모두의 미래를 엿볼 수 있는 하나의 사례이기도 하다.

5. 우리는 앞으로 뭘 하며 놀아야 할까?

기술문명의 발전과 노동의 미래는 역사학과 미래학의 공통된 관심사였다. 인류 역사의 초기에 인간은 매우 적게 일했고, 짧게 살았다. 그날 먹을 것을 그날 구하고, 나머지 시간은 놀았다. 농경을 시작하고 인간은 노동을 천형처럼 부여받았다. 물론 예외적 존재들도 있었다. 그들은 타인의 노동으로 자기의 여가 시간을 늘려나갔다. 산업혁명 이후, 수많은 발명품들은 인간의 노동을 기계의 작동으로 대체시켰다. 이제 우리는 인공지능이 바꿀 인간의 미래에 대해 이것저것 이야기하게 되었다. 이제 인간의 노동이 점점 줄어들게 될 것은 시간문제고, 이것에 대비해야 한다는 목소리가 여기저기서 나온다. 인공지능이 할 수 없는 것을 인간이 담당해야 한다는 주장부터 기본소득의 시행을 준비해야 한다는 의견까지.

분명한 것은 인간의 노동시간은 줄어들고 놀이 시간은 늘어날 것이라는 사실이다. 자, 그때 '놀면 뭐 하니?'라는 질문이 우리의 존재론적 화두로 등장할 것이다. 예능 프로그램 하나를 분석하면서 너무 거창하다고? 좁쌀만 한 씨앗이 자라서 하늘에 닿는 나무가 된다. 사실 인공지능의 발달이 생각보다 더디더라도 초고령사회를 이미 살고 있는 우리에게 노년기는 '놀면 뭐 하니?'를 다시 묻게 되는 계기가 되기에 충분하다.

앞만 보고 너무 빨리 달려온 사회, 압축적 경제성장을 이룩한 나라. 그래서 어느 외국인은 "대한민국을 기적을 이뤘지만 기쁨을 잃은 나라"라고 했다. 절묘한 표현이 아닐 수 없다. 기적은 일로 이루는 것이다. 그러나 기쁨은? 일로 얻을 수도 있겠지만 기쁨은 놀이를 통해 더 많이 찾아온다. 우리는 뭘 하며 놀아야 할까?

6. 놀자, 놀자, 한 번 더 놀아보자꾸나!

'놀면 뭐하니?'의 마지막 의미를 생각해 보자. '논다'의 가장 소극적인 의미는 '아무것도 안 하고 쉰다'는 것이다. 일이 너무 고되면 인간은 이렇게 논다. 아무것도 못 하고 쉬기만 한다. 이것은 진정한 의미의 '놀이'는 되지 못할 것이다.

〈놀면 뭐하니?〉는 놀이가 단순히 쉬는 것이 아니라는 사실, 놀이도 적극적으로 뭔가를 하는 몸짓이라는 사실을 우리에게 일깨운다. 그렇게 하면 놀이가 기존에 내가 몰랐던 나를 발견하게 하고, 그 발견은 즐거움 이상의 성취감을 준다는 것. 지금까지 놀이는 일보다는 뒷전이었다. 일한 다음에 노는 것이다. 놀이는 다시 일할 수 있는 기력을 회복하게 만드는 것이 중요한 기능이었다. 그러나 미래의 인간에게는 놀이가 먼저일지도 모른다. 미래의 인간은 놀이를 통해 배우고, 놀이를 통해 자기를 발견하고, 놀이를 통해 성취감을 얻을 것이다. 그 미래는 우리 곁에 시나브로 다가오고 있다.

노동 역시 놀이와 결합된 형태로 우리에게 새롭게 다가오지 않을까. 유재석이 유고스타, 유산슬, 유르페우스, 유두래곤, 지미유로 끊임없이 변모하면서 놀이와 일을 결합하듯이. 유재석이 지금 하고 있는 놀이이자 노동인 '부캐 만들기'를 우리도 보편적으로 경험하게 될 날들이 머지않았다.

그날이 오면 우리는 일을 시작할 때 이렇게 말할 것이다. 놀자, 놀자, 한 번 더 놀아보자꾸나!

SBS 〈스토브리그〉가 우리 사회의 '시스템'에 던지는 질문

...... 그리고 백승수의 무심한 얼굴로 구현해 낸 신(新)시대의 히어로

조수빈

독특했다.

　모든 스포츠 경기가 그렇겠지만 야구 경기를 치르는 스타디움은 실제로 바라보면 '이토록 뜨겁게 끓는 (여러 의미의) 용광로 같은 곳이 있을까'란 생각이 드는데 경기의 현장도 그렇거니와, 관중석의 수많은 사람들이 저마다 응원과 기대감, 좌절과 슬픔과 분노가 뒤엉켜 거대한 에너지를 뿜어내기 때문이다. 그런데 아이러니하게도 이러한 수만 가지의 감정과 욕망이 오고가는 프로스포츠 구단을 이끄는 단장은 세상 어떠한 일에도 감정을 느끼지 못한다는 듯, 무상한 표정으로 자신의 일을 한다니. 저도 슬플 것도 없고, 이겨도 기쁠 것도 없다는 말투와 행동으로 이토록 뜨거운 욕망들 사이를 그저 뚜벅뚜벅 걸어간다니. 과연 가능할까. 철저한 팀플레이로만 승리를 쟁취할 수 있는 스포츠를 다루면서도 자신을 둘러싼 그 어떤 사회관계망에도 구속되지 않으며 휴대폰 안에 한 명의 번호도 저장되어 있지 않은 그는 아이러니하게도 그렇게 '프로야구단'을 소재로 한 드라마의 주인공이 되어 있었다. 그리고 그 아이러니가 〈스토브리그〉를 향한 호기심 가득한 시선을 확신의 시선으로 붙들어 놓게 됐다. 누구보다 열정적이고 인간의 순수한 본성을 드러내는 그 공간에서, 주인공인 그는 너무나 차갑고 냉정하게 그 순간을 지켜내고 있었으므로.

스포츠를 소재로 한 드라마는 그 소재의 특수성 때문에라도 굉장히 열정적인 느낌을 자아낸다. 자신의 신체가 가진 능력을 극한으로 활용해 승부를 가르는 특수성, 무던한 훈련과 반복을 통해 얻게 되는 정직한 성취, 그리고 그 모든 노력이 짧은 시간 안에 수많은 변수를 안고 결정된다는 한계 때문에 극 자체가 굉장히 낮은 끓는점을 가지고 시작할 가능성이 높다. 만년 꼴찌인 프로야구팀을 다룬다는 사실에 스포츠 드라마 특유의 낮은 끓는점을 기준으로 예측해 보자면 〈스토브리그〉의 길은 어쩌면 쉬운 길이었을지도 모르겠다. 비록 지금은 눈물마저 마른 만년 꼴찌 팀이지만 팀 구성원들은 열정에 가득하고, 지원과 노력하에 드라마틱한 우승을 이뤄낸다는 판타지가 그 길이었을 것이다. 꼴찌 팀도 알고 보면 최선을 다하고 있고, 기회가 없었을 뿐이라고. 그리고 드라마틱한 성공은 모두의 열정이면 가능할 것이라고.

그러나 〈스토브리그〉는 기묘하게도 그 끓는점이 어디에 존재하기는 하는지 의문마저 들게 하는 단장 백승수(남궁민 분)의 부임으로 시작한다. 그리고 때로는 서늘해 보이기까지 하는 무표정을 장착하고 "꼴찌에겐 꼴찌의 이유가 있다"라는 명제를 전제로 '드림즈'의 모든 치부들을 들춰내기 시작한다. 익숙해진 패배 속에 남 탓하기 바쁜 것을 넘어 파벌로 내부의 적을 만든 구성원들, 우물에서 왕 노릇을 하며 구단 전체를 편하게 주무르는 에이스, 어차피 잘되지 않을 팀에서 자신의 이익을 챙기기 위해 뒷돈을 받고 선수를 영입하는 스카우터, 무사안일을 최고로 치고 '열정'이 부담스럽다고 말하는 마케터, 구단을 한시라도 빨리 팔아 치우고 싶은 골칫거리로 여기는 구단주와 은퇴까지 자리 보전만 하면 그만이라는 사장까지. '우승 청부사'로 가는 곳마다 이런 환부에 거침없이 메스를 들이댄 백승수답게 '드림즈' 역시 대대적인 수술이 진행된다. 물론 그의 목표는 여느 스포츠 드라마가 그러하듯이 (전혀 바라고 있는 것 같은 표정은 아니지만) '우승'이다. 하지만 이상하게도 그가 손을 대고 베어내는 상대들은 '드림즈'에 가장 오래 기여했던 사람들이다. 야구라고는 직접 해본 적도 없는 그는 이른바 야구를 잘 아는 사람들이 그래도 유일하게 남은 자산이자 가장 중요하게 여기는 '드림즈'의 주춧돌들을 하나씩 쳐내기 시작한다. 꼴찌 팀의 유일무이한 에이스이자 국가대표인 스타 타자 임동규(조한선 분)를 내보내고, 프랜차이즈 선수 출신이자 프런트들의 신뢰를 받던 베테랑 스카우터를 단 한순간도 망설이지 않고 쳐낸다. 오히려 그가 함께하는 사람은 모든 사람들이 해임을 예상했던 힘없는 윤성복 감독(이얼 분)이고, 후배 선수들의 상황에 과할 만큼 관심을 쏟는 스카우터 양원섭(윤병희 분), 이미 전성기가 지나도 한참 지났다고 평가받는 투수 장진우(홍기준 분)다. 사람들이 당연하게 여긴 관행과 통념을 깬 거침없는 조치는 반발을 사지만, 그는 주춧돌을 도려낸 환부에 소독약을 바르고 햇빛을 쏘여 곪고 있는 부위를 치료하듯 '그들만의 상식'을 깨부순다. 조직 내에 있다면 공기처럼 당연하게 받아들였을 일들, 관행이라는 이름하에 눈감고 지나갔던 일들, 감히 손을 대기가 두렵거나 귀찮아 시작조차 못했던 일들을 내부의 그 어떤 역학 관계에도 연연하지 않는 한 인물이 무심하게 정리해 버린 것이다.

기존 드라마 문법과는 다른 낯선 전개로 거침없는 행보를 그리던 〈스토브리그〉는 그렇게 언뜻 보면 스포츠 드라마인 듯하지만, 실은 우리 사회를 둘러싼 시스템에 대해 논쟁거리를 던져놓는다. 사실 들여다 보면 '드림즈'는 준우승 역사도 있었듯 그렇게 나쁜 조건의 팀은 아니다. 성실하게 노력하는 선수들도 있었고, 어떻게든 마지막까지 결과를 포기하지 않으려는 프런트도 있었으며, 자신이 직접 훈련 시설을 수리할 정도로 애정을 가진 단장도 있었다. 하지만 문제는 개인의 힘으로 시스템의 구멍을 메꿔보려던 이들의 노력을 무력하게 만드는 방해 요소들이었다. 백승수는 결과적으로 뛰어난 선수가 부족한 것은 누군가의 능력 부족이 아니라 뒷돈을 받고 선수를 영입하는 비리 스카우터와 자신의 입맛에 맞게 팀을 운영하려 드는 에이스 탓으로 파악했고, 그들을 제거해 '드림즈'가 팀으로서 제 기능을 하도록 두었다. 무능해 보이지만 팀을 운영하는 과정에 문제가 없었던 감독을 유지했고, 방어율은 형편없지만 최선을 다해 자신의 몫을 해보려 했던 투수를 그 자리에 둔다. 부족한 포지션을 주어진 조건하에서 최고의 선택으로 메꾸고, 필요하다면 병역을 기피한 귀화 선수를 '용병'으로 데려오는 모험적인 선택을 서슴지 않으며, 제 기능을 하는 팀으로 만들기 위해 애쓴다.

신임 단장인 백승수가 하는 이러한 일련의 노력은 상식을 벗어난 것처럼 보이지만, 곰곰이 생각해 보면 원칙의 시스템으로 되돌리기 위한 시도이기도 하다. 결과에 상관없이 과정에 부정이 없었다면 다시금 기회를 주고, 실수임을 절실히 느낀다면 이를 고쳐야 할 이유를 만든다. 모기업 지원의 한계라는 현실의 한계를 탓하며 주저앉거나 새로운 일이 만들어낼 도전과 귀찮음을 두려워하기보다는, 필요하다면 귀화 한국 선수를 '용병'으로 채용하는 과감함으로 패러다임을 깰 수 있다는 것도 증명한다. 그러니까 말하자면 '드림즈'는 압도적인 빌런(악역)들로 인해 이미 모든 것을 구제할 수 없는 상황이 아니라 시스템이 제 기능을 할 수 없도록 막는 상황 때문에 나아갈 수 없었던 팀인 것이다. 그리고 이러한

'드림즈'의 모습은 우리 사회의 곳곳과 닮아 있었다. 그렇게 〈스토브리그〉는 백승수라는 우리가 이전에 보지 못했던 놀랍도록 무심한 얼굴을 한 주인공을 통해 '드림즈'로 대변되는 우리 사회의 시스템은 과연 제대로 돌아가고 있는 것이냐고 묻고 있는 셈이다.

사회의 많은 곳, 그리고 많은 조직들에는 각자 조직을 유지하고 손쉽게 운영하기 위해 암묵적인 규칙이 있다. 그리고 그 조직에서 오래 버텨온 사람들일수록 그 조직 안에서 그러한 암묵적 규칙에 쉽게 굴복한다. 그리고 그것을 '적응'과 '순리'라는 이름으로 포장한다. "가장 단단히 박힌 돌만 건드린다"던 극 중 윤성복 감독의 대사처럼 '드림즈'의 팀 안에 관행이라는 이름으로 가장 견고하게 시스템의 주춧돌을 이루는 것 같았던 이들만을 뽑아내 오히려 시스템을 정상화한다. 그리고 비로소 '드림즈'는 변화하기 시작한다. 친정 팀으로 돌아온 강두기(하도권 분)는 에이스로서의 역할을 하는 것은 물론 팀의 선배로서 후배들을 이끌고, 감독도 제 역할을 조금씩 해나가기 시작한다. 전성기를 이끌었던 스태프들을 설득해 불러들이고, 각자의 몫을 해낼 수 있는 이들은 그렇게 시스템이 정상적으로 돌아갈 수 있도록 힘을 보탠다. 물론 시스템을 흔들려는 구단주의 방해가 있고, 선수들은 이따금씩 개인의 욕심 앞에 갈등하지만 그럼에도 불구하고 백승수는 누구보다 냉정한 눈과 손으로 시스템을 원칙대로 정비한다. 그리고 극 중 백승수를 무한히 배척했던 이들은 물론이고, 시청자들조차 이토록 무심하고 어떤 누구에게도 사적인 관심을 두지 않는 그의 모습을 인정하고 지지했고 사랑했다.

그렇다면 우리는 왜 백승수에 열광했을까. 주인공이자 멋진 리더에게 우리가 쉽게 기대하는 그 어떤 것도 그에게는 없었다. 응당 가져야 할 멋있는 의리, 따뜻한 인간성, 모두를 아우르는 리더십, 좌절한 이들에게 건네는 위로, 그리고 잘될 것이라는 희망적인 메시지나 인정. 하다 못해 우리의 '리더십 판타지'에 익숙한 압도적인 카리스마도 없이, 누군가의 주먹질에 한없이 쪼그라드는 인물이었다. 우리가 익숙하게 보았던 그 어떤 것도 그는 제시하지 않았다. 원하는 용병을 데려오지 못하는 순간에도 그는 어디선가 드라마틱하게 예산을 따오기보다는 "돈이 없어서"라는 것은 핑계라고 말하고, 여론의 무자비한 비난이 두려운 선수에게 '힘내'라는 말 대신 '절실할 이유'를 물으며 나아가기를 채찍질한다. 때로는 얄밉게 상대의 상처를 약점 삼아 이득을 취한다. 모기업의 예산 축소에 거침없이 선수단의 연봉을 삭감하고, 좌절해 있는 이에게 먼저 손을 내밀지 않는다. 그저 그는 각자가 자신의 몫과 위치를 느끼고 그것에 최선을 다해주기만을 바랄 뿐. 어쩌면 냉정하리만치 주변의 손을 잡아주지 않는다. 그리고 그가 구단주의 질책을 받아 물러나는 순간조차, 그 역시 도와달라고 손을 내밀지 않는다. 그의 의도를 알아차린 이들이 그에게 손을 내밀 준비를 하고 있었지만, 뜨겁게 끓어오르는 그라운드를 그 누구보다 차가운 손으로 다듬어낸 그는 역시나 무표정할 뿐이다. 그리고 그저 자신의 몫은 끝났기에, 봄이 오는 순간 그 어떤 불만도 없이 '선수들의 시간'에 모든 것을 맡기고 자신은 단장직을 내려놓는다. 그가 우리에게 익숙한 리더십의 판타지를 보여준 것은 마지막 그 한순간뿐이다. 백승수는 그저 시스템이 원칙대로 돌아갈 수 있도록 지키는 수호자였고, 그 과정에서 누구도 인간적으로 보듬는 매력을 보여주지 않았음에도 사람들은 그에게 열광했다.

〈스토브리그〉를 보며 야구를 모르는 사람들조차 백승수의 모습에 고개를 끄덕일 수밖에 없었던 것은 인간관계를 맺는 것에 대해 스스로 결핍을 만든 그가, 결국은 고독 대신 택한 역할에 모두가 공감했기 때문일 것이다. 그렇게 백승수는 무상하다는 표정으로 세상을 향해 "왜"라는 질문을 돌직구로 던지며 시스템의 수호자가 되었다. 우리가 무심히 넘겨왔던 그 모든 '인간적인' 것들에 대해 반기를 들었고, 원칙은 원칙대로 돌아갈 수 있도록 과정을 돌아봤다. 그 수많은 '인간적인 것'들이 예전에는 좋은 결과를 가져왔을지라도, 이제는 안 된다고 선을 그었다. 그의 냉정함에 누군가는 좌절해야 했지만, 그럼에도 그는 자신이 내쳐지는 순간까지도 포기하지 않았다.

그리고 아이러니하게도 우리는 어디에서 본 적이 없었던 것 같은 이처럼 무심한 주인공에 또 한 번 열광했던 적이 있었다. 단 한순간도 웃거나 찡그리지 않고, 좀처럼 큰소리를 내지 않으면서도 묵묵히 '원칙'을 강조했던 사람. 그 어떤 사람들과도 인간적인 유대를 맺을 수 없는 것은 물론 가장 가깝게 오래 보아왔던 사람부터 의심했던 사람. 물리적인 이유로 감정을 느낄 수 없었던 인물. 오히려 모든 감정을 거세함으로서 고장 난 기계를 수리하는 엔지니어처럼 냉정하게 시스템과 부조리를 아무런 거리낌 없이 손볼 수 있었던 사람. 〈비밀의 숲〉 시리즈를 통해 모두를 빠져들게 했던 황시목(조승우 분)이라는 인물. 흥미롭게도 두 사람은 놀랍도록 무표정한 얼굴로 사람을 대하며, 오로지 본인들이 해결해야 할 문제만을 직시한다. '사회생활'이라 명명하며 조직 내의 유대감을 무엇보다 중시하는 한국 특유의 문화에서 비켜나 있는 두 사람은 그렇게 21세기가 낳은 독특한 히어로가 되었다. 인간적인 매력이라고는 하나도 볼 수 없는 두 사람은 무상하다는 얼굴로 카메라를 지켜보며 묻는 것 같았다. 우리의 시스템은 과연 제대로 돌아가고 있느냐고.

드라마는 현실의 욕망을 반영한다. 그리고 많은 이들의 공감을 이끌어내는 뛰어난 드라마는 당대의 시대정신을 반영한다. 어쩌면 이런 백승수에 대한 열광은 이제 사람들은 '먼치킨'과 같은 능력으로, 모든 것을 압도적으로 정리해 주는 절대자를 원하는 시대를 흘려보냈다는 의미는 아닐까. 어떠한 위안도 주지 않지만 시스템의 허점을 묵묵히 고쳐내는 데 집중하는 백승수와 이미 구현된 시스템을 원칙대로 수호하는 황시목의 모습에 우리가 열광할 수밖에 없는 것은 어쩌면 이 시대의 히어로는 이제 우리가 만든 원칙을 사실 그대로 구현하려는 이들이기 때문은 아닐까. 위로나 힐링, 의리나 관계 같은 모호하고 허술한 인간의 의지에 기대려는 것이 아니라 때로는 냉정해 보일지라도 누군가에게 대충 의지해 버리고픈 감정을 지우고 우리가 각자의 삶에서 최선을 다하면 이 세상이 결국은 더 나은 곳으로 나아갈 것이라는 소망의 표현이지 않을까.

하지만 이런 새로운 히어로 판타지의 와중에도 현실적인 것은 결국 자신이 다듬고 고쳐낸 시스템이 이룬 눈부신 성과를 보지 못한 백승수와 자신이 들춰낸 치부의 끝을 스스로 마무리할 기회조차 얻지 못한 황시목이다. 시스템의 원칙을 지켜낸다는 것은 결국 그렇게 당사자에게 그 과정이 낳은 성과조차 지켜보지 못하게 한다. 지나치다고 평가받는 많은 희생과 논란 속에 그들은 그렇게 오히려 테두리 밖으로 내쳐진다. 여전히 이 비정상적인 시스템을 바로잡아 줄 누군가를 기다리면서도, 그 누군가가 공고히 다져온 관행의 주춧돌을 치우는 것은 달갑지 않은 것이다.

이런 감정에 휘둘리지 않는 무심한 시스템 수호자들의 얼굴 속에 얼핏 우리 사회의 마지노선에서 시스템이 무너지지 않게 버티고 있는 수많은 현실 속 백승수들이 겹쳐진다. 마치 무던한 그의 표정처럼 어떠한 상황에서도 분노하거나 절망하지 않고 그저 담담한 목소리로 카메라를 응시하며 사실을 설명하고 해결책을 모색하는 얼굴들이 스쳐 지나간다. 그리고 사람들은 이제 '모두를 단칼에 마무리할 수 있는 해결책은 나에게 없다'고 고백하는 그들에게 지지와 응원을 보낸다. 우리 모두에게는 해결책이 없다. 우리는 인간의 능력을 벗어나는 '히어로'가 아니고, 발생한 문제를 최선을 다해 고치는 사람들일 뿐이다. 그저 우리가 만든 시스템이 제대로 작동하는지 보수하고 지켜보는 역할을 해야 할 뿐.

이렇게 우리가 바라고 원하던 '히어로'의 시대는 저물어간다. 새 시대의 진짜 히어로는 어쩌면 이렇게 무표정한 얼굴로 세상에 '왜'라고 되묻는 '시스템 수호자'가 아닐까. 그리고 이제는 그러한 수호자들을 세상의 아웃사이더로 밀어낼 것이 아니라 지켜내야 하지 않을까. 세상의 요구는 그렇게 변해가고, 우리도 이제는 조금씩 변해야 할 때다.

거대 공인(公認) 보드빌[1]의 퇴장.

---

1   보드빌(Vaudeville): 애초 16세기 프랑스에서 발생한 풍자 노래를 뜻했으나, 미국으로 건너가 1890년대 중반부터 1930년대 초까지 노래, 춤, 촌극(寸劇), 마술, 만담, 동물 쇼 등의 개별 공연을 엮은 버라이어티 쇼로 발전했다. 현대 대중예술의 모태이다.

그럼에도 불구하고,
시청자는 현실에 발을 붙이고 있다

MBC 〈구해줘! 홈즈〉의 의의와 전망 제시를 중심으로

이지윤

복덕방(福德房). 가옥이나 토지 같은 부동산을 매매하는 일이나 임대차를 중개해 주는 곳을 의미하는 옛말이다. 쉽게 이야기해 지금의 부동산중개업, 공인중개업을 말하는 것이다. 그런데 왜 '부동산' 중개사업을 하는 곳이 오랜 시간 동안 복덕(福德: 행운과 선행)방이라 불렸을까.

아마 예전부터 우리나라 사람들이 '집'에 대해 남다른 의미를 부여해 왔기 때문일 것이다. 부동산중개사무소가 복덕방이라 불리던 일이 더 많던 시절, 사람들은 중매인이 좋은 집을 잘 소개해 주면 '복(福)'과 '덕(德)'을 쌓는다 생각했다. 좋은 집을 소개해 준다는 것은 그만큼 고마운 일이었던 것이다.

우리나라 사람들은 가족 형태와 라이프스타일의 다양한 변화를 겪었음에도 여전히 '내 집'에 대한 욕망과 관심을 마음 한편에 품고 있다. 최근에는 특히나 1인 가구의 수가 증가하고, 새로운 라이프스타일이 생겨나면서 다양한 형태의 주거에 관한 관심이 높아졌다. 이를 반영하듯 MBC에서는 '중개 배틀 예능' 〈구해줘! 홈즈〉를 내놓았다. 〈구해줘! 홈즈〉는 연예인 부동산 코디가 각각 팀을 이루어 일반인 의뢰인의 조건에 따라 매물을 살펴보고, 직접 집을 구해주는 예능 프로그램이다. 특히 집 구경 콘텐츠를 통해 재미를 극대화하는 MBC 〈나 혼자 산다〉, SBS 〈미운 우리 새끼〉 등의 관찰 예능이 강세를 이루는 요즘, 〈구해줘! 홈즈〉는 새로운 형식의 '남의 집 구경하기' 프로그램이다. 으리으리한 연예인의 집이 아니라, 주로 실제 부동산에 가면 쉽게 볼 수 있는 집들이 나온다. 시청자들은 화면에 나오는 집들을 보고, '내가 저 집으로 이사를 간다면?' 하고 상상하며 프로그램에 몰입하게 된다. "바쁜 현대인들을 위해 집을 대신 구해드립니다! 리얼 발품 중개 배틀"이라고 야심 차게 외치며 작년 첫선을 보였던 〈구해줘! 홈즈〉는 시청자에게 높은 호응을 얻어 2019년 3월 말 정규편성 되었고, 올해부터는 매해 등장하는 집들이 화제가 되고 있다. 과연 어떤 부분이 시청자들을 TV 앞에 모여들게 했을까.

어디에서 살지보다 어떻게 살지가 더 중요한

기존에 부동산을 다룬 방송 프로그램이 없지는 않았다. KBS2 〈여유만만〉이나 MBN 〈황금알〉이 프로그램 내의 한 코너로 부동산과 관련한 문제를 다루기는 했었다. 그런데 이는 실거주 목적의 집을 대상으로 한 콘텐츠가 아니라, 땅의 경제적 가치를 따지고, '호재 지역'을 선정하는 등 투자 목적의 아파트와 특정 지역을 대상으로 했다. 이와 달리, 〈구해줘! 홈즈〉는 실거주 목적의 집을 소개하는 방식의 부동산 예능이다. 의뢰인들은 자신이 살고자 하는 삶의 형태를 제시한다. 일례로 정규 편성을 받은 이후 첫 번째 방송분에는 서울의 부모님 집에서 부산으로 독립하고자 하는 20대 여성이 의뢰인으로 출연했다. 이 의뢰인은 바다가 보이는 집에 부산의 지역적 정취를 느끼며 살고 싶다는 의견을 내놓았다. 바다가 보이는 집이라면 어느 정도의 부동산 가치를 가지는지에 대해서는 궁금해하지 않는다. 그녀에게 집을 구하는 것은 '호재 지역'에 가치 있는 집을 구해 재테크를 성공적으로 하기 위함이라기보다 자신의 삶을 행복하게 영위하기 위함에 있다고 할 수 있다.

이러한 이유로 프로그램에서는 아파트뿐만 아니라 원룸, 다세대 주택, 빌라 등도 자주 소개된다. 또한 집이 얼마나 큰 가치를 가지느냐보다는 다양한 라이프스타일을 반영하고자 한 덕분에 집 옥상에 설치된 루프톱이나 공동육아를 할 수 있는 공간 등이 빈번하게 소개된다. 게다가 29, 30화는 이주 가족 특집으로 꾸려졌다. 서울에서 부산으로 이주하고자 하는 4인 가족이 29화를 장식했고, 30화의 이주 가족 의뢰인은 스페인 바르셀로나로 이주하고자 하는 해외 이주민이었다. 건물 자체의 가치보다 의뢰인은 어떤 사람인지, 어떤 삶의 방식을 중시하는지가 더 부각된다는 것이다. 예를 들어, 26화의 의뢰인은 자매가 함께 공동육아를 하기 위한 집을 마련하려고 한다. 이날 방송분은 기존의 육아 방식이 아닌 새로운 육아 방식을 소개하면서 지금껏 우리나라의 주거 공간이 매우 규범적인 라이프스타일에 맞추어 설계되었다는 점을 보여주기도 했다. 또한 주택 1층에는 카페를 운영하고, 2층에 거주용 집을 마련하고자 하는 의뢰인이 등장한 적이 있었다. 우리에게 익숙한 전원주택을 활용했지만 낯선 모습의 거주 형태를 소개한 것이라 볼 수 있다. 이렇게 프로그램은 지역이나 건물의 부동산 가치보다는 의뢰인이 행복하게 살 수 있는 진짜 주거 공간을 염두에 두고 있다.

〈구해줘! 홈즈〉는 방송에서 자주 다뤄지지 않았던 소재를 다루면서 한편으로는 많은 시청자의 현실에서 익숙한 주거 형태(원룸, 다세대 주택, 빌라 등)를 보여주고 있기 때문에 사람들의 이목을 끌 수 있었다. 게다가 비현실적인 연예인의 집이 아닌 실제로 우리가 살고 있는 집과 유사한 형태의 집을 다룬다는 것이 현실감을 높인다. 여기에 남의 집을 엿본다는 것의 즐거움이 맞물려 방송을 보는 시청자의 몰입감은 극대화된다.

예능의 현실 고발적 측면

〈구해줘! 홈즈〉의 두드러지는 포맷은 대결 구도이다. 연예인 중개인들은 박나래가 이끄는 '복'팀과 김숙이 이끄는 '덕'팀으로 나뉘어 매물을 살펴본다. 의뢰인은 둘 중 한 팀의 매물을 선택하고, 선택받은 팀의 이름으로 이사지원금을 받는다.

그런데 이 과정에서 두 팀은 각자의 매물이 더 좋다고 홍보하고, 단점을 숨긴다. 심지어 이 대결에서 이기기 위해 터무니없어 보이는 말로 자신의 매물이 더 좋다고 어필하기도 한다. 2화의 의뢰인은 방 세 개에 화장실 두 개가 필요한 삼남매였다. 김숙 팀의 김광규는 방이 5개나 되지만 화장실이 하나뿐인 오래된 구옥을 매물로 제시하는데, 화장실이 2개가 아니라 의뢰인의 조건에 어긋난다는 상대 팀의 반박에 "형제끼리 뭐 어떠냐. 화장실 하나로 써도 된다"라고 이야기한다. 성인 한 명이 사용하기에도 벅찬 구조의 집들이 나올 때도 있다. 시청자는 물론이고 연예인 코디들의 '이런 집에서 살 수 있어?'라는 생각이 표정으로 드러날 정도로 열악한 상황을 보여주기도 한다.

그런데 이런 광경은 부동산을 통해 집을 구해본 사람 낯설지 않을 것이다. 보통 우리가 집을 구할 때 가장 걱정하는 것은 부동산 정보에 대한 높은 진입장벽이다. 예를 들어, 중개업자들은 집을 계약할 때 세입자가 알아야 할 치명적인 단점이나 주의해야 할 사항을 숨기고자 한다. 심지어 세입자가 문제를 제기해도 그럴듯한 이유를 대며 입을 막는다. 〈구해줘! 홈즈〉에서도 마찬가지다. 매물의 흠이 발견되면 해당 매물을 소개한 팀은 단점이 마치 장점이 되는 것처럼 둘러대며 매물의 흠을 숨긴다. 그러면 상대 팀은 발끈하며 매물의 흠을 제대로 지적한다. 이 대결 구도는 연예인 패널들이 재미를 위해 말도 안 되는 이유를 대며 승리에 집착하는 것처럼 보이지만, 어쩌면 현실을 고발하는 역할을 하고 있는지도 모른다.

연예인 패널의 존재 이유

〈구해줘! 홈즈〉를 시청하다 보면 괜한 상상을 하게 된다. '저 집에 내가 살게 된다면 나는 어떻게 꾸몄을까?'를 생각하며 괜히 흐뭇해지기도 한다. 이 지점은 시청자를 TV 앞으로 모이게 하는 주요한 시청 포인트기도 하다. 프로그램은 이러한 재미 요소를 챙기면서, 새로운 라이프스타일을 소개한다. 게다가 경쟁구도를 통한 현실 고발 요소는 〈구해줘! 홈즈〉에게 높은 가치를 부여하는 듯했다.

그런데 시간이 지날수록 프로그램은 점점 기획의도에서 멀어지고 있다는 생각이 든다. '남의 집 구경하기'의 대표 프로그램 MBC 〈나 혼자 산다〉가 방송이 거듭될수록 '싱글 라이프'를 보여주는 것보다 다른 재미 요소에 집착하기 시작한 것처럼 〈구해줘! 홈즈〉에 비슷한 양상이 나타나고 있는 것이 아닌가 하는 우려가 생긴다. 한남동 유엔 빌리지,

용산의 고급 펜트하우스의 내부는 쉽게 볼 수 없다. 이 때문에 방송을 통해 호화로운 아파트의 내부를 볼 수 있다는 점은 많은 시청자들을 TV 앞으로 끌어 모은다. 하지만 방송의 목적은 시청자를 모아 돈을 버는 데 우선순위를 두는 것이 아니다. 단순히 좋은 집을 보여주고 눈을 즐겁게 해주기 위한 프로그램 구성은 생업에 치여 바쁜 현대인의 집을 구해주는 것이 프로그램의 기획의도라는 것을 떠올렸을 때 의아함이 생기는 지점이다.

　　여기서 연예인들은 "리얼 발품 중개 배틀"을 외치며 프로그램을 시작한다. 발품을 팔아 매물을 구해준다는 것이다. 그런데 어떻게 발품을 팔아 좋은 매물을 구해왔는지는 소개되지 않는다. 더 좋은 집을 알아보고 싶지만 그럴 만한 시간이 없는 의뢰인들에게는 전문적인 지식보다 발로 뛰어줄 누군가가 필요하다. 어차피 집을 알아보러 다니는 일 자체가 전문적인 지식이 필요한 과정은 아니기 때문이다. 심지어 프로그램 중간부터는 부동산 어플 광고가 PPL로 삽입되었다. 부동산 어플을 통해 집을 몇 군데 알아보는 일은 아무리 바쁜 현대인이더라도 해낼 수 있는 일이다. 따라서 〈구해줘! 홈즈〉는 좋은 집만을 보여주는 것에 그칠 것이 아니라, 실제 의뢰인들이 살 집을 구하는 과정을 담아야 한다. 직접 연예인이 부동산에 돌아다니며 집을 알아보고, 얼마나 큰 어려움이 있는지 조명해야 한다는 것이다. 물론 매주 달라지는 연예인 패널 구성은 프로그램에 재미를 더한다. 의뢰인의 지역에 거주하던 출신 인물인 경우도 있고, 혹은 실제 해당 지역에 거주하는 연예인인 경우도 있다. 하지만 프로그램의 목적을 생각했을 때 이것만으로는 연예인 패널들이 출연하는 것에 큰 설득력이 생기지 않는다.

현실과 TV의 괴리

방송에서 부동산과 관련된 내용을 다룬다는 것은 아주 민감한 문제이다. 〈구해줘! 홈즈〉는 금액을 확실하게 제시하고, 관리비나 공과금까지도 구체적으로 기재한다. 이 금액들은 주변 부동산에 가면 어렵지 않게 확인할 수 있는 정도의 현실적인 금액이다. 하지만 문제는 누군가에게는 그 금액이 결코 현실적이지 않을 수 있다는 점이다. 프로그램에서 전세로 집을 구하거나, 높은 보증금을 끼고 집을 구하는 의뢰인들은 대부분 대출을 받을 계획이 있음을 구체적으로 이야기한다. 심지어 연예인 코디네이터들은 대출 상환금을 중요한 기준으로 고려해 매물을 고르는 경우도 있다. 그런데 그 속에서 대출을 받을 능력이 되지 않아 집 구하기에 어려움을 겪는 사람들은 현실 속에서 느끼는 박탈감을 TV 앞에 앉아 또 한 번 느낄 수도 있다는 것이다.

〈구해줘! 홈즈〉에 출연하는 의뢰인들은 연예인이 아닌 일반인이다. 그들은 아주 평범하고 평균적인 것처럼 묘사된다. 그런데 이 점을 강조하게 되면 '나도 저런 집에 살 수 있으려나?'와 같은 기대감이 생기지만, 구체적인 금액이 소개되면서 '역시 안 되겠지'와 같은 실망감이 생겨난다. 실제로도 최근 방영분에서는 보증금 없이 높은 월세를 내고자 하는 외국인 의뢰인의 이야기가 나왔다. 연예인 중개인들은 이른바 '부촌'이라 불리는 한남동 유엔빌리지, 평창동 대저택을 매물로 소개해 주었다. 물론 다양한 형태의 집과 사람들의 이야기를 소개해야 함을 고려한다면, 비싼 가격의 집을 구할 때 신경 써야 할 것들에 대한 소개 또한 다루어야 한다. 하지만 해당 화는 부촌의 모습을 '감상'하는 것에 그치고 만다. 패널들은 크고 넓은 집이면 무조건 좋다는 식으로 집의 모습에 감탄하기만 하고, 집 자체의 특성보다는 동네의 모습을 더 부각한다. 나보다 못사는 사람은 눈에 보이지 않지만, 나보다 잘사는 사람들의 모습은 눈에 띄는 우리나라 도심의 특성상 한남동이나 평창동과 같은 부촌의 모습은 평소에 길을 오가다 눈으로 확인하기가 쉽다. 아래에서 위로 바라봐야만 하는 부촌의 모습을 TV 앞에 앉아 다시 한번 멍하니 바라만 봐야 하는 것은 시청자에게 박탈감을 안겨줄지도 모른다.

〈구해줘! 홈즈〉에는 매주 프로그램 시작을 알리는 오프닝 멘트가 있다. "바쁜 현대인들, 이사가 시급한 세입자들, 주저 말고 의뢰해 주세요"라는 멘트는 집을 구할 시간이 없어 어려움을 겪는 현대인들에게 살기 좋은 집을 구해주고자 하는 프로그램의 의도를 잘 함축한다. 그런데 여기서 '집'이라는 것에 대해 다시 한번 생각해 볼 필요가 있다. 집은 인간에게 절대로 없어서는 안 될 필수적인 요소다. 살기 좋은 집에서의 충분한 휴식은 다음 날 다시 밖으로 나가 일을 하게 해주고, 정신적인 안정감도 충족시키기 때문이다. 그러나 오프닝 멘트에서 알 수 있듯이 〈구해줘! 홈즈〉는 이렇게도 중요한 위치를 차지하는 '집'을 구할 시간조차 없다는 것과, 좋은 집 구하기가 하늘의 별 따기일 정도로 어려워진 부동산 현실을 너무나도 당연시하고 있다. 게다가 프로그램을 보다 보면 패널들이 "이 정도면 살 만하다"라고 하는 것을 쉽게 볼 수 있다. 그런데 집이라는 공간은 그저 살 만하면 충분한 그런 곳이 아니다. 이는 프로그램이 가진 '집'에 대한 인식을 재고해야 할 필요가 있음을 보여준다.

〈구해줘! 홈즈〉가 나아가야 할 방향

MBC 〈나 혼자 산다〉, SBS 〈동상이몽─너는 내 운명〉·〈미운 우리 새끼〉 등 최근 시청자들의 시선이 머물러 있던 곳은 스타들의 집 안이었다. 심지어 일반인들이 등장하는 프로그램으로 큰 인기를 끌었던 채널 A 〈하트 시그널〉은 도심에서 쉽게 볼 수 없는 대저택에 카메라가 설치된다. 관찰 예능은 주로 이런 점들을 조명했다. 그런데 그런 곳에 스포트라이트를 비추는 것이 아니라 다른 곳을 비춘다는 것은 큰 의미가 있다. 여태까지 보지 못했던 것들을 볼 수 있는 계기가 되기 때문이다. 그런 점에서 〈구해줘! 홈즈〉는 약간의 현실 고발적 요소를 담고 있고, 새로운 라이프스타일들을 소개하려는 바람직한 움직임을 보이고 있다. 하지만 그만큼 더 올바른 방향으로 나아가야 한다는 책임감 또한 가져야 한다.

우선 〈구해줘! 홈즈〉는 더 이상 당연하게 '좋은 집'을 소개하는 것에 그쳐서는 안 된다. 진정성을 가지고 우리 사회에서 '집'이 가지는 의미에 대해 다시 생각해 보고, 삶을 지속하는 공간을 구하는 것이 이리도 어려워진 현실을 더 강력하게 지적해야 한다. 그 속에서 현실 속 시청자들을 위해 중개 현장의 실태와 계약 시 여러 가지 불편한 점들을 고발하고 알릴 수 있다. 물론 좋은 집을 보여주면서 시청자의 흥미를 불러일으킬 수도 있지만, 한쪽으로 치우치지 않기 위해 〈구해줘! 홈즈〉 제작진은 무게 중심을 잘 잡아야 할 것이다.

결국 〈구해줘! 홈즈〉는 기존의 연예인의 집이 아닌, 실제 대부분의 시청자들이 살고 있는 집을 통해 다른 사람의 집을 엿보는 것의 즐거움을 선사한다. 이는 매우 흥미로운 지점이라 할 수 있다. 기타 다른 프로그램처럼 연예인들의 집을 '훔쳐보는' 것이 아니라 〈구해줘! 홈즈〉의 시청자들은 방송에 소개되는 집에서 사는 자기 자신의 모습을 직접 그려본다. 이를 통해 사람들은 자신이 직접 마주쳤던 중개 현실에 분노하기도 하고, 사람이 살지 못할 것 같은 곳을 만들어내는 우리의 부동산 실태에 탄식하기도 한다. 이렇게 시청자가 능동적으로 프로그램 보기에 참여한다는 점은 〈구해줘! 홈즈〉가 나아가야 할 방향을 명확히 제시한 다고 할 수 있다.

'외국인 예능'의 현주소

MBC every1 〈어서와~ 한국은 처음이지?〉 르완다-벨기에 편을 중심으로

이하은

1. 외국인? 외국인!

〈비정상회담〉을 시작으로 최근 몇 년간 〈어서와~ 한국은 처음이지?〉, 〈서울메이트〉, 〈나의 외사친〉, 〈내 방을 여행하는 낯선 이를 위한 안내서(내 방 안내서)〉, 〈이웃집 찰스〉, 〈대한외국인〉, 〈케이팝 어학당 - 노랫말싸미〉 등 다양한 '외국인' 소재의 TV 프로그램이 끊임없이 쏟아져 나오고 있다. 그중 단연 인기를 끌고 있는 것은 한국의 음악, 음식, 문화 등을 체험하는 형식의 TV 프로그램이다. 더 이상 새로울 것이 없는 방송 프로그램들 사이에서 외국인이 한국 문화를 체험하고 온몸으로 느끼는 것은 시청자들에게 신선한 재미를 불러일으킨다. 외국인을 통한 '낯설게 하기' 방식으로 시청자의 시선을 붙잡는 데 성공한 것이다. 그중에서도 〈어서와~ 한국은 처음이지?〉는 꾸준한 화제성을 보이며 '외국인 예능' 프로그램 중 독보적인 위치에 올라섰다. 외국인들의 눈에 비친 '진짜 한국'의 모습을 보여주고자 하는 프로그램 기획의도는 시청자의 의중을 간파한 듯, 방송 6개월 만에 100억 원이 넘는 수익을 내는 쾌거를 달성했다. 시청자는 외국인 출연자들의 반응을 통해 '우리나라 고유의 것'에 자부심을 느끼고, 익숙해졌던 것들을 다시 돌아보게 된다.

그러나 시즌 1의 단점을 보완했음에도 시즌 2는 여전히 큰 변화가 없다. 얼핏 보면 다양한 국가의 출연자들이 다양한 방식으로 여행하는 것 같아 보이지만, 가만히 들여다보면 프로그램이 정형화된 채 흘러가는 것을 알 수 있다. 출연자들은 여전히 '선진국 백인 남성' 위주고, 한국의 국제적 위치를 기준으로 선진국·후진국으로 구분한 연출은 계속된다. 이 문제는 르완다 편과 벨기에 편이 순차대로 방영되며 극명하게 드러났다. 르완다 편과 벨기에 편을 통해 이러한 문제 지점들을 살펴보겠다.

2. 문제의식의 부재

2019년 9월부터 올해 4월까지 〈어서와~ 한국은 처음이지?〉에는 미국-영국팀, 노르웨이팀, 아일랜드팀, 도미니카팀, 아제르바이잔팀, 덴마크팀, 르완다팀, 벨기에팀 총 8개 팀이 출연했다. 시즌 1의 단점을 보완하여 제작된 시즌 2임에도 여전히 다양성은 결여되어 있다. 8팀 중 5팀이 유럽 국가였고, 게스트를 포함해 전체 출연자 35명 중 단 4명만이 여자였다. 〈어서와~ 한국은 처음이지?〉의 주된 참가 대상은 '선진국 백인 남성'으로 보인다. 여자도, 노인도, 흑인도, 아시아인도 아닌 잘사는, 힘 있는 국가의 직업을 가진 청장년층의 백인 남성. 비슷한 레퍼토리가 연출됨에도 불구하고 반복적으로 '선진국 백인 남성'들을 참가자로 선정하는 것은 우연이 아니다. 외국인 노동자, 결혼이주여성 등 오래전부터 우리나라에는 수많은 외국인이 존재했지만, 여전히 그들을 방송에서 보는 것은 어렵다. 진정으로 다양한 외국인들의 여행을 보여주고자 한다면 성별, 인종, 연령, 국가를 막론하고 다양한 출연자로 구성된 팀들을 보여주었어야 한다.

이러한 현상은 선진국을 이끌어가는 사람들에게 우리의 문화를 인정받고자 하는 욕망이 투영된 것은 아닌가 되짚어 볼 필요가 있다. 자본주의의 길고 긴 역사 속에서 무의식에 뿌리박힌 자본과 권위에 대한 선망이 여실히 나타나는 지점이다. 우리 내부에 자리 잡은 백인우월주의가 그들로부터 인정받고자 하는 욕구를 발현하고, 외국인의 범주에 '선진국 백인 남성'만을 집어넣게 만든 것이다.

르완다 편과 벨기에 편에서는 이러한 지점이 적나라하게 드러난다. 게스트가 스튜디오에서 자신을 소개할 때 진행자는 르완다 게스트에게 직접 소개하라는 말만 던지고는 집중하지 않는 장면을 볼 수 있다. 그러나 벨기에 편에서는 게스트가 입을 열기도 전에 패널들이 나서서 벨기에의 유명한 것들을 먼저 이야기하며 치켜세운다. 르완다가 벨기에보다 생소하기 때문이라고 치부하기에는 무관심한 태도와 부족한 사전조사가 그렇지 않음을 보여준다. 연출과 자막은 더더욱 말할 것도 없다. 르완다 편에서 제작진이 25세의 출연자에게 "르완다의 20대는 무엇이 관심사냐"고 묻자 경제적 능력을 키우는 것이라고 답한다. 곧이어 황량한 곳에서 아기를 업은 아이가 중심이 되고 주변에서 다른 아이들이 맨발로 뛰노는 장면이 이어진다. 동시에 감성적인 배경음악이 흘러나온다. 명백히 의도된 연출이다.

'예능 프로그램'은 연예와 오락을 중심으로 결합되어 즐거움을 전달하는 목적을 지닌 TV 프로그램이다. 그런 면에서 예능이라는 명목하에 희화화되는 것들이 존재한다. 어떤 소재가 예능화되는 과정에서 부각되고 배제되는 것은 재미를 위해 당연한 일이라고 해도 그 과정에서 '가치'가 배제되면 안 된다. 벨기에를 비롯한 다른 국가에서는 전혀 노출되지 않는 인터뷰 내용도 르완다 편에서는 가감이 없다. 르완다 편은 "우리도 한국의 모든 것을 닮고 싶다", "한국처럼 될 수 있다"라는 인터뷰 장면을 붙여 마치 개발도상국의 출연자가 선진국을 학습하는 듯한 인상을 남긴다. 제작진은 거기서 멈추지 않는다. 전쟁기념관에 가서 가족을 잃은 아픔을 자세히 설명하도록 한다. 출연자들끼리는 충분히 알 만한 정보이므로 카메라에 담기 위한 요청이 있었다는 것을 짐작할 수 있다.

르완다 편의 끝은 르완다 집단학살을 주도한 벨기에의 예고편을 붙이는 것으로 마무리된다. 시청자 게시판은 순식간에 항의 글로 가득 찼다. 30페이지가 넘는 항의 글에도 제작진은 아무런 입장을 표명하지 않았다. 급기야 항의 글을 삭제하기에 이르렀다. 르완다 편 이전에도 한 시청자가 본인의 초상권 보호를 요청하는 글이 삭제된 사건이 있었고, 제작진이 임산부석에 앉아서 촬영하는 장면이 잡히며 구설수에 오르기도 했다. 패널과 제작진은 끊임없이 크고 작은 잡음에 시달리고 있지만, 여전히 입을 다물고 있다. 자본과 시청률을 방패 삼아 시청자와의 소통을 차단하고, 아무런 재고 없이 계속 방송을 이어나가는 제작진들에게서 심각한 윤리의식의 부재가 느껴진다. 어느 장면을 유지하고 삭제할지는 제작진의 선택에 달린 것이기 때문에, TV 프로그램을 통해 드러나는 결과물은 외국인의 여행이지만, 제작진의 시선으로 제작된 것이다. 제작진은 공공성을 지니고 대중의 일상에 스며들어 영향을 끼치는 TV의 특성을 간과해서는 안 된다. 틀림이 아닌 다름을 알고, 각자의 속도와 차이를 인정하고, 존중하는 성숙한 프로그램으로 거듭나야 한다. 스스로가 인정하고 변화하려 노력하지 않는다면 이대로 가라앉는 것은 시간문제다.

3. 입맛대로 재현된 한국

벨기에팀이 광장시장에서 식사를 하고 일어나는 장면을 보면 산낙지가 거의 줄지 않고 남아 있다. 그러나 방송에서는 숟가락으로 퍼서 먹는 장면과 함께 맛있어서 숟가락으로 퍼먹고 있다는 듯한 뉘앙스의 자막이 나온다. 외국인의 입장에서는 살아 있는 낙지와 같은 음식을 먹는 이유가 궁금할 법한데 어디서도 특정 음식을 먹는 이유에 대한 질문이나 고민은 찾아볼 수 없다. 다른 팀들도 마찬가지다. 여기서 정말 출연자들이 원한 음식인지 의문이 생긴다. 그들은 메뉴판도 보지 않고 정해져 있던 메뉴인 양 산낙지와 육회를 주문한다. 산낙지를 바라보는 그들의 얼굴에서 어떠한 호기심도 찾아볼 수 없다. 벨기에 편뿐만 아니라 이런 음식을 접한 출연자들의 반응은 한결같다. 산낙지를 먹은 출연자는 산낙지가 살아 있다는 것에 놀라고, 머뭇대다가 낙지를 입에 넣는다. 찜닭을 먹은 출연자는 당면의 맛에 반하고, 매운 음식을 먹은 출연자는 "이렇게 매운 걸 먹는 한국인들이 대단하다"며 물을 들이켠다.

시청자가 〈어서와~ 한국은 처음이지?〉를 시청하는 이유 중 하나는 뿌듯함이다. 한국 음식, 문화에 대한 한국인으로서의 자부심은 이 프로그램을 시청하게 하는 하나의 원동력이라고도 할 수 있다. 그 원동력은 긍정적인 평가만 방송되도록 만든다. 〈어서와~ 한국은 처음이지?〉의 곳곳에서 이런 장면들이 포착된다. 외국인을 통해 '진짜 한국'의 모습을 보고 있다고 하지만, '진짜 한국'의 모습이라고 하기에는 어딘가 획일적인 느낌을 지울 수 없다.

음식이 맛있고, 기술이 발전했으며, 편의시설이 잘되어 있고, 정이 가득해 친절한 것이 틀린 말은 아니다. 그러나 이것을 두고 '진짜 한국'이라고 말하기는 어렵다. 〈어서와~ 한국은 처음이지?〉에 비치는 한국의 모습은 지극히 일부분일 뿐이다. 공공성을 간과한 채 한국의 좋은 면만 강조하는 이러한 연출은 코리안 드림을 지닌 새로운 피해자를 낳을 수 있다. '진짜 한국'을 보여주고 싶다면 '진짜 한국'이 무엇인지, 어떻게 보여줄 것인지에 대해 진지하게 재고해 볼 필요가 있다.

4. 새로움의 실종

르완다 편의 출연자들은 첫 여행, 첫 비행, 첫 호텔, 첫 추위, 첫눈 등 처음을 차지하는 많은 것들을 한국에서 경험한다. 여행 내내 시종일관 들뜬 그들의 순수한 반응은 시청자가 웃음을 머금게 한다. 이런 모습들이 〈어서와~ 한국은 처음이지?〉를 시청하게 하는 이유가 될 것이다. 그중에서도 이 프로그램의 진정한 강점은 한국을 바라보고 체험하는 것이 외국인의 낯선 시선으로 이루어진다는 점이다. 수많은 프로그램에서 나온 송어 축제는 추위를 경험해 보지 않은 외국인의 등장만으로 볼 이유가 충분해졌고, 그들의 전쟁기념관 방문은 시청자들이 잠시 잊고 살던 역사를 마주하게 했으며, 한국이 정말 빠른 발전을 이룩했다는 새삼스러움을 느끼게 했다. 하지만 이러한 강점도 회차가 거듭될수록 흐릿해진다.

〈어서와~ 한국은 처음이지?〉는 각 팀이 공항에서 숙소로 이동 - 본격적인 여행 - 숙소에서 공항으로 이동하는 흐름으로 구성되어 있고, 각 팀의 여행 에피소드는 4화에 걸쳐 방영된다. 1회차에서는 국가 소개, 인터뷰, 공항에서 숙소로 이동하는 장면이 나온다. 2회차에서는 출연자들이 서울을 본격적으로 여행하고, 3회차에서는 서울을 벗어나 교외에서의 여행을 보여준다. 4회차에서는 여행의 마무리와 출연자들의 소감, 다시 공항으로 돌아가 게스트와 이별하는 것으로 막을 내린다. 고정된 포맷은 프로그램이 길을 잃지 않게 하는 좋은 가이드라인이 되지만, 동시에 모든 회차가 비슷해질 수밖에 없는 원인이 된다. 또한 3박 4일 동안 한국에서 할 수 있는 일은 한정되어 있기 때문에 대부분의 팀이 짧은 시간 동안 한국의 대표적인 것을 체험하고자 한다. 이 또한 모든 팀의 에피소드가 비슷하게 느껴지도록 만든다.

한편, 〈어서와~ 한국은 처음이지?〉에서는 서울의 발전된 모습을 보고자 하는 팀, 옛것을 보고자 하는 팀으로 나뉘어 강남·홍대 일대나 경복궁, 종로 일대가 프로그램의 주 무대가 된다. 팀마다 돌아가며 VR 체험, PC방·찜질방 방문을 하고, 삼겹살·갈비·찜닭·돈가스를 먹는다. 3회차에서는 많은 팀이 서울의 근교를 여행하는데, 휴게소에 들르고, 유적지를 탐방하고, 그 지역의 식당을 가는 순서로 정형화되어 버렸다. 그런 면에서 벨기에 편은 식상함을 타파하지 못하고 〈어서와~ 한국은 처음이지?〉가 가진 문제점을 전면에 드러내 보인다.

게스트 줄리앙은 과거 〈비정상회담〉을 비롯하여 수많은 매체에 노출된 이른바 '스타 외국인'이다. 줄리앙의 출연은 화제가 됐다. 그런데도 벨기에팀 여행에서는 새로움을 전혀 찾아볼 수 없었다. 다큐멘터리 감독과 배우로 구성된 팀은 1회차에서 광장시장과 찜질방에 방문한 후 줄리앙과 재회한다. 산낙지와 육회를 먹는 장면, 찜질방에 방문하는 장면은 벨기에팀을 제외하고도 앞서 출연했던 많은 팀들의 경험으로 지루함을 느끼게 했다. 2회차, 3회차에 벨기에팀은 근교로 나가 산에 오르고 캠핑을 한다. 서울을 벗어나 익숙함을 타파하고자 했지만 특별할 것 없는 등산과 캠핑은 〈1박 2일〉, 〈바퀴 달린 집〉 같은 야외 예능 프로그램들을 떠오르게 했다. 그럼에도 이 회차가 화제가 됐던 이유 중 하나는 줄리앙의 2살짜리 조카 우리스 때문이다.

우리스는 시청자의 시선을 완전히 사로잡았다. 더 이상 새로울 것이 없는 〈어서와~ 한국은 처음이지?〉가 선택한 히든카드였다. 그러나 우리스의 등장으로 벨기에 편은 순식간에 〈슈퍼맨이 돌아왔다〉의 분위기로 전환됐다. 우리스의 엄마는 평소 자신보다 아빠가 아이를 많이 돌보기 때문에 걱정되지 않는다고 이미 인터뷰에서 언급했다. 하지만 패널들은 "아빠에게 아이를 맡기면 저렇게 된다"는 추임새를 넣어 미숙한 아빠가 엄마 없이 아이를 돌보는 이미지를 만든다. 〈슈퍼맨이 돌아왔다〉와 똑같은 구도다. 여기에 줄리앙이 미숙한 아빠 이미지를 이어받는다. 줄리앙이 우리스와 함께 시간을 보내고 싶어 한다는 명목을 내세워 서울에 남아 홀로 우리스를 떠맡게 된다. 그러나 함께 시간을 보내고 싶어 한다는 명목이 무색하게 알베르토와 그의 아들 레오를 불러 함께 키즈카페에 간다. 2일차는 키즈카페에서 우리스와 레오가 친해지는 과정으로 끝난다. 벨기에 편은 우리스를 중심으로 돌아간다. 나머지 출연자는 우리스를 보조하는 조연의 역할로 남는다. 이러한 연출은 〈어서와~ 한국은 처음이지?〉가 한계점에 다다랐다는 것을 스스로 증명한다.

포맷을 제외하고도 식상함을 자아내는 또 다른 요소가 있다. '외국인으로서의 감상'이다. 〈어서와~ 한국은 처음이지?〉에 출연했던 모든 팀들은 국적도, 직업도 다르다. 그럼에도 각 팀의 차별성은 크게 느껴지지 않는다. 이유는 간단하다. 산낙지를 처음 접한 출연자는 살아 있다는 것에 놀라고, 머뭇대다가 낙지를 입에 넣는다. 찜닭을 먹은 출연자는 당면의 맛에 반하고, 한옥을 본 출연자는 아름답다고 말하며, 매운 음식을 먹으면 물을 들이켠다. 외국인이기 때문에 전부 비슷한 반응을 보이는 것이다. '문화적 차이에서 오는 재미'를 좁게 해석한 폐단이다. 단지 한국인과 외국인이라는 차이를 두고 그 차이에 대해서만 보여주는 것은 소재의 재미를 희석한다. 벨기에인이 다른 외국인들과 다른 점을 중심에 두었다면 어땠을까. 각 국가의 개별성을 부각하고, 그 점을 한국인의 차이에 개입시켰다면 포맷의 단점을 타파하는 하나의 장치가 되었을 것이다.

5. 어디로 나아갈 것인가

코로나 팬데믹 시대가 도래하며 〈어서와~ 한국은 처음이지?〉는 방영 이래 최대 위기에 직면했다. 코로나에도 불구하고 마스크를 거부하거나, 놀이공원에 몰려가고, 파티를 여는 등 상식을 벗어나는 일들이 선진국에서 연이어 일어났다. 선진국에 대한 환상이 깨지는 순간이었다. '선진국 백인 남성'은 마스크를 하지 않고 마음대로 돌아다니는 불통의 이미지로 전락했다. 더 이상 '선진국 백인 남성'이라는 판타지는 존재하지 않는다. 더불어, 해외여행이 거의 불가능한 상황에서 프로그램 방향에 대한 고민을 미룰 수 없는 시점이 됐다. 언제까지고 '어서와~ 한국살이는 처음이지?'라는 타이틀의 특별판을 방영할 수는 없는 노릇이다.

　이미 많은 TV 프로그램이 새로운 흐름을 타고 있다. 〈어서와~ 한국은 처음이지?〉가 빠진 매너리즘을 극복하고, 앞으로 나올 예능의 흐름을 이끌어갈 수 있는 방향으로 프로그램을 재고할 필요가 있다. '외국인 예능'으로서 굳건한 자리를 지키고 있는 만큼 이 시기를 기회 삼아 새로운 향방을 찾을 수 있기를 기대한다.

솔루션이라는 이름의 폭력

KBS2의 〈개는 훌륭하다〉는
과연 반려견을 위해 존재하는 프로그램인가

예서영

들어가며

'펫팸족', 반려동물을 뜻하는 Pet과 가족의 뜻을 가진 Family를 합쳐 만든 이 신조어는, 요즘 들어 부쩍 기사에 자주 등장하고는 한다. 4가구 중 1가 구는 반려동물을 키운다는 통계가 있다. 반려동물 물림 사고와 같은 이 슈들은 매번 검색어 1위를 차지하며, 젊은이들 사이에서는 〈TV동물농장 ×애니멀봐〉 같은 짧은 방송영상을 편집한 콘텐츠뿐만 아니라 평범한 사 람들이 찍어 올리는 동물 유튜브 영상도 매우 인기를 끌고 있다. 보더콜 리 페퍼의 일상을 찍어 올리는 유튜브 채널 〈보더로운생활(Border Collie Triplets)〉의 구독자는 14.5만 명, 야생고양이, 집고양이의 일상을 올리는 유튜브 채널 〈haha ha〉는 무려 86.8만 명의 구독자를 거느리고 있다. 유튜브와 틱톡이 인기를 끌고 있는 이 시대에, 반려동물 콘텐츠의 인기를 따라잡기 위해 공중파 방송사도 움직인 것으로 보인다. 음식업계의 절대 스타 백종원과 함께, 대중의 절대적인 지지를 받고 있는 반려동물 업계의 스타 강형욱을 내세워 출발한 이 방송은 2019년 11월부터 방영하기 시작 했다. 며칠 뒤 1주년을 맞이하는 이 방송은 "성숙한 반려동물 문화를 조성하기 위해", "행복하게 어우러져 사는 모습을 위해" 방영한다고 자신을 소개한다.

실제로 이 방송이 미친 선한 영향력이 있다. 갑작스럽게 좋아진 나라 경제 상황에 비해 반려동물에 대한 지식이 부족했던 한국에서는 동물의 유기 문제나 교육에 있어 문제점이 많았다. '개는 묶어 키우는 것이다', '마당에서만 키우는 것이다'라는 인식이 팽배했으나, 이 방송은 이런 인식을 조금씩 깨주며, 발달해 가는 도시국가에서 함께 살아가는 방법을 제안한다. 사람들이 잘 알지 못했던 견종에 대한 지식을 소개하기도 하며, 〈자가 번식 공장견〉 편에서는 좋지 않은 환경에서 중성화 수술을 받지 못해 계속해서 번식한 공장견들을 소개하여 동물을 사지 말고 입양하자는 문화를 이끌어가기도 했다.

필자는 이 방송의 긍정적인 지점이 분명 존재한다고 생각한다. 그러나 방송을 접하며 자신도 모르게 느꼈던 불편함이 있다. 그것은 바로 반려동물이라는 존재와 반려인들이 가지고 있는 고민을 단순히 '솔루션'을 건넨다는 명목하에 오락거리, 자극적인 소재거리로 쓰고 있는 것은 아닌가 하는 아쉬움이다. 이 아쉬움의 근거는 두 가지가 있겠다.

솔루션을 건네는 이의 신격화

첫 번째는 솔루션을 건네는 이의 신격화다. 반려견 훈련사인 '강형욱'은 방송인 이경규와 함께 이 프로그램의 주축으로 방송을 이끌어간다. 그는 외국에서 여러 훈련을 공부하고 돌아왔으며, 실질적으로 한국의 반려견 보호자들이 겪는 고충에 대해 현명한 솔루션들을 제공하며 대중에게 인기를 끌고 있다. 이 프로그램에서, 강형욱은 출연하는 반려견의 문제점을 파악하고 평가하며 솔루션을 제공한다. 이경규는 실질적인 전문가가 아니기 때문에, 이야기를 끌어가는 데에 도움을 주는 포지션이다.

반려견을 키우는 사람이라면 알 것이다. 반려견을 사랑하는 몇몇 사람들에게 강형욱의 존재는 거의 신과 같다. 매일매일 강형욱이 나오는 프로그램을 돌려보며, 그가 만드는 애견용품을 충성스럽게 구매하기도 한다.

이 지점에서 우려되는 점이 있다. 강형욱 훈련사도 결국에는 인간이라는 점이다. 그가 제안하는 모든 솔루션과 판단이 '옳음'의 범주에 들어갈 수 없다. 그러나 〈개는 훌륭하다〉는 강형욱이라는 사람에게 모든 것을 기대며 진행된다.

'천둥이 편'에서 우려의 지점을 잘 설명할 수 있겠다. 천둥이는 대형견으로, 매우 공격적이어서 목욕을 3년간 못했다고 한다. 이렇게 집안에서 폭군으로 지내던 개다. 실제로 촬영을 하면서 매우 애를 먹었다고 한다. 강형욱은 천둥이를 훈련하는 과정에서 강압적이고, 천둥이에게는 위압적일 수 있는 훈련방식을 사용했다. 개에게 무력감을 주는 방식을 통해 훈련한 것이다. 방송을 보면, 계속해서 개에게 위압을 가하는 방식의 체벌을 사용한다. 게다가 방송도 합세한다. 방송은 천둥이를 괴물과 같이 비춘다. "최초 사전 촬영 중단", "이곳은 리얼 야생" 등, 제작진의 자막은 공포를 부추긴다.

방송이 끝난 후, 여러 훈련사들이 강형욱의 솔루션에 대해 우려를 표했다. 동물행동심리학자 한준우 교수는 네이버 블로그를 통해 "90년대의 훈련방식을 보는 것 같았다"라고 말하기도 했고, 외국의 훈련사 또한 방송을 접하고 우려가 된다는 메시지를 전하기도 했다.

강형욱이 옳지 않은 훈련사라고 비난하는 것이 아니다. 방송 제작진과 시청자 모두가 방송을 보다 보면, 잊어버리게 되는 지점이 있다. 바로 강형욱은 신이 아닌 사람이라는 것이다. 매번 모두가 동의하는 훈련방식을 솔루션으로 제안할 수는 없고, 그도 사납거나 행동 교정을 하기 힘든 개를 만나면 감정적으로 행동할 수 있을 것이다. 강형욱이 제안하는 모든 것들은 100퍼센트 옳을 수 없다. 한 전문가의 의견일 뿐이다. 그러나 방송은 모든 것을 강형욱에게 의존하며 진행된다(강형욱은 방송을 통해 긴 목줄을 써야만 한다는 이야기를 하고는 했는데, 전문가들로부터 모든 반려견에게 긴 목줄이 좋은 것은 아니라는 지적을 받기도 했다).

〈개는 훌륭하다〉의 러닝타임은 다각적인 시선을 담기에는 짧으며, 보는 이에게 왜곡된 모습만 보여줄 수 있다는 지점이 있다. 그러나, 방송은 강형욱을 너무나 신격화하고 있다. 모든 솔루션과 해결, 지식을 강형욱에게만 의존한다. 강형욱을 통하지 않고는 모든 방송이 진행될 수 없다. 모든 솔루션과 지식을 신이 아닌 인간 강형욱에게 의존하는 자막, 편집 방식, 방송 구조는 언젠가 다시 제2의 천둥이 문제를 야기하지 않을까? 강형욱 외에도 전문적인 연구자들의 지식이나 다른 솔루션 제공자들의 의견을 충분히 수용한다면, 더 다양한 시선을 담을 수 있는 방송이 되지 않을까.

비난의 화살은 한 곳으로

대중은 함께 욕할 거리를 원한다. 누군가는 이 문장을 보고 동의하지 않을 수 있지만, 누군가를 비난하면서, 그 마음을 확인하며 유대감을 느끼는 사람들이 존재한다는 것은 사실일 것이다. 이런 대중의 마음을, 〈개는 훌륭하다〉는 충분히 이용한다. 물론 이 방송의 고민 의뢰자들이 비난받아야 마땅한, 나쁜 짓을 저질렀을지도 모른다. 그러나 그렇다고 하여 수천, 수백 개의 악플을 받아야만 할까? 또한 본인이 잘못했다고 인정하는 모습을 몇 번이고 방송에서 영상으로 반복해서 비추고, 보여야만 할까? 〈개는 훌륭하다〉에서 단연 주목받았던 '코비' 편을 보자. 입질이 매우 심한 보더콜리 담비를 키우는 이 집에는 작은 아기 보더콜리 코비가 있었다. 코비는 담비를 매우 무서워하며, 화장실에 들어가 웅크리고 있을 정도로 매우 스트레스를 받고 있었다. 강형욱은 방송에서 무릎을 꿇는다. 제발 아기 강아지 코비를 위해 코비를 다른 곳으로 보내라고. 그러나 보호자는 고민 끝에 거절한다.

이 방송이 끝난 후, 코비와 담비 보호자는 어마어마하게 많은 게시글과 댓글로 욕을 먹는다. 이들이 사는 곳, 산책하는 곳을 추측하는 사람들도 있었으니, 아마 실제로 현실에서 외출도 힘들었을 것이다. 국민청원이 이어졌으며, 경찰은 동물학대 수사에 착수했다. 물론 이 보호자가 잘못된 교육 방식과 둘을 포기할 수 없는 욕심 때문에 개들이 고통받고 있는 것은 사실이며, 이 지점은 개들을 위해서라도 고쳐야 할 것일 테다. 그러나 이런 잘못된 지점은 법적으로 처벌받거나 전문가의 도움으로 고쳐가며 반성해야 할 부분이지, 인격적 모독을 받아야 하는 일이 아니다. 그러나 방송 관련 보도, 방송의 자막과 편집은 코비와 담비 보호자가 악플과 비난을 받도록 방관했다고도 볼 수 있다. 담비가 코비를 공격하는 장면을 여과 없이 보여주며, 공격하는 장면 위로 핏자국을 연상케 하는 색과 글꼴로 "(이 견은) 쓸쓸하게 크겠죠", "마음에 안 들면 물어요" 같은 문장을 강조해 자막을 넣었다. 게다가 이 방송이 전적으로 의지하는 '유일한' 솔루션 제공자 강형욱이 무릎을 꿇는 모습을 보여줌으로써 방송의 자극성을 가중한다.

예능 방송은 결국 어떤 메시지를 전달하든지 간에 오락성이 있어야 한다. 재미와 흥미가 있어야 사람들이 계속해서 관심을 가지기 때문이다. 그러나 이 방송에서 제작진들이 조금만 덜 자극적이게 자막을 사용했더라면, 일반인 출연자를 비판을 넘어 비난하고 모욕하는 일을 예방할 수 있지 않았을까.

마무리하며

이런 아쉬운 지점이 있었지만, 필자는 이 방송을 꽤나 흥미롭게 봤다. SBS의 〈TV동물농장〉과 같은 프로그램은 이전에도 존재했다. 〈개는 훌륭하다〉를 방송 중인 KBS에서도 이전에 동물 관련 프로그램 〈주주클럽〉을 방영한 적이 있다. 그러나 〈개는 훌륭하다〉 이전의 공중파 동물 프로그램은 단순히 동물의 귀여움, 사랑스러움에만 집중하는 경향이 있었다. 반려동물과 함께 살아갈 때 생기는 문제점에 대해 다루는 비중은 아주 낮았다.

〈개는 훌륭하다〉는 복슬복슬하고 사랑스러운 존재만 보고 싶어 하는 사람들에게 다른 화두를 건넨다. '함께 살아가려면, 보고 싶은 것만 볼 순 없다'고 말이다. 빠른 선진국화로 인해, 반려동물을 키우고 싶고 키울 여유는 있지만 어떻게 이들과 함께 살아가야 하는지에 대한 지식이 거의 없던 한국 사람들에게, 이 방송은 아주 필요하며 인기를 얻을 가치가 충분히 있다. 어쩌면, 방송을 유지하려면 자극적인 장면(예를 들어 강압적인 훈련 모습을 반복적으로 보여주거나, 입질을 하는 모습의 리플레이 등)을 보여줘야 했던 것일지도 모르겠다. 모든 사람들은, 자신도 모르게 자극적인 화면이 나올 때 집중해서 방송을 보게 되니 말이다. 그러나 자극적인 것과, 진정 〈개는 훌륭하다〉에서 이루고 싶어 하는 "반려견과 사람이 행복하게 어우러져 사는" 모습을 위한 내용 전달 사이에서 더 세밀한 줄다리기를 해야 하지 않을까? 〈개는 훌륭하다〉는, 지금까지 모두가 외면하던 문제에 훌륭하게 주목하려 했기에, 앞으로도 방송을 잘 이끌어가는 모습을 보여주리라 믿는다.

명절 잔소리 같은 예능은 그만

SBS 〈미운 우리 새끼〉 집중 비평

박정원

들어가며

2000년대 중반까지만 해도 일요일 밤 9시는 온 가족이 함께 〈개그콘서트〉를 보며 월요일을 준비하는 것이 일상적이었다. 당시 초등학교 저학년이던 필자도 월요일이 되면 지난밤에 봤던 개그 프로의 유행어를 친구들과 따라 하던 기억이 난다. 조금 학년이 오르고는 친구들의 대화에 끼기 위해 보던 프로이기도 했다. 그때 가족과 함께 일요일 밤을 맞던 '아이들'은 이제 20대가 되어 직장과 학교가 있는 곳에 자리를 잡고, 부모의 품을 떠나게 되었다.

아이들을 보낸 부모는 텅 빈 집의 공허함을 텔레비전으로 채운다. 주말에 잠깐 취미를 즐기더라도, 결국 '아이 없는 집'에서 텔레비전을 보며 일주일을 마칠 수밖에 없다. 이때 당신이 '어른이' 연예인과 그들을 걱정하는 어머니들의 모습을 본다면 많이 공감하지 않겠는가. 혹은 반대로 분가한 연예인을 보며 자신을 투영하고, 또 그들의 부모를 보며 가족의 빈자리를 채울 수도 있다.

SBS의 예능 프로그램 〈미운 우리 새끼〉는 가족의 보편성과 코미디적인 요소로 시청자를 사로잡았다. 2020년 8월 30일 방영분 기준, 분당 최고시청률 17.5퍼센트라는 영예와 함께 28주 연속 일요 예능 시청률 1위[1]를 기록했다. 그럼 필자는 왜 가족의 빈자리를 채워주는 이 감동적인 예능 프로그램을 명절 잔소리로 느낀 걸까. 2019년 9월의 방영분과 비교적 최근인 2020년 8월 30일에 방영된 205화를 통해 그 이유를 파헤쳐 본다.

1. 남자는 커도 애다. 여자는?

일단, 이 프로그램에서 '새끼'라 함은 성인 남성, 그것도 갓 성인이 아닌 중년쯤 되는 나이의 '노총각'을 일컫는다. 이 프로그램에서 절대 빠지지 않는 단어가 바로 '결혼'이다. 그들의 어머니는 지나치게 아들의 결혼을 걱정하고, 용모가 준수하고 능력 있는 여성 게스트가 나올 때마다 진심 반 장난 반으로 자식과의 소개를 주선한다.

왜 출연진들을 어머니 혹은 여자 친구가 챙겨줘야만 하는가. 그들은 법적으로 성인이 된 지 한참 지났으며, 경제적으로도 다른 또래보다 여유롭다. 텔레비전 속에 보이는 그들의 거주지는 대개 원룸이 아닌 가

---

1   황규준, "'미운우리새끼' 곽도원 눈물, 17.5% 최고의 1분", 《스타데일리뉴스》, 2020.
8.31.

족이 살 수 있을 정도의 넓고 깔끔한 집이다. 그들은 어머니나 여자 친구가 챙겨주지 않아도 가정부를 고용할 수 있을 정도의 재력을 가지고 있다. 그런데도 불구하고 〈미운 우리 새끼〉에서 그들을 노총각 혹은 챙겨줘야 하는 남자로만 표현하는 이유는 무엇인가.

물론 〈미운 우리 새끼〉에는 여성 출연자도 있다. 하지만 고정 멤버 중 여성은 홍 자매뿐이다. 보통 두 명의 자매를 한 에피소드로 치기 때문에 상대적으로 분량이 적다. 그러나 '딸'도 '새끼'인데, 상대적으로 '아들'들 이야기만 너무 많지 않은가. 홍 자매가 고정으로 출연하기 시작한 날짜가 2018년 11월이다. 2년간 미혼의 '딸 새끼'가 홍 자매밖에 없었을 리는 없다. 또 부모가 아들만 걱정되고 딸은 걱정이 안 될 리도 없는데, 왜 〈미운 우리 새끼〉는 '모든 새끼'가 아닌 '아들 새끼'만 걱정하는가.

2. 결혼은 선택이 아닌 필수?

2019년 9월 22일 방영되었던 〈미운 우리 새끼〉의 게스트는 '박세리'였다. 이미 세계 정상급 스포츠 스타였던 그도 〈미운 우리 새끼〉의 어머니들에게는 그저 '노처녀'에 불과했다. 고정 멤버의 영상이 시작되기 전까지, 게스트 소개의 초반 5분 동안 '여성스럽다'라는 단어는 5번 이상 언급되었다. 박세리에게도 결혼을 주제로 말을 꺼내며 "하고 싶어도 상대가 없어서 못 한다"라는 답변을 받은 뒤에야 본방송이 시작되었다.

남성 게스트인 이상윤이 출연했던 156화도 역시나 "상견례 프리 패스상"이라며 결혼과 연관 지었으며, 김종국 편에서 이상민이 요리를 해주자 어머니들은 "상민이랑 결혼하면 편하겠다"라는 말을 한다. 이 말은 요리해야 하는 사람의 디폴트가 어머니나 아내로 보일 위험도 있다.

어느 유명한 노래 가사에서는 "연애는 필수, 결혼은 선택"이라고 했는데, 〈미운 우리 새끼〉는 자꾸 결혼이 필수인 것처럼 은연중에 메시지를 보낸다.

앞서 언급했던[2] 205화에서는 곽도원이 어려운 시기를 홀로 견뎌온 이야기로 시청자의 눈물을 훔쳤다. 그러나 그 감동적인 장면의 결론마저 결국 결혼이었다. 곽도원은 "(나도 의지할 수 있는) 형이 있었다면"이라고 말하며 눈물을 흘렸다. 그런데 박수홍의 어머니가 "그러니까 얼른 장가를, 결혼을 해서……"라고 하는 바람에 감동적인 장면이 '기승전결혼'이 되어버렸다. 더불어 김종국의 어머니도 "남 걱정할 때가 아니야"라며 때늦은 결혼에 대한 불안감을 가중한다.

홍 자매의 우애로 인한 감동을 결혼으로 귀결시키는 이 프로그램의 의도가 궁금하다. 이미 감동과 눈물로 충분했고, 편집할 수 있었던 부분임에도 왜 굳이 결혼이라는 찬물을 끼얹는가. 이러한 메시지들로 〈미운 우리 새끼〉가 하고 싶은 말은 무엇인가.

3. 미완성의 짠한 아들들

이 프로그램은 미혼을 '미완성'으로 그려내며 결혼을 하면 프로그램을 하차하는 것을 관례로 삼아왔다. 심지어는 출연자들이 결혼하지 못해서 느껴지는 '짠함'을 희화화한다. 157화의 임원희는 사촌 여동생의 결혼식에 간다. 양복을 입은 그와 결혼식이라는 배경은 순간 이목을 사로잡지만, 곧 그것이 지인의 것임을 알게 되자 짠함이 증폭한다.

---

2   황규준, "'미운우리새끼' 곽도원 눈물, 17.5% 최고의 1분".

도입부에서는 혼자 술을 마시며 〈인간극장〉을 보는 '짠희'의 후줄근한 모습을 먼저 보여주었고, 결혼식에서도 "네가 먼저 장가를 가야 하는데" 같은 어르신들의 말을 개그 소재로 썼다. 그로 인해 결혼식을 마치고 돌아오는 장면이 도입부의 장면과 교차하는 순간 '짠함'은 배가 되었다. 그의 별명인 '짠희'의 이름값을 하듯, 그의 짠함은 '노총각은 불쌍하다'는 프로그램의 메시지를 환기한다.

156화의 김종국 편에서는 요리하다 나오는 과일 껍질을 남기지 않고 먹는 그를 "짠국"이라고 표현한다. 보고 있는 어머니를 부끄럽고 속상하게 만드는 이 부분은 '우리 애가 이렇게 어리숙하고 불쌍하니 챙겨줘야 한다'는 느낌이 들게 한다. 〈미운 우리 새끼〉는 결국 4년이 지난 지금도 이렇게 말하고 싶은 것일까?

'노총각은 이렇게 짠하고 불쌍하니 얼른 결혼시켜, 챙겨줘야 한다.'

마치며

그저 연예인 1인 가구가 어떻게 사는지를 보고 싶다면 〈나 혼자 산다〉를 보면 된다. 〈미운 우리 새끼〉가 전자의 예능과 차이가 나는 점은 '가족'이다. 그러나 명절에 가장 듣기 싫은 소리 중 하나가 결혼 이야기[3]인데, 즐기려 보는 예능 프로그램마저 명절 잔소리를 할 필요는 없지 않을까. 지금의 2039세대에 가장 필요하고 중요한 것은 결혼이 아니다. 따로 살더라도 가족인 구성원과 교류하고 상생하는 방법이다. 〈미운 우리 새끼〉가 나아가야 할 방향은 핵가족이 만연해진 현대사회에서, 각각의 가족 구성

---

3   김보미, "명절 스트레스 1위는 '결혼 언제 하냐'", 《경향비즈》, 2016.9.13.

원을 이해하고 대화하는 법을 가르쳐주는 것으로도 충분하다. 그런데 〈미운 우리 새끼〉는 왜 결혼에 대한 집착을 아직도 버리지 못하는 걸까.

이제는 〈미운 우리 새끼〉에서 혼자서도 떳떳한 자식과 그것을 인정해 주는 부모의 모습을 보고 싶다. '결혼'이라는 단어를 남용하지 않았으면 한다. 결혼은 보수적 입장에서 보면 '사랑의 결실'이며 현대적인 관점에서도 '선택'에 지나지 않는다. 즉, 전자의 입장에서 자식을 챙겨주기 위한 결혼은 사랑을 수단화하는 것이며, 후자의 경우에는 말 그대로 필수가 아니다. 출연진들을 챙겨주는 사람이 아내나 엄마일 필요는 없다. 그들은 단지 혼자 사는 방법을 계속 배우고 있을 뿐이다. 그들은 결혼하지 못해서 부족한 것이 아니다. 그들은 그 자체로도 재밌고 완벽하다.

'재미'로 위장된 '폭력과 선정성'

SBS 〈런닝맨〉의 권력관계와 집단 괴롭힘 등
각종 폭력에 대하여

오은경

하나의 방송 프로그램이 몇십 년간 방영된다는 게 어려운 일이 되었다. 〈전원일기〉, 〈가족오락관〉 같은 프로그램이 20년 이상 지속적으로 시청 자들의 관심을 받던 시대에는 볼거리가 풍부하지 않았다. 시청률이 60% 대까지 나올 정도로 소수의 특정 프로그램이 전 국민의 사랑을 받았었다. 하지만 지금은 케이블TV와 종편까지 채널이 늘어나면서 방송프로그램 의 수가 다양해졌고, 유튜브와 같은 동영상 공유 플랫폼에서 넷플릭스와 같은 OTT 서비스까지 인터넷을 기반으로 한 다양한 서비스들이 생겨나 면서 하나의 TV 프로그램이 장기간 인기를 얻는 일이 쉽지 않은 환경이 되었다.

　SBS의 〈런닝맨〉은 이렇게 방송 환경이 급격하게 변화하고 있는 상 황에서도 10년 넘게 꾸준하게 사랑받고 있는 예능 프로그램이다. 최고 시청률이 20% 넘게 치솟았던 적도 있지만 현재는 5~6%대의 시청률을 보이고 있기는 하다. 하지만 이는 다채널, 다매체의 현 방송 환경에서 모든 프로그램이 겪고 있는 문제이므로 단순히 시청률만으로 런닝맨의 인기도가 하락되었다고 말할 수는 없을 것 같다. 물론 전성기보다는 덜 하지만 여전히 〈런닝맨〉은 청소년층에서 이슈가 되는 인기 예능 프로그램이다.

우리 집 초등학교 고학년 딸에게도 〈런닝맨〉은 즐겨 보는 프로그램이다. 정규 방송을 모두 챙겨 보지는 못하지만 레전드 편을 검색해 OTT 서비스에서 따로 시청하거나 유튜브에서 클립 영상을 찾아보는 등 TV만 있던 시절과는 다른 형태로 〈런닝맨〉을 즐기고 있다. 〈런닝맨〉 제작진 또한 이런 시청 행태의 변화를 감지한 것으로 보인다. 시청자가 재밌어하는 부분을 따로 편집해 유튜브에 올리거나 SNS를 활용하여 시청자의 참여를 유도하는 등 새로운 형태의 콘텐츠를 지속적으로 개발하는 노력을 기울이고 있다는 것을 알 수 있다.

〈런닝맨〉 애청자인 딸과 함께 나도 방송을 자주 시청하게 되는데 미션을 해결하는 콘텐츠 자체도 흥미롭지만, 10년간 함께해온 멤버들 간의 케미도 〈런닝맨〉을 보는 재미를 높이는 중요한 요인 중의 하나이다. 하지만 멤버들 간의 지나친 친밀도와, 재미를 위한 작위적인 몇 가지 설정들 때문에 아이와 같이 TV를 보다가 혼자 몰래 불편함을 느꼈던 적이 많다. 아이에게 말하면 '재미있으라고 일부러 하는 건데 엄마는 그것도 이해를 못 하냐'고 나를 이른바 '꼰대' 취급할까 봐 말은 못했지만, 내가 느꼈던 불편함은 〈런닝맨〉의 주 시청층인 청소년들에게 좋지 못한 영향을 줄 것임이 틀림없다. 그래서 〈런닝맨〉을 시청하며 내가 느꼈던 불편함에 대해 짚어보고자 한다.

권력관계와 폭력 미화, 집단 괴롭힘

먼저 멤버들 간의 권력관계와 폭력, 집단 괴롭힘과 관련된 문제다.

요즘 청소년들 사이에서 학교폭력과 왕따는 큰 문제가 되고 있다. 단체 따돌림, 언어폭력에서부터 성폭행과 조직적인 폭력까지 성인과 다름없는 범죄가 저질러지기도 한다. 이런 폭력으로 인해 생을 포기하는 피해 아이들의 기사를 접할 때면 어쩌다 우리 사회가 아이들의 학교생활도 안전하게 지켜주지 못하게 되었나 어른으로서 미안할 때가 많았다. 그런데 청소년층이 즐겨 보는 〈런닝맨〉 안에서도 이런 폭력이 자행되고 있다.

〈런닝맨〉 안에는 권력관계가 존재한다. 물론 재미를 위한 설정이라는 점이 전제되어 있기는 하지만, 현실과 너무 닮아 있어 그것이 모두 허구이고 과장된 연기라고만 생각할 수는 없게 만든다.

한 멤버는 평소 운동을 많이 해 근육으로 다져진 몸을 무기로 다른 멤버들을 꼼짝 못하게 하고 협박하는 권력자로 그려진다. 그보다 나이가 많은 멤버들도 그에게 꼼짝 못 하는 모습으로 그려지고, 게임 중에 멤버들은 그런 그를 깡패나 조폭 같다고 직접 언급하기도 한다. 그 멤버도 자신이 힘으로 우위에 있고, 멤버들이 자신을 두려워하는 상황을 즐기는 듯 보인다. 자신에게 복종하는 다른 멤버들을 수족처럼 부리고, 게임에서 그에게 이긴 멤버는 스스로 보복당할까 두려워하고, 그 또한 두고 보자는 식으로 얘기하고는 한다. 아무리 설정이라고 해도 힘이 있다고 해서 다른 사람들을 아랫사람처럼 부리고, 게임에서 정당하게 이긴 상대방에게 보복하겠다고 협박하는 모습은 현실에서 학교 폭력을 일삼는 가해자들과 다를 바가 없다. 재미를 위한 설정이라고 해서 폭력이나 권력관계가 정당화된다면, TV를 시청하는 청소년들은 그것이 단지 재미를 위해 설정된 것이니 똑같이 행동하면 안 된다는 것을 스스로 판단할 수 있을까? 학교에서 또는 어떤 조직에서 비슷한 경험을 했던 피해자들은 그 모습을 재미로만 볼 수 있을까?

〈런닝맨〉 안에는 이러한 권력관계 외에 집단 괴롭힘도 존재한다. 괴롭힘의 대상은 나이가 어리고 성격이 좋다고 소문난 한 멤버이고, 괴롭힘을 주도하는 사람은 메인MC다. '집단 괴롭힘'은 '집단에서 복수의 사람들이 한 명 또는 소수의 사람들을 대상으로 의도와 적극성을 가지고 지속적이면서도 반복적으로 관계에서 소외시키거나 괴롭히는 현상'을 말한다. 특정 멤버에 대한 프로그램 메인MC의 괴롭힘은 그 멤버가 말을 하는 도중에 말을 끊는다든지, 옷차림이나 그가 출연한 작품에 대해 놀린다든지 하는 형태로 나타난다. 처음에는 메인MC 혼자 하기 시작한 이 행동들이 이제 〈런닝맨〉 멤버 모두에게 퍼져, 단체로 한 특정 멤버의 작품이나 옷차림과 헤어스타일 등의 외모, 대인관계 등 일거수일투족에 대해 놀리는 일이 보편화되었다. 이를 재밌어하는 시청자들이 생기니 제작진은 아예 '○○○ 말 끊는 ×××', '○○○ 놀리려고 런닝맨하는×××' 1탄, 2탄, 3탄, 4탄 등의 동영상을 공식 유튜브 채널에 업로드하며 이를 하나의 홍보 콘텐츠로 활용하고 있다.

물론 이것도 재미를 위한 하나의 설정일 수 있고, 방송 외적으로 이 두 멤버가 이 부분에 대해 합의하고 진행하는 연기일 수도 있다. 하지만 매회 거듭되는 그 모습을 지켜보고 있자니 어느 순간 피해자인 그 멤버가 안쓰러워 보이기 시작했고, 그의 모습이 어느 기사에서 접했던 집단 괴롭힘 피해 학생의 모습과 겹쳐 보이기 시작했다.

"집단에서 복수의 사람들이, 한 명의 사람을 대상으로, 의도와 적극성을 가지고, 지속적이면서도 반복적으로, 관계에서 소외시키거나 괴롭히는 현상." 그들이 하고 있는 행동은 '집단 괴롭힘'의 정의와 정확히 일치한다. 폭력, 권력관계와 마찬가지로 TV를 시청하는 청소년들이 복수의 멤버들이 한 사람을 집단으로 놀리고 무시하는 그 모습을 보며, 방송에서 재미를 위한 설정일 뿐이니 현실에서는 하면 안 되는 잘못된 행동이라는 판단을 할 수 있을까? 단순히 보이는 것이 재미있을 때 굳이 그 행동이 '옳다, 그르다'에 대한 판단까지 고려하며 TV를 보는 청소년 시청자가 얼마나 될까? 집단 괴롭힘이 너무 흔한 일이 되어버린 작금의 현실에서 학교에서 실제로 같은 일을 당했던 피해자도 매주 이어지는 이런 장면을 보며 웃을 수 있을까?

막말과 비속어

〈런닝맨〉을 보며 불편했던 다른 한 가지는 '막말과 비속어의 남용 문제'다. 물론 이런 방송 부적절 언어들은 '삐' 소리가 나거나 입 모양을 모자이크 처리해서 방송된다. 하지만 시청자라면 누구라도 해당 멤버가 어떤 비속어를 사용했는지 정황상 알아차릴 수 있을 것이다. 시대가 많이 변했는지 전에는 '삐' 소리나 모자이크가 아니라 아예 통편집되었을 이런 장면들이 이제는 '다 가렸는데 무슨 문제 있어?'라고 말하는 것처럼, 가림으로써 오히려 드러나게 버젓이 방송되고 있다. 해당 비속어가 사용되는 순간 모든 멤버들이 깔깔거리며 웃고 있고, 제작진조차 즐거워하는 장면으로 전환되기도 한다. 그 순간 비속어나 막말은 더 이상 사용하면 안 되는 '상대방을 얕잡아보고 경멸하는 태도로 하는 말'이나 '듣는 사람에게 불쾌감을 주는 말'이 아니라, 그냥 '재미있는 말'이 되어버린다.

한 기사를 인용해 보면,[1] 중고생 4명에게 소형 녹음기를 지참시켜 학교생활의 대화를 녹음했더니 1인당 75초에 한 번꼴로 욕을 했다고 한다. 청소년들의 대화가 욕을 빼면 말이 안 된다고 하더니 과장이 아니었다는 것이 실감난다. 과거에도 청소년들이 사용하는 비속어는 존재했다. 지금과 사용하는 용어가 달랐을 뿐 분명 존재했다. 하지만 지금처럼 비속어의 종류가 다양하고, 욕을 빼면 대화가 되지 않을 정도의 사용률은 아니었다는 것은 확실하다. 나도 청소년기를 지나왔기 때문에 과거의 학창 시절을 되짚어볼 수 있기 때문이다. 많은 사람들이 요즘 청소년들의 비속어 사용 증가 원인을 게임과 미디어에서 찾고 있다. 만연화된 게임에서 주고받는 대화 중의 비속어와, 방송 프로그램에서 재미로 다루어지는 비속어가 청소년들의 비속어 사용에 아무런 영향을 주지 않는다고 할 수 있는 사람은 없을 것이다. 비속어 사용에 크게 문제의식을 느끼지 못하는 청소년들을 비속어를 재미있는 표현 정도로만 다루는 방송 프로그램이 더 부추기는 것은 아닐지, 청소년층이 주 시청층인 방송 프로그램에서 비속어와 욕설을 희화화하는 것은 지양해야 하는 일이 아닐지 생각해 볼 필요가 있다.

과도한 노출과 선정성

마지막으로 〈런닝맨〉을 시청하면서 불편했던 점 하나는 과도한 '러브라인 만들기와 성희롱적인 행동들'이다. '러브라인 만들기'는 어느새 예능 프로그램의 필수 콘텐츠가 된 것 같다. 연예인들이 나와서 짝을 만드는 프로그램이 아니더라도 어느 예능 프로그램이든 게스트가 나오면 러브

---

1   임경아, "75초에 한 번 욕설 … 교과부, 특별수업 진행하기로", MBC 뉴스데스크, 2011.10.6.

라인 만들기에 혈안이 되는 모습을 자주 본다. 〈런닝맨〉 또한 예외가 아니었는데, 그 도가 지나쳐 급기야는 유부남인 한 멤버와 여성 멤버를 러브라인으로 만드는 발언까지 서슴지 않는 모습을 보며 크게 놀랐던 적이 있다. 비단 멤버들만의 문제는 아닐 것이다. 그런 장면을 문제의식 없이 편집하지 않고 그대로 내보낸 제작진에게도 어떤 의도였는지 물어보고 싶다.

이 경우만이 아니라 그동안 〈런닝맨〉에서 보여준 '러브라인'은 재미있기만 한 요소가 아니었다. 두 번째 여성 멤버가 합류하기 전까지 유일한 여자 멤버였던 한 멤버는 처음에는 한 남성 멤버와, 그 멤버가 하차한 후에는 다른 남성 멤버와 엮이며 재미있지도, 가능성 있어 보이지도 않는 러브라인을 연기해야 했다. 그 이후에는 새로 투입된 여성 멤버가 다른 두 남성 멤버와, 또 새로 나오는 게스트들과 끊임없이 러브라인을 만들어갔다. 시시때때로 동일 멤버를 상대를 바꿔가며 의도적으로 만드는 러브라인은 점점 보는 사람을 불쾌하게 했다. 상대방의 감정 따위는 아랑곳하지 않고, 처음 본 게스트에게 다짜고짜 고백을 하라는 둥, 옆에 나란히 서라는 둥의 놀림과 성희롱에 가까운 스킨십 유도는 아이들이 즐겨보는 예능 프로그램에 적절한 내용이라고 보기는 힘들었다.

또 게임 과정에서 보이는 잦은 노출과 상대방의 노출을 유도하는 행위, 특정 부위를 때리는 행위 등도 재미보다는 불쾌감을 불러일으켰다. 특히 특정 남성 멤버가 아무런 이유 없이 의도적으로 바지를 내려서 신체 부위 일부를 노출하는 행위 등은 여성 멤버들과 여성 제작진들에게는 성희롱으로, 큰 사회문제가 될 수 있는 상황이었다. 그런 행위를 한 출연자도 문제지만, 그 장면을 특정 부위를 모자이크 처리하여 기어코 방송에 내보낸 제작진에게도 문제가 있다는 생각이 든다.

청소년들에게 미칠 수 있는 선한 영향력

재미로 보는 예능 프로그램에 왜 학교폭력과 권력관계를 연관시키고, 모자이크 처리한 비속어와 흔히 나오는 러브라인을 문제 삼냐고 말하는 사람도 있을 수 있다.

하지만 방송과 사회는 서로 영향을 주고받는다. 방송에는 현실이 반영되고, 방송이 하나의 사회현상을 만들어내고 시청자의 가치관과 행동에 영향을 줄 수도 있다.

만일 예능 프로그램이 아닌 드라마에서 학교폭력과 권력관계에 대한 현실 반영적인 내용이 다루어졌다면, 결말에서 이를 해결하기 위한 방안을 찾거나 사회 구성원들이 합심하여 이를 해결해 가는 과정을 그림으로써, 현실 문제에 대한 대안을 찾는 데 도움이 될 수도 있다. 이것은 현실을 반영한 드라마가 사회에 미치는 순기능이 될 수 있다.

하지만 예능 프로그램은 드라마와 다르다. 시청자의 재미와 휴식을 목표로 한다. 그래서 예능 프로그램 시청자는 예능 프로그램에 현실이 반영된 내용이 나와도 드라마보다 덜 비판적으로 보고, 단순히 재미있다고만 생각할 가능성이 크다. 예능 프로그램 제작진의 입장에서도 단순히 재미를 추구하다 보면 현실 문제에 대한 대안을 제시할 기회는 거의 없다.

따라서 예능 프로그램에서 다루어지는 현실 문제는 도덕적인 판단 없이 단지 재미있는 행동으로 시청자에게 수용될 가능성이 크고, 그렇게 수용되고 나면 시청자는 더 이상 이에 대해 문제의식을 느끼지 못하게 된다. 특히 가치관이 완전히 형성되지 않은 청소년들은 성인보다 더 재미를 추구하고 도덕적 판단이 어려울 수 있기 때문에, 예능 콘텐츠를 도덕적 판단 없이 그대로 수용할 가능성이 매우 높다.

TV 예능 프로그램이 청소년의 '언어, 폭력성, 미용 성형수술 의지' 등 다양한 방면에 미친 영향에 대한 연구가 이미 이루어졌다는 사실을 미루어볼 때 TV 예능 프로그램은 분명 청소년 시청자에게 영향을 미치고 있다.

특히 지상파 예능 프로그램의 폭력성이 청소년의 폭력성에 미치는 영향에 대해 연구한 논문[2]을 보면, 예능 프로그램이 폭력적이냐는 질문에 응답자의 절반 가까이가 폭력적이지 않다고 응답했으나, 예능 프로그램의 폭력 장면 경험과 폭력성에 대한 청소년의 인식에 정적인 상관관계가 있다는 기존 연구 결과로 보았을 때, 청소년 시청자가 예능 프로그램의 폭력을 심각하게 생각하지 않고 있으며 폭력도 단지 예능으로 인식할 가능성이 있다는 것을 알 수 있다. 특히 예능 프로그램의 언어폭력 경험과 언어폭력 실행 간에는 정적인 상관관계가 있음이 밝혀져 예능 프로그램의 언어폭력이 청소년의 언어폭력을 유발할 수 있다는 결과도 도출되었다.

또한 이 논문에서 예능 프로그램이 선정적이냐는 질문에 많은 청소년들이 그렇다고 응답해 청소년이 느끼기에도 예능 프로그램은 선정성이 높은 것으로 나타났다. 따라서 〈런닝맨〉에서의 불필요한 노출이나 과도한 러브라인도 지양할 필요가 있다는 것을 알 수 있다.

우리가 어른으로서 모든 청소년문제를 해결해 줄 수는 없다. 하지만 TV 예능 프로그램을 시청하는 청소년들에게만이라도 선한 영향력을 행사할 수는 있다. 청소년이 주 시청층인 예능 프로그램인 〈런닝맨〉을 만드는 사람들, 또 이 프로그램에 출연하는 어른들이 재미를 추구하되,

---

2   문수경, 「예능 프로그램의 폭력성이 청소년의 폭력성에 미치는 영향: 14~16세 청소년을 대상으로」(2011).

자신의 말과 행동이 시청자인 청소년에게 미칠 영향에 대해서 한 번쯤은 생각해 보기를 바라본다. 청소년들에게 부정적인 영향을 미칠 수 있는 각종 폭력과 선정적인 요소들을 '재미'로 위장하여 연기하고 있지는 않은지 한 번쯤은 생각해 보기를 바라본다.

부캐와 레트로가 남긴 것

이행선

1. 서론—이야기의 시작: 소소함, 확장, 다양함, 실험성, 인재 발굴

요즘 MBC의 〈놀면 뭐하니?〉가 화제다. 그런데 프로그램이 지금의 인기를 얻게 된 데에는 그간 시도했던 전 과정이 작용했다고 할 수 있으므로, 최근 프로젝트들에 대해 평가하려면 프로그램이 시작될 때 보여준 회의 내용부터 상기할 필요가 있다. 그것이 평가 기준이 될 것이기 때문이다. 그 회의에서 제작진과 출연자(유재석)는 '소소함, 확장, 다양함', '대중성보다는 실험성'을 지향하기로 하고, '인재 발굴'이 과제라는 데에 동의하며, 유재석은 "괴롭혀 줘. 부탁이야"라는 말로 자신의 자세를 보여준다. 그리고 위 목표를 실현하기 위한 첫 단계로 유재석에게 릴레이 카메라가 건네진다.

그런데 릴레이 카메라는 '소소함, 확장, 다양함'을 실현함으로써 시청자의 흥미를 끌었다는 점보다는 다음의 점에서 더욱 의미를 지닌다. 우선 릴레이 카메라는 사람들이 관찰하며 즐기는 SNS 속 풍경을 닮은 일상을 보여주는 것 같지만 현대인의 과제를 보여준 것이라고도 해석될 수 있다. 왜냐하면 오늘날 많은 사람들은 자신의 일상적 삶과 자기 계발 과정을 전시하는 것을 과제로 여기는 것처럼 보이기 때문이다. 또 릴레이 카메라는 오늘날 많은 사람이 타인을 경험하는 방식을 비유한 것이라고도 할 수 있다. 릴레이 카메라는 사람들 사이를 계속 이동하면서 시청자들에게 다양한 일상을 보여주는데, 이는 마치 사람들이 SNS 세계를 부유하며 타인의 일상을 구경하는 것과 유사한 체험을 제공한다고 할 수 있기 때문이다. 특정 스타의 연출된 삶을 몇 회에 걸쳐 방송하거나 스타들이 직접 타인에게 카메라를 이동시키지 않았다면 요즘 유행하는 다른 관찰 예능과 다를 바가 없었을 것이다. 즉, 릴레이 카메라의 진짜 목적은 스타들의 일상을 보여주는 것이 아니라 오늘날 삶의 양상과 SNS의 분절적이면서도 연속적인 소통 형식을 비유적으로 드러내는 것이 아닐까 생각된다.

프로그램은 '소소함, 확장, 다양함'이라는 가치를 릴레이 카메라라는 새로운 포맷을 통해 '실험'해 본 후, 유재석의 "괴롭혀 줘. 부탁이야"라는 말을 프로그램 전개의 새로운 단초이자 목표로 삼는다. 그렇다면 그 말을 한 사람을 어떻게 괴롭힐 것인지가 제작진의 과제가 된다. 프로그램은 출연자의 역량을 최대한 발휘할 수 있는 기회를 끊임없이 찾아 괴롭히는 방식으로 진행하여 그 목표를 실현하려고 한다. 즉, 프로그램이 릴레이 카메라를 통해서는 '다양한' 사람들의 '소소한' 일상으로 '확장'해 나가려고 했다면, 앞으로는 한 사람의 정체를 '다양하게' '확장'해 나가려고 하는 것이다. 전자의 경우는 형식에 초점을 맞춘 실험이며, 후자의 경우는 인물에 초점을 맞춘 실험인 셈이다.

2. 본론—이야기의 수단: 부캐와 레트로로 이미 발굴된 인재 괴롭히기

위 목적을 실현하기 위해 유재석은 유고스타, 유산슬, 유르페우스, 닭터유, 죽밥유선생, 유두래곤, 지미유 등의 부캐들로 자기를 확장해야 한다. 그런데 만일 부캐가 대중이 그리워하는 시간 속으로 들어가 자신의 역량을 탁월하게 발휘한다면, 그 부캐는 다른 부캐들보다 더 많은 인기를 얻을 수 있을 것이다. 특히, 1990년대 음악은 대중이 그리워하는 시간을 상기하게 한다. 실제로, 프로그램은 이른바 탑골 스타 중에서도 단연 최고의 인기를 누리던 스타들의 자기복제를 성공시킴으로써 중장년층에게는 1990년대를 상기시키고, 그 외 세대들에게는 또 다른 재미를 느끼게 해주었다. 대중문화 소비자는 좋아하던 스타와 즐겼던 문화를 다양한 방식으로 보고, 향유하고 싶어 하는데, 〈놀면 뭐하니?〉는 스타들의 이미지를 반복하면서도 이전과는 다른 차이를 생산해 냄으로써 이러한 욕구를 충족시키고 있는 것이다.

또 프로그램은 스타와 시청자가 참여하게 하여 그들이 원하는 이미지를 생산해 낼 수 있게 했다. 실제로 싹쓰리의 유두래곤, 비룡, 린다G는 실시간 채팅 등을 이용해 시청자가 자유롭게 참여할 수 있는 장치를 마련함으로써 쌍방향적인 소통 과정에서 부캐가 형성될 수 있도록 했다. 즉, 싹쓰리 멤버들의 부캐는 출연자와 시청자가 호응할 수 있는 지점에서 형성된 것이다. 다시 말해서, 프로그램은 '괴롭혀 줘'라는 목적을 실현하는 수단으로 '부캐'를 차용했고, 그 과정에서 공감을 얻기 위해 '레트로'를 차용했으며, 그 과정에서 설득력을 얻기 위해 '참여' 방식을 도입했다.

　나아가 유재석의 "괴롭혀 줘"라는 말을 실현하는 과정에서 시청자들이 이야기의 흐름에 공감하고 자연스럽게 호응하는 까닭은 그 이야기가 이미 결정되지 않고, 형성되어 나아가고 있기 때문일 것이다. 프로그램이 출연자에게 "유고스타·유산슬·유르페우스·닭터유·죽밥유선생·지미유가 되어라!"라는 과제를 던지면, 출연자는 시청자에게 자신이 그 캐릭터로 형성되어 가는 과정을 보여주어야 한다.

　그런데 '~이 되어라!'라는 과제가 개인 앞에 던져지고, 그것을 수행하는 것은 사람들 각자가 삶을 형성해 나가는 평범한 방식이다. 이와 더불어 사람들은 이러한 과제들이 자신에게 하나씩 주어지고 그것을 하나씩 해결해 나가는 방식으로 살아가는 것이 아니라, 많은 경우 다양한 역할들이 자신에게 한꺼번에 던져지고, 다양한 사건들을 동시에 마주하며 살아나가는데, 아닌 게 아니라 출연자 역시 이 방식으로 괴롭힘을 당하고 있는 것이다. 물론, 예능 프로그램이라는 점에서 사건들은 연출되며, 그 사건들의 해결 과정은 재미있게 편집되지만, 그 형식에만 주목한다면 그것은 현대인이 (그러한 삶을 요구당하든 스스로 그러한 삶의 방식을 선택하든) 살아가는 방식이다.

　바로 이러한 점에서 부캐 활동은 사람들에게 공감을 얻을 수 있다. 사람들이 가상 세계에서든 현실 세계에서든 자기 확장을 요구받고 있고, 스스로도 그것을 욕구하기 때문이다. 이전에는 연예인들이 캐릭터 하나를 얻는 것도 힘들었다. 왜냐하면 그 캐릭터는 그 사람의 개성이 발견되는 순간 자연스럽게 얻어지는 것이거나 주변 출연자들이나 제작진들이 형성해 주는 것인 경우가 많았기 때문이다. 그때의 캐릭터는 말 그대로 그 사람의 특질을 드러내 주는 것이며, 어떤 상황에서도 그 사람의 성질을 유지시켜 주는 특질이었다. 그래서 그가 특정 캐릭터를 얻었다면 그는 그 캐릭터를 지속시키는 것을 과제로 삼아야 했다.

그런데 부캐는 어느 날 갑자기 연출된 결과로서 소개된다는 점에서 그것을 만들어내는 일은 부담이 없다. 특정 목적과 상황에 따라 연예인은 자신에게, 제작진은 연예인에게 '~이 되어라'라고 요구하면 되기 때문이다. 이렇게 해서 부캐를 얻은 연예인은 완전히 다른 상황에 내던져지는 다른 사람이 된다. 따라서 부캐를 얻은 연예인에게 과제는 자신의 기존 캐릭터를 유지하는 것이 아니라 기존의 모습에서 계속 차이를 발생시키는 것이 된다. 그리고 본캐와 부캐의 차이로 인해 괴로워하는 출연자의 고뇌는 사람들의 모습을 반영하면서도 즐거움을 만들어내는 요소로 작용한다.

그런데 〈놀면 뭐하니?〉의 현재 인기 원인은 부캐를 활용한 것에만 있지 않고, 부캐와 레트로를 조화시킨 데에 있다. 이때의 조화란 앞에서 언급했던 싹쓰리가 선택한 음악적 측면에서의 레트로가 아니다. 여기서 말하고자 하는 조화는 예능 프로그램이 다시 이전의 희극적 요소를 많이 차용하고 있다는 점에서 부캐와 레트로의 조화를 의미한다. 요즘처럼 일상적 대화 위주로 진행되는 예능 프로그램들 틈에서 희극 장치를 차용하는 것을 두고도 레트로라고 할 수 있기 때문이다. 아닌 게 아니라 다른 예능 프로그램에서는 친한 연예인들끼리 자연스러운 대화를 하는 과정에서 우연히 상황극이 연출되는데, 요즘의 〈놀면 뭐하니?〉는 많은 부분 상황극 형식으로 진행되고 있다. 특히 싹쓰리 프로젝트부터는 출연자 모두가 부캐 활동을 하기 때문에 더욱 적극적으로 상황극을 할 수 있게 되었다.

그리고 지금 진행하고 있는 프로젝트인 환불원정대 역시 그렇다. 환불원정대는 싹쓰리보다 주연이 더 많기에 더욱 다양한 상황극이 연출될 수 있다. 이와 더불어 출연자 전체가 부캐로 자기를 확장하고, 그로 인해 다양한 상황이 연출될수록 시청률 역시 상승했다. 물론, 출연자들의 수가 아니라 몇몇 출연자의 역량에 따라 이러한 효과가 야기되었다고 평가할 수도 있지만, 부캐의 수에 따라 시청률이 상승한 것은 사실이다. 실제로 환불원정대가 시작된 56회(8월 22일 방송)부터 60회(9월 26일 방송)까지 시청률이 두 자릿수 아래로 떨어진 일이 없고, 예능 부문 1위를 놓친 일이 없다. 즉, 환불원정대는 음악적 측면에서는 매우 현대적이지만 그 외의 모습은 연극적이고, 그러한 점에서 복고적이다. 그래서인지 시청자의 눈에 희극 배우 출신 유재석 역시 이전 프로젝트 때보다 더욱 자유롭고 즐겁게 참여하는 것처럼 보인다. 그는 이전의 프로젝트를 진행하는 과정에서 부캐를 떠맡기는 했지만 그 부캐를 실현하는 과정을 다큐 요소를 섞어 보여줘야 했다면, 지금은 상황극 속에서 지미유라는 인물을 연기하면 되기 때문이다. 물론, 싹쓰리 때에도 유두래곤, 린다 G, 비룡이 상황극을 하기는 했지만, 환불원정대에서 이 프로그램의 주요 출연자인 유재석이 본격적으로 자신을 연출하기 시작하면서 이 프로그램은 이전의 코미디 프로그램의 성질도 띠게 되었다.

3. 결론—부캐와 레트로가 남긴 것: 박탈감과 소외감

결국, 〈놀면 뭐하니?〉는 음악적 측면에서의 레트로와 부캐의 조화, 그리고 희극 장치 측면에서의 레트로와 부캐의 조화로써 시청자에게 호응을 얻고 있다. 그런데 1990년대 음악이나 이전 코미디 방식을 차용하는 것으로서의 레트로가 아닌, 이전에 영광을 누리던 스타들을 다시 불러 무대에 서게 한다는 점에서의 레트로와 부캐의 결합은 박탈감과 소외를 야기할 수 있다. 스타들의 부캐는 아직 자기 캐릭터를 내보이지 못한 다른 연예인들 혹은 대중에게 자유경쟁시장에서의 박탈감과 일상의 행복감에서 소외당하는 기분을 느끼게 할 수 있다.

특히 오늘날 많은 사람들은 자기를 확장하고 다양한 역할을 해내야 할 것만 같은 기분에 시달리고 있는데, 스타들이 자신의 부캐를 형성하고 새로운 경험을 하며 자기를 실현해 나가는 과정을 즐겁게 그려내는 것은 대중에게 한편으로는 즐거움을 느끼게 하기도 하지만, 다른 한편으로는 현재 자신의 부족 및 결핍을 마주하게 하는 계기로 작용하기도 한다. 실제로, 〈놀면 뭐하니?〉는 싹쓰리 활동 과정에서 추억을 회상하게 하고 당시의 스타들과 그 시절을 새로운 방식으로 향유할 수 있게 했지만, 큰 영광을 누렸던 사람들이 다시 도취에 빠질 수 있는 시간이기도 했다. 다시 소비·향유의 대상이 될 수 있고, 그 영광에 다시 도취될 수 있는 기회를 만들 수 있는 사람들 사이에서 한 번도 소비되거나 향유될 만한 것을 내보이지 못하고, 그 기회를 만나지 못한 사람들에게는 프로그램이 즐거움이 아닌 박탈감과 소외감만을 전달할 수 있다.

물론, 그들은 자신이 지닌 재능과 그것에 호응하는 대중 덕에 시간이 흘러도 기회를 가질 수 있는 것이다. 하지만 처음부터 그러한 기회조차 갖지 못했던 연예인들은 시간이 흘러 다시 영광을 누릴 수 있는 기회를 갖기는커녕 자신이 지닌 재능을 계발할 수조차 없는 일이 허다하다. 이러한 점을 고려하면 싹쓰리 같은 프로젝트는 이러한 문제를 고착화할 수 있는 통로가 된다. 즉, 이러한 한에서 부캐와 레트로의 결합은 승자독식 세계를 확인시켜 준다. 거칠게 말하면, 요즘의 〈놀면 뭐하니?〉를 보면 싹쓰리와 환불원정대를 통해 킹들에게 과거의 영광을 재선사하는 킹메이커 놀이에 빠진 것이 아닌가 하는 생각이 든다. 이러한 생각에 이르면 이 프로그램을 보면서 씁쓸한 웃음이 뒤따를 수밖에 없다.

이러한 생각에 이르면 첫 방송에서 유재석과 제작진의 회의 장면에 등장한 "부족한 예능인 풀 → 기시감이 드는 조합 → 기대감 저하"라는 자막이 떠오른다. 이를 떠올려 보면 기시감이 드는 조합을 지양하고, 싹쓰리나 환불원정대 멤버의 조합이 그러하듯 다양하고 새로운 사람들의 조합을 방송에서 볼 수 있게 한 것은 제작진의 목적에 부합하는 일이었다. 그러나 이후에 이어지는 자막인 "결론: 인재 발굴", "시행착오는 어쩔 수 없이 겪게 될 터, 의미 있는 시행착오가 되길", "대중성보다는 실험성"이라는 말이 내포하고 있는 가치가 실현되고 있는지에 대해서는 회의적으로 평가할 만하다. 프로그램은 대중적으로 이미 인정받은 사람들, 즉 이미 발굴된 인재들을 불러 모았으며, 대중적으로 이미 인정받은 방식을 재현하고 있기 때문이다. 즉, 〈놀면 뭐하니?〉는 유재석과 이효리의 조합을 제외한 인물들의 조합을 통해 기시감이 드는 조합은 피하고 있지만, 프로그램이 처음에 목표로 했던 '인재 발굴'에는 실패하고 있다.

물론, 예능 프로그램이 특정 출연자를 다시 화제가 되게 하고, 그것이 프로그램의 이득으로 연결될 수 있게 하는 데에 힘을 들이는 것은 당연하다. 하지만 대중이 그 뿌리를 〈무한도전〉으로 인식하는 〈놀면 뭐하니?〉의 경우 출연자를 화제가 되게 하는 것이 아니라 콘텐츠 혹은 메시지가 화제가 되게 하고, 출연자의 인기는 그것으로 인한 파생 효과가 되기를 대중은 기대하지 않을까.

이러한 점에 대해 생각해 보기 위해서는 〈놀면 뭐하니?〉를 〈무한도전〉과 비교해 볼 필요가 있다. 둘의 차이는 다음과 같은 말로 정리될 수 있을 것이다. 〈무한도전〉이 '무한상사', '나비효과', '정신감정' 편 등을 통해서 시청자에게 낯선 웃음과 메시지를 선사했다면, 〈놀면 뭐하니?〉는 시청자에게 킹들을 컨설팅해 주는 방식을 통해 씁쓸한 웃음을 선사한다. 다시 말해, 〈무한도전〉의 몇몇 프로젝트들이 날선 풍자를 통해 사회현상을 비추었다면, 〈놀면 뭐하니?〉는 기존 스타들의 아직 소비되지 않은 역량을 끌어내어 그들을 계발시킨다. 이러한 한에서 〈무한도전〉은 즐거움을 선사하면서도 소외 자체를 다룬 반면, 〈놀면 뭐하니?〉는 즐거움은 선사하지만 소외를 야기한다. 즉, 〈무한도전〉은 사회와 개인, 환경과 인간, 행동과 심리 측면에서 소외된 것들을 찾아 시청자에게 그것을 마주하게 하고, 비극적 요소를 희극으로 승화했다면, 최근 1년간 〈놀면 뭐하니?〉는 다양한 사람들의 재능을 발견·계발하는 통로가 아니라 소수 스타들의 자기 확장을 위한 포맷으로 기능하고 있다.

〈놀면 뭐하니?〉 역시 〈무한도전〉처럼 방송 과정에서 벌어지는 사건이나 출연자들의 말 속에서 우연히 다음 과제의 단초를 발견하고 자신의 정체성을 형성시켜 나가기 때문에, 프로그램의 다음 프로젝트는 알 수 없다. 하지만 이것이 시청자 한 명의 바람일 수는 있지만, 〈놀면 뭐하니?〉와 같은 화제성 높은 방송이 이제 다시 소외된 것들에 대해 고민해 주었으면 하는 바람을 가져본다.

물론, 프로그램이 릴레이 카메라를 통해 스타들 자신의 일상을 전시하게 하는 것, 그 과정에서 그들의 사회적 자본, 즉 동원 가능한 인맥을 과시하게 한 것, 그리고 그 이후의 프로젝트들에서 스타가 부캐들을 통해 자기를 확장하는 과정을 보여주는 것도 흥미로웠다. 하지만 〈놀면 뭐하니?〉라면 연출된 다양한 역할이 수행되는 가상 세계나 현실 세계에서 발견될 수 있는 비극적 요소와 그것으로 발생하는 소외에 대해 고민하고, 그 양상을 흥미롭게 풍자하는 등의 방식으로 다양한 메시지를 전달해 줄 수도 있지 않을까. 혹은 프로그램이 시작될 때 제작진 회의에서 고민되었던 '확장과 다양성, 대중성보다는 실험성, 인재 발굴'이라는 목표를 실현하기 위해서라면, 대중적 인기를 이미 누리고 있는 인물들로 안정적으로 전개하되 포맷을 변형함으로써 그 인물들이 지닌 캐릭터의 다양성을 확장해 줄 것이 아니라, 인물을 택하는 과정에서 위 가치가 고려되어야 하지 않을까. 지금 〈놀면 뭐하니?〉는 최근 높은 시청률로 초기에 고민했던 가치들을 잊어버리지는 않았는지를 성찰할 때다. 그럴 때에 요즘의 시도들이 첫 방송에서 제작진과 출연자가 말한 '의미 있는 시도'가 될 수 있을 것이다.

'이혼'이라는 단어의 무게를 바꾸다

JTBC ⟨1호가 될 순 없어⟩

연우진

트로트 붐에도 여전히 식지 않는 관찰 예능의 인기

2019년 2월 방영된 ⟨내일은 미스트롯⟩을 시작으로 공중파, 케이블을 넘어 각종 트로트 프로그램이 방송계를 지배하기 전까지는 예능 프로그램의 대세는 누가 뭐라 해도 관찰 예능이었다. 혼자 사는 스타의 일상생활을 다루는 ⟨나 혼자 산다⟩, 엄마의 입장으로 혼자 사는 자식들의 모습을 관찰하는 ⟨미운 우리 새끼⟩, 스타 부부들의 삶을 들여다보는 ⟨동상이몽⟩과 같은 무수히 많은 관찰 예능이 쏟아져 나왔다. 이런 부류의 관찰 예능은 기존에 우리가 알지 못하던 연예인, 유명인들의 일상적인 모습에 대한 시청자들의 궁금증을 해결해 주기도 하고, 때로는 우리와 너무도 다르게 우아하고 화려하게 살아가는 삶을 보며 대리만족을 느끼기도 한다. 트로트 붐이 일기 시작한 후, 한동안은 그 인기가 식어가는 듯했지만, 여전히 2020년 8~10월 브랜드 평판 순위에 다수의 관찰 예능 프로그램이 상위권에 등재되어 있다는 것을 생각하면, 아직 시청자들에게 관찰 예능 프로그램 자체가 완전히 외면받지는 않았다고 할 수 있을 것이다. 관찰 예능은 대체로 프로그램의 플롯 구성이 단순하고, 관찰의 대상이 되는 스타를 바꾸는 것만으로도 프로그램의 분위기를 변화시킬 수 있는 유연함 덕분에, 다른 방송보다 트렌드 변화에 대한 대응이 상당히 쉽다는 장점이 있다. 반면, 프로그램 대부분의 재미와 화제성을 온전히 출연자에게만 맡겨야 한다는 점으로 인해 프로그램의 목적이 불분명한 관찰 예능은 사람들에게 큰 호응을 얻지 못하며, 식상하다는 평가까지 받기도 한다. 2020년 5월부터 방영된 JTBC 예능 〈1호가 될 순 없어〉 역시 이런 관찰 예능 프로그램의 새로운 도전으로 인해 만들어진 프로그램 중 하나다. 그렇다면 〈1호가 될 순 없어〉는 과연 어떤 변화에 맞서 대응하게 된 것일까?

이혼율 0%, 코미디언 부부들의 리얼한 결혼 생활

〈1호가 될 순 없어〉라는 예능 프로그램을 비평하기에 앞서 먼저 JTBC에서 방영된 화제의 드라마 〈부부의 세계〉를 언급하지 않을 수가 없다. 〈1호가 될 순 없어〉는 수많은 관찰 예능의 영향을 받기도 했지만, 무엇보다 〈부부의 세계〉라는 드라마의 영향을 가장 크게 받았다고 할 수 있기 때문이다. 실제로 〈1호가 될 순 없어〉는 〈부부의 세계〉가 종영될 시기에 편성된 프로그램으로, "코미디언 버전 부부의 세계"라고 소개하여 그 영향을 많이 받았다는 것을 스스로 표현하기도 했다. 뛰어난 연출과 자극적인 장면으로 매 화 화제를 불러일으킨 〈부부의 세계〉는 드라마 제목 자체가 이혼, 불륜을 간접적으로 상징하는 단어가 되어버렸을 정도로 시청자들에게 깊은 각인을 남겼는데, 〈부부의 세계〉가 큰 화제성을 몰고 종영된 후 불륜, 이혼과 같은 부부 생활에 대한 사람들의 관심사가 크게 늘었고, 이 효과는 그대로 그 후에 편성되어 코미디언 부부의 생활을 그린 〈1호가 될 순 없어〉로 옮겨갔다. 계속 증가하는 대한민국 이혼율, 이혼과 불륜을 소재로 한 〈부부의 세계〉의 큰 성공, 코미디언 부부 중에는 이혼한 사람 없이 모두 행복하게 살고 있다는 코미디언 박미선의 발언이 화제가 되어 〈1호가 될 순 없어〉는 시작부터 좋은 호응을 얻으며 순조롭게 출발했다. 장르 자체는 기존의 관찰 예능이라는 틀에서 벗어나지 않지만, 기존에 우리가 알지 못했던 코미디언 부부의 생활이라는 독창적인 소재, 이혼율 0% 집단이라는 특유의 캐릭터성, 〈부부의 세계〉 이후 부쩍 늘어난 이혼, 불륜에 대한 사람들의 관심사라는 3개의 특성이 부합하여 일반적인 관찰 예능 프로그램보다 쉽게 안착할 수 있었다고 할 수 있을 것이다. 참으로 운 좋게 시기를 잘 만난 프로그램이라고 볼 수 있다. 그렇다면, 그들의 결혼 생활은 얼마나 행복하기에 이혼율 0%라는 기록을 가지고 있으며, 30년에 가까운 세월 동안 그 기록을 유지하고 있는 걸까? 아쉽게도 그 질문에 대한 답은 상당히 잔혹하다고 볼 수 있다.

이혼율 0% 뒤에 숨겨진 1호의 무게

과거에만 해도 이혼이라는 단어는 사실상 방송에서 금기시되는 말 중 하나였다. 이혼한 배우는 한동안 방송에 출연하지 않는 경우도 많았으며, 현재와 비교해도 이혼은 그 사유와 상관없이 그 자체로 부끄러운 과거, 심하게는 죄에 가까운 이미지가 있었다. 다만 과거의 이혼이 불륜, 재산 문제와 같이 사유로 인한 재판상 이혼이 많았다면, 현재의 이혼은 서로 간의 협의로 치러지는 이혼이 크게 늘었기에 과거와 비교해 그 무게가 변한 감이 있다. 대한민국의 전체적인 이혼 가정 수 증가와 유명 스타들의 이혼 증가 역시 현재 이혼에 대한 국민의 정서 변화에 적지 않은 영향을 미쳤다고 볼 수 있을 것이다. 다만, 그렇다 해도 상대적으로 가벼워졌을 뿐, 여전히 방송에서 이혼이라는 단어를 언급하는 것은 상당히 조심스러운 편이다.

박미선은 예능 프로그램 〈아는 형님〉의 게스트로 출연하여 코미디언 부부 중에는 헤어진 이들이 없다는 말과 함께, 그 누구도 '1호'라는 불명예스러운 타이틀을 얻고 싶지 않다는 말을 덧붙였다. 프로그램 1화 당시 고정 출연진들을 대상으로 한 인터뷰에서도 1호 이혼 커플이 탄생한다면, 그 뒤를 이어 줄줄이 헤어질 커플이 많다고 농담과 진심이 섞인 듯한 발언을 하기도 했다. 실제로 프로그램의 제목과 함께 이 발언 자체가 〈1호가 될 순 없어〉가 이혼에 대해서 어떻게 보여주고 있는지 가장 강하게 드러내는 장면이었다고 볼 수 있다. 사실상 출연진 부부들은 1호가 되는 것 자체보다는 1호가 되는 것으로 인해 따라오는 주변으로부터의 시선을 두려워하는 모습이었다. 자신의 현재의 처지를 살피기보다 다른 사람들의 시선을 먼저 신경 쓰는 상황, 이는 반드시 코미디언 부부들에게만 해당하는 사항은 아닐 것이다. 누군가에게는 친척 중에서 1호, 친구 중에서 1호, 직장 내에서 1호가 될 수 있듯, 모두 각자의 집단 내에서 1호가 될 가능성은 존재한다. 사실상, 그들에게 결혼 생활의 유지는 1호라는 최악의 선택을 막기 위한 차악의 선택일 뿐이라는 이야기다. 이는 현대의 사회를 살아가는 우리가 우리의 개인적인 생활에 있어서 얼마나 타인의 시선을 신경 쓰고 있는가, 타인으로부터의 평가를 얼마나 두려워하는가를 잘 보여주는 예시라고 볼 수 있을 것이다.

이혼의 무게를 바꾸면서도, 이혼을 지양하는 프로그램으로

이혼율 0% 부부 집단의 비결을 파헤친다는 슬로건을 내걸고 있지만, 실상 방송에서 보여주는 모습들은 사뭇 그렇게 느껴지지 않는다. 작은 일 하나로도 싸우는 것은 기본이고, 심각하게는 서로 눈물을 보이면서까지 감정적으로 대응하는 장면도 자주 등장했다. '이혼하지 않았다'가 반드시 '행복하게 살고 있다'로 이어지지는 않는다는 것을 보여주는 셈이다. 특히나 결혼 생활이 긴 최양락·팽현숙 부부, 박준형·김지혜 부부와 같은 중년 부부들에게는 더더욱 두드러지는 현상이었는데, 감정이 최고조에 이르렀을 때는 한쪽에서 "1호가 되고 싶냐"라는 발언을 꺼내기도 하며, 개인 인터뷰에서도 서로의 감정을 제대로 알아주지 못하면 어느 순간 "1호가 되어 있다"는 이야기를 하는 등 상당히 직설적이고 수위가 높은 발언이 실리는 편이다. 실제로 1화가 방영된 당시, 출연하는 모든 패널에게 도장을 챙겨오도록 했고, 혹시나 헤어지는 커플이 발생했을 경우 특별히 마련되어 있는 이혼 서류가 준비된 테이블로 자리를 옮겨서 진행하게 될 거라 하는 등, 출연진들의 생활을 지켜보는 패널들이 등장하는 스튜디오 내에서는 장난삼아 이혼을 권장하는 것처럼 느껴질 정도로 가볍게 표현되고 있다. 영상에서는 이혼보다는 1호라는 단어가 더 많이 언급되고 있으며, 최근 방영분에서는 사실상 '1호'라는 단어가 이혼을 완전히 대체하는 용어로 사용되고 있다. 이혼이라는 단어의 무게 자체를 바꿔버린 것이다.

앞서 설명했듯이 과거에는 이혼이라는 단어는 물론이고, 이혼 기록이 있는 연예인들이 한동안 방송에 나오지 못했을 정도로 이혼은 부정적인 이미지가 강한 편이었다. 방송사에서도 이혼 이야기를 언급할수록 이혼의 의미는 가벼워지고, 이혼한 연예인들이 TV에 자주 등장할 수록 시청자들이 이혼이라는 행위에 대해 가볍게 생각하게 될 것이라는 의견 때문이었다. 다만, 그 논리라면 〈1호가 될 순 없어〉와 같은 예능 프로그램은 시청자들에게 이혼의 부정적인 가치를 흐리게 하고, 이혼을 권장하는 프로그램이라는 뜻이 된다. 그러나 〈1호가 될 순 없어〉는 이혼이 가진 단어의 무게를 바꾸면서도, 정작 이혼을 지양하게 하는 프로그램이 되는 데에 성공했는데, 이는 그들이 보여주는 대상이 이혼율 0%의 코미디언 부부 집단이기 때문이었다. 이 이혼율 0%가 그 부부들의 생활을 모두 대변한다고는 할 수 없지만, 이혼율 0%라는 전제가 깔려 있기 때문에 〈1호가 될 순 없어〉와 같은 직설적인 타이틀이나 출연진들의 거친 대화들도 시청자들이 받아들일 수 있는 농담으로 인식하게 되는 것이다.

초창기에 출연진들은 어떻게 프로그램 제목을 그렇게 지었냐고 따지기도 했지만, 사실상 이 프로그램이 아닌 다른 프로그램에서는 사용할 수 없는 제목이었다. 이런 0% 이혼율이라는 기록을 가지고 있었기 때문에 〈1호가 될 순 없어〉는 어떤 방송보다도 이혼을 가볍게 다루는 프로그램이면서도, 정작 이혼을 지양하게 하는 효과를 가진다는 역설이 발생하는 상당히 독특한 특징을 가진 프로그램이 되었다. 그렇다면 대체 무엇이 〈1호가 될 순 없어〉를 이런 두 가지의 상반된 특징을 동시에 드러내게 하는 것일까?

1호가 되지 않는 비결, 함께 성장하는 부부

대체로 중년 시청자층이 많은 〈1호가 될 순 없어〉에서 가장 많은 호응과 공감을 얻는 커플은 최양락·팽현숙 커플과 박준형·김지혜 커플과 같은 중년 부부들이다. 이들은 주요 시청자층과 나이대와 결혼 생활 기간이 가장 비슷한 세대이기도 하면서, 1990년대부터 2000년대까지 사람들에게 이름과 얼굴이 가장 많이 알려진 대세 코미디언 부부라는 공통점이 있다. 또한 이 부부들에게는 또 하나의 공통점이 있는데, 시간이 흐르면서 부부 간의 경제력이 점차 뒤바뀌었다는 것이다. 최양락과 박준형은 각자 예능인으로서 올라갈 수 있는 정상의 자리에 올라갔다고 확실히 말할 수 있을 정도로 한 시대를 풍미한 아이콘이라고도 할 수 있는 인물들이었다. 하지만, 언제나 과거의 영광이 현재까지도 이어진다는 법이 없듯이, 현재는 그 영향력이 매우 줄었지만, 반대로 두 사람의 그늘에 가려져 있던 배우자인 팽현숙과 김지혜가 자신들이 새롭게 도전한 분야에서 두각을 보이면서 경제적으로도, 이미지적으로도 각자의 남편을 넘어서게 된 것이다. 실제로 방송에서 보이는 여성 코미디언들의 모습은 그야말로 당당하고 능동적인 여성으로 표현되며 서열 1위, 경제권 우세와 같은 표현이 덧붙지만, 반대로 남편들의 모습은 초라하고 볼품없거나 과거의 기록으로만 빛나는 등 상대적으로 약해져 가는 모습을 주로 그리는 편이다. 누군가에게는 통쾌한 장면일지 모르고, 누군가에게는 안타까운 장면일지 모르지만, 바로 이런 점이 잦은 갈등에도 1호를 만들지 않게 하는 토양, 부부를 성장시킬 수 있는 좋은 환경이 되어주었다고 볼 수 있다.

최양락·팽현숙 부부는 오랜 결혼 기간과 둘의 확연한 성격 차이로 방송 초창기부터 적지 않은 갈등을 방송에서 보여주는 편이었다. 최고의 전성기를 누렸던 최양락은 현재는 일에 대한 열정보다는 술이나 친구 같은 자기만족의 삶을 추구한다면, 팽현숙은 각종 방송 활동은 물론 사업, 예술과 같은 분야에서도 관심을 보이며 열정적이고 도전적인 삶을 살아가는 모습을 자주 보인다. 이렇게 두 사람이 추구하는 삶이 너무도 달랐음에도 그들이 1호라는 극단적인 선택을 하지 않은 이유는 그들이 서로가 원하는 삶을 사는 것을 배려하고 노력하는 모습이 계속해서 보였기 때문이다. 시청자들이 부부의 싸움을 보면서도, 그 장면을 예능으로 받아들일 수 있었던 것도 서로의 생각을 강요하는 것이 아닌, 함께 살기 위한 서로의 타협점을 찾는 모습에서 그들이 완벽한 것이 아닌, 성장해 간다는 것을 느끼기 때문이다.

이런 점을 볼 때 〈1호가 될 순 없어〉는 이혼율 0%의 부부가 행복한 삶으로 인해 유지되는 것이 아닌, 부부의 성장으로 1호가 되는 위기를 어떻게 피해가는지를 보여주는 프로그램이라고 할 수 있다. 연예 대상, 코미디 최우수상과 같은 명예롭던 과거를 가진 남편들은 현재는 배우자들보다 활동이 줄어들었거나 경제력이 뒤처져 있는 상태인 경우가 많았다. 서로의 영광스러웠던 모습과 그렇지 않은 모습을 서로가 모두 기억하는 것이다. 그리고 이것은 그들 또한 스스로 인지하고 있었다. 잦은 새벽 방송으로 힘든 아내를 위해 집안일을 도맡아 하는 남편이나, 같은 취미를 공유하기를 원하는 부인의 부탁에 응해 함께 도예를 배우는 남편의 모습, 그리고 스스로 변화하려는 남편을 응원하며 돕는 아내의 모습처럼, 〈1호가 될 순 없어〉에서는 유독 부부들의 변화와 성장과 관련된 이야기가 자주 다뤄진다. 이는 부부가 하나가 되어 완벽해지는 것이 아닌, 이해를 통해 함께 성장한다는 메시지를 담고 있다. 어느 한쪽에게 의지하거나 기대는 것이 아니라 동등한 선에 서서 걸어가는 것이야말로 그들이 1호가 되지 않는 비결이라고 할 수 있을 것이다.

그 나물에 그 밥인 관찰 예능 세계에서 살아남기란

이제는 가히 현대 예능의 기본 틀이나 다름없어진 관찰 예능은 방송사 어

디를 가더라도 대표 관찰 예능이라 할 프로그램이 존재할 정도로 그 가짓
수가 늘어났다. 늘어난 방송 프로그램의 수에 비해, 극단적으로는 그 나
물에 그 밥이라 평가될 정도로 방송의 독창성이 부족하고 식상하다는 평
가를 자주 받는 편이다. 그런 면에서 〈1호가 될 순 없어〉가 될 수 없는
이혼 1호를 가린다는 강렬한 제목, 그동안 베일에 가려져 있던 코미디언
부부의 일상생활, 이혼이라는 단어의 무게를 가볍게 바꾸면서도 1호가
되지 않게 노력하는 모습들이 시청자들에게 좋은 평가를 받아 나름의 독
창성을 인정받았다. 다만, 1호가 계속해서 나오지 않는다고 해도 프로그
램을 연장할 수 있다는 보장이 없듯이, 프로그램이 장기화한다면 〈1호가
될 순 없어〉 역시 그 나물에 그 밥이란 평가를 받을 수밖에 없다. 더군다
나 오로지 코미디언 부부라는 한정된 집단만을 대상으로 삼을 수 있다는
점에서도 프로그램의 수명이 그렇게 길어질 수 없다는 단점도 가지고 있
다. 자신들만이 할 수 있는 강렬한 제목과 함께 화제가 되었지만, 그 타이
틀로 인해 스스로 한계를 정해버린 〈1호가 될 순 없어〉는 그들이 정한
한계를 어떤 식으로 극복할 것인가가 무엇보다 가장 먼저 해결해야 할 숙
제일 것이다.

그곳에 사람이 산다

EBS 〈건축 탐구, 집〉

양삼삼

건축 탐구? 사람 탐구!

미디어는 온통 아파트 가격이 얼마나 오르고 전세를 구하기 힘들다는 등의 부동산 기사를 쏟아낸다. 스마트폰을 들어 기사를 들여다보고 있으면 어느 순간 이런 부동산 기사에 시선이 머무는 나 자신을 발견하고는 한다. 그 이유는 단순하다. 이런 부동산 광풍에 올라타지 못하면 영영 집을 사지 못하거나 한몫 단단히 챙기지 못할 것 같다는 불안감 때문이다. 이처럼 한국 사회에서 집은 주거를 위한 단순한 안식처가 아니다. 대개 집은 아파트로 치환되기에 재테크를 위한 수단으로 변모된 지 오래다. 이것이 지금 많은 사람이 집을 바라보는 태도일 것이다. 그런데 여기 딴지를 거는 방송이 있다. 바로 EBS 〈건축 탐구, 집〉(이하 〈집〉)이다.

〈집〉은 상품가치로만 평가되는 집에 애당초 관심을 두지 않는다.

그래서 그 흔한 거주 형태인 아파트를 거들떠도 보지 않는다. 오로지 단독주택 내지 비슷한 건축물에 초점을 맞춘다. 이런 색다른 관점 때문에 〈집〉은 오히려 시선을 사로잡는다. 그리고 매회 질문을 던진다. 우리에게 집은 무엇인가? 그리고 집은 무엇이어야 하는가? 종래 우리가 생각하는 집이란 의식주 중 하나인 주거 공간이거나 앞서 언급했듯이 상품으로서 누군가를 부자로 만들어주는 수단에 불과했다. 이런 이항의 선택지만을 두고 본다면 집의 가치는 더 이상 확장되지 못한다. 거기에 무슨 의미를 덧붙일 수 있다는 말인가. 그러나 〈집〉은 현재의 집의 의미와 함께 미래의 집의 의미를 묻는다.

이 프로그램이 지향하는 가치는 무엇보다 제목에서 드러난다. '집'이라는 단어 앞에 '건축 탐구'라는 수식어를 붙이고 있는 것이다. 일반적으로 우리가 거주하는 아파트라는 공동 주거 형태라면 굳이 '탐구'라는 단어를 붙일 필요가 없었을 것이다. 왜냐하면 누구나 알 법한 거주지이기 때문이다. 그만큼 구조에서 시작해 모든 것이 획일화되어 있다. 그러나 이 방송은 주변의 천편일률적인 거주 형태를 벗어나 정말로 탐구할 만한 집을 찾아보겠다는 의지를 드러낸다. 그래서 〈집〉이 소개하는 집은 정말로 그 종류가 다양하다. 각양각색의 집이 지역 및 규모 등과 상관없이 등장한다. 그 집이 반드시 화려할 필요는 없다. 움막과 같이 허름한 집도 방송의 주인공이 될 수 있다. 그런데 건축 탐구보다 더 중요한 것이 있다. 바로 그 집에 사는 사람이다.

〈집〉의 매력은 건축 뒤에 숨겨진 사람들의 사연에 있다. 만약에 집에 거주하는 사람들이 등장하지 않고 말 그대로 건축에만 주목했다면 이 방송은 생동감을 상실했을지 모른다. 이 공간을 채우고 사연을 만들어내는 주체는 결국 사람이기 때문이다. 그래서 매회 후반부에 건축가가 탐구하는 집은 사족과 같이 느껴질 때가 있다. 프로의 솜씨이건 아마

추어의 솜씨이건 중요하지 않아서다. 그 공간에 새겨진 이야기가 중요한 까닭이다. 집주인이 집을 안내할 때 드러나는 정성들여 고민한 흔적을 주목할 수밖에 없다. 그래서 시청자는 자신의 집을 소개하는 사람들의 이야기에 귀를 쫑긋 세우고 듣게 된다. 매회 새롭게 등장하는 집에 얽힌 사연이란 애당초 동일할 수 없기 때문이다.

과거와 현재, 그리고 미래

거주자들이 들려주는 이야기 속에는 그 집의 과거와 현재, 그리고 미래가 동시에 펼쳐진다. 그런 점에서 집은 단순히 공간에 국한되지 않는다. 이 공간에 과거, 현재, 미래라는 시간이 절합되어야 비로소 온전한 집이 완성되기 때문이다. 우선 거주자의 과거에서 시청자는 그 집의 기원을 짐작할 수 있다. 하필이면 왜 여기에 그런 집을 지었는지 납득하는 것이다. 그렇기에 〈집〉에서는 사연자와의 인터뷰가 무엇보다 중요하게 다뤄진다. 그리고 인터뷰는 자연스럽게 인터뷰이의 과거로 들어가기 마련이다.

결국 집은 기억의 장소이다. 이곳에 집을 마련한 이유를 들어보면 누구나 자신의 과거를 자연스럽게 얘기하기 때문이다. 그리고 그 사연에는 상처받았던 일, 힘들었던 일, 고통스러웠던 일이 등장하기 마련이다. 그래서 지금 집이 마련된 이곳에 자리 잡게 된 사연까지 이어지는 것이다. 아마도 이런 고백의 시간 때문에 시청자는 이 방송을 더욱 애청할지 모른다. 누구나 살다 보면 비슷한 고민의 시간을 거치기 마련이다. 가령, 대기업 연구원을 그만두고 산골에 집을 짓고 사는 한 출연자는 자신이 이런 선택을 한 이유를 담담하게 털어놓는다. 그 결정의 배후에는 후배의 갑작스러운 죽음이 있다. 고인이 살아 있을 때 마지막으로 걸려왔던 전화 한 통에 제대로 응답하지 못했다는 그녀에게 집이란 후배를 애도하는 또 다른 방식이다.

각자의 사연만큼 다양한 집 앞에 그 가치를 논하는 일은 중요하지 않다. 이미 이야기가 듬뿍 묻어 있는 집이기에 그 가치는 비교할 수 없기 때문이다. 그렇기에 유독 〈집〉에서는 자신이 직접 설계부터 시공까지 건축의 모든 것을 담당한 사람의 이야기가 많이 나온다. 건축가의 힘을 빌려 지을 수도 있지만, 자신의 머릿속 구상을 온전히 실현할 수 있는 사람은 본인밖에 없기 때문이다. 시간이 얼마나 걸리든 그리고 비용이 얼마가 소요되든 벽돌 한 장 한 장을 직접 쌓고 나무를 잘라 만들어 올린 집 이야기 앞에서는 감탄사가 절로 나온다. 게다가 그들이 대부분 건축을 전문적으로 공부한 사람들이 아니기에 더욱 놀랍다. 도대체 어디서 그런 결단의 힘이 나오는 것일까?

조심스럽게 나는 그것이 집을 통해 만들고 싶었던 출연자 모두의 꿈에서 나온다고 답하고 싶다. 앞서 언급한 것처럼 집은 과거만을 담고 있는 기억의 장소가 아니다. 그들의 집은 미래의 전망을 보여주는 장소이기도 하기 때문이다. 지금까지 이렇게 살아왔다면, 앞으로는 이렇게 살겠다는 다짐을 보여주기에 그렇다. 그래서 그들이 직접 건축한 이야기 속에서는 사연자들의 가치관이 고스란히 드러난다. 가장 인상 깊었던 사연자는 긴 해외 생활을 접고 카누를 만들면서 시골에 사는 사람이었다. 손수 집을 짓게 된 사연은 동화와 같은 이야기였다. 어느 날 휴가차 보았던 밤하늘 푸른 별에 매혹되어 그런 곳에 집을 짓고 살겠다는 다짐에서 시작한 집짓기였다. 그런데 더욱 놀라운 사실은 그렇게 집을 지으면서 변한 삶의 태도였다. 바로 직업이 아니라 일을 따라가겠다는 자신과의 약속이 있었다.

이런 점에서 이 방송이 다양한 집을 보여주고 다채로운 사연자의 이야기를 들려주는 재미도 있지만 더욱 흥미로운 지점은 이런 새로운 가치의 전시이다. 부동산 광풍에 부를 어떻게 하면 증식할 수 있을까를 고민하는 사람과는 결코 섞일 수 없는 부류의 사람들의 이야기를 보여주고 들려주기 때문이다. 이런 태도는 우리 사회가 어디로 가고 있는가를 묻게 하고 고민하게 만든다. 이들은 황금만능 시대에 돈이 아니라 다른 가치를 스스로 정하고 실천하는 사람이다. 물론 그들의 이야기는 소수의 것으로 치부될 수 있다. 그러나 분명한 사실은 이 방송의 사연자의 수만큼이나, 그리고 애청자의 수만큼이나 다른 방향을 꿈꾸고 있는 사람이 있다는 것이다.

우리 사회 욕망의 장소, 집

〈집〉은 단순히 건축 탐구 그리고 사람 탐구에 그치는 프로그램이 아니라 사회 탐구라고 봐야 할 방송이다. 그 사회는 다름 아닌 지금 여기 한국 사회이다. 그런 점에서 이 방송은 집이란 단편적 조각에서 우리 사회 전체의 방향을 가늠하려 하는 시도다. 우리는 어디에서 와서 어디로 가는가? 전 세계 자본주의사회에서 이제는 맨 앞에서 달리고 있을 한국 사회가 가야 할 방향은 어디인가? 이런 질문에 대한 답변의 실마리를 이 방송은 집에서 찾고 있다. 왜냐하면 집이란 욕망의 장소이기 때문이다. 이때 이 프로그램이 주목하는 욕망이 돈이 아니라는 사실은 분명하다. 출연자는 각자가 꿈꿨을 집에서 만족하며 살고 있을 뿐이다. 그런 점에서 나는 모든 사연자의 집이 실현되었다는 사실에 주목하고 싶다.

부의 중심 한가운데 선 집이란 '절대로' 만족할 수 없는 상품에 불과하다. 왜냐하면 그런 관점에서 더 좋은 집이란 더 비싼 집일 수밖에 없기 때문이다. 거기에 이 정도면 됐다라는 만족감은 성립하지 않는다. 부를 축적해 더 비싼 집으로 옮겨가야 하기에 그 욕망은 애당초 실현될 리 없다. 계속 "조금 더!"라고 외치며 유예될 뿐이다. 그렇기에 미래를 위해서 오늘을 희생하는 악순환이 반복된다. 이런 루프에서 벗어나기 위해서는 가격으로 순위를 매기는, 집을 바라보는 태도를 바꿔야 한다. 그렇지 않다면 평생을 집을 마련하기 위한 인정 투쟁으로 자신을 내몰아야 하기 때문이다. 그렇기에 〈집〉은 각자의 자유로운 욕망의 실현을 이야기하는 방송이다.

누군가는 물을지 모른다. 한정된 재화 탓에 모두가 욕망을 실현한다는 것은 불가능한 일 아닌가라고 말이다. 그러나 여기서 다시 물어야 할 질문은 그 욕망이 왜 똑같아야 하는가라는 것이다. 각자의 개성만큼이나 그 또는 그녀의 욕망은 다양해야 한다. 의식주처럼 보편의 욕망을 상정할 필요가 없다. 설사 의식주를 기본적인 욕망으로 간주한다고 해도 그 실현이 모두 같을 필요는 없다. 어느 정도 기초적인 것이 실현된다면 그다음부터는 각자가 개성을 발휘하면 그만이다. 그렇기에 〈집〉에서 엿보이는 다양한 집은 다양한 욕망을 보여준다. 그리고 이것이야말로 우리 사회가 가야 할 방향일 듯하다.

내 집 마련이라는 욕망에 모두가 맞춰 살아야 할 필요는 없다. 이런 욕망은 마치 프로크루스테스의 침대와 같다. 침대를 사람에 맞춰야 하는데 사람을 침대에 맞추는 꼴이기 때문이다. 이렇게 볼 때 〈집〉은 우리 사회 욕망의 전치를 에둘러 비판하는 프로그램이다. 부동산 광풍에 휩쓸린 집이란 사람이 아니라 돈이 우선인 집에 불과하다. 사람이 먼저여야 할 집에 돈이 우선 들어서니 운신의 폭이 적어진다. 이 잘못된 욕망을 바로잡아야 한다. 정확히는 욕망을 버리라고 요구할 것이 아니라, 천편일률적인 욕망을 버리라고 요청해야 한다. 그래야 우리는 각자가 지금 여기서 실현할 만한 욕망을 지니게 될 것이다.

각자의 자유로운 욕망이 실현되는 사회라면, 그 사회는 모두의 욕망이 실현되는 사회일 것이다. 그런 사회가 유토피아에 불과하더라도 우리가 지향할 만한 사회 아닐까. 이런 점에서 〈집〉은 우리 사회가 압축성장에 매진하던 시대에서 다른 가치의 시대로 접어들고 있다는 사실을 보여준다. 통에 물을 담고 압축하면 물이 틈새를 찾아 분출하듯이, 사연자들은 이런 틈새를 찾아 뿜어져 나온 물과 같다. 남보다 조금 앞서 다른 삶을 사는 이들은 지금껏 우리를 지배하던 패러다임에서 벗어나도 충분히 행복할 수 있다는 사실을 보여주는 예증이다. 우리는 어느 집에서 살 것인가? 평생을 콘크리트를 등에 메고 대출 이자에 허덕이며 살 것인가, 아니면 소박하더라도 자신이 꿈꾸는 집에서 살 것인가. 이제 선택은 당신에게 달렸다.

돈을 누가 신의 자리에 올렸을까?

물질만능주의 세상에서 본질적 가치를 형상화하다
tvN 〈사랑의 불시착〉

김은현

그들의 세상으로 들어가며

"North Korea? 북한?", "북한요, 맨날 뉴스에 나오는 북한!" 어떤 이들에게는 이 대사만 뇌리에 깊게 박혀 있을지 모르겠다. 올해 tvN에서 방영하여 tvN 역대 최고 시청률을 기록한 드라마 〈사랑의 불시착〉 속 대사다. 남한 재벌과 북한 장교의 러브 스토리라는 점은 방영 이전부터 북한 미화에 대한 우려를 낳았고, 방영 중에도 한동안 잡음은 지속되었다. 하지만 작가진의 말을 빌리자면, 정치적 설정은 최대한 피하려 노력했다고 한다. 감독 역시 북한이라는 배경이 로맨스를 위해 단절된 판타지적 공간으로 비치길 바란다고 했다. 이러한 시각이 반영된 〈사랑의 불시착〉은 그 지향점이 정치적 이슈가 아닐뿐더러 오히려 다른 곳을 향하고 있다. 이 드라마는 로맨스 장르에 녹여낸 '물질만능주의'를 향한 일갈이다. 이 글에서는 〈사랑의 불시착〉이 물질만능주의에 관한 논의를 어떻게 전개하고 결론지었으며, 그 과정에서 소재와 인물을 어떻게 활용했는지 살펴보고 자 한다.

1. 돈의 신이 지배하는 사회를 전제하다

우리 사회에는 돈을 '최상위' 가치로 삼는 사람들이 존재한다. 그런 이들 을 자주 기사로 접한다. 돈을 노리고 사람을 해치는 이들이 있고, 돈을 위 해 비리를 저지르는 이들이 있다. 유전무죄, 무전유죄의 악습이 빚어낸 결과인지 인간의 욕망이 근원인지 그 선후를 판가름하지는 않겠다. 분명 한 것은 돈을 좇느라 그 이외의 가치는 쉽게 저버리는 사람들을 흔히 볼 수 있다는 사실이다.

〈사랑의 불시착〉은 주제의식의 환기를 위해 기업 비리에서부터 이 야기를 시작한다. 국내 굴지의 기업인 퀸즈 그룹의 회장이자 세리의 아 버지인 중평은 특경가법(특정경제범죄가중처벌 등에 관한 법률) 위반으로 구속 기속되었으나 집행유예를 받고 석방된다. 재벌은 징역 3년, 집행 유예 5년이 공식이라는 이른바 '재벌 3·5 법칙'을 보는 듯하다. 후계자 자리를 놓고 경쟁을 벌이는 것은 두 이복 오빠들뿐만이 아니라 세리 역 시 마찬가지다. 북한 역시 상황이 다르지 않다. 철강은 비리를 일삼으 며 스스로 군복 입은 장사치라 표현한다. 경쟁과 이윤추구가 그 자체로 악은 아니다. 다만 그것이 지나쳐 오직 돈을 목적으로 악행을 저지르기 에 이른다면 그것은 틀림없는 '악'이며, 이 작품은 이러한 시각에서 인물 들을 조명한다.

신이 인간 세상으로 내려옴을 뜻하는 '강림'. 〈사랑의 불시착〉은 세리의 패러글라이딩 불시착을 착지가 아니라 강림이라고 몇 번 강조한다. 이를 단순히 아름다운 외모의 여성을 여신이라 부르며 추앙하는 문화의 반영으로 이해하기에는 석연치 않다. 패러글라이딩의 출발점은 어디인가. 높은 절벽이나 언덕이다. 높은 곳에 서서 더 높은 곳을 욕망하는 스포츠다. 퀸즈 그룹의 후계자로 선정된 세리는 더 많이 위로 올라갈 거라며 호기로운 대화를 마친다. 곧이어 패러글라이더를 메고 날아오르지만 '아이러니'하게도 북한 땅에 떨어져 버린다. 금고에 돈이 가득한 그녀의 세상으로부터 맨몸으로 외딴곳에 뚝 떨어진 사건. 이것을 강림이라고 부르기 위해서는 돈이 곧 신이라는 것을 전제해야 한다.

〈사랑의 불시착〉은 돈의 신이 지배하는 현대사회를 전제하고 있다. 패러글라이딩 불시착 사건은 돈이 계급인 사회에 살고 있는 우리를 논하기 위한 포석이다. 후술하겠지만 북한에 불시착한 것은 세리 개인을 그녀의 재력으로부터 완전히 단절하기 위한 설정일 뿐, 남과 북의 이분법이 작동하는 작품이 아니라는 점도 주목할 점이다. 〈사랑의 불시착〉은 신이 인간을 '구원'한다는 점에 착안해 논의를 전개한다. 신이어야 구원하는 것은 아니지만, 구원할 수 없다면 신이 아니다. 정혁과 세리는 돈이 아니라 서로에 의해 구원받는다. 돈이 그들을 구원하지 못함으로써 돈은 더 이상 신이 아니게 된다.

2. 돈이 있어서, 돈이 있어도

〈사랑의 불시착〉은 한 남자의 외도마저 '재물'의 잣대로 평가받는 세태를 우선 꼬집는다. 여자가 장사를 떠난 사이 외도를 하던, 가난한 집안의 남자는 많은 이들이 보는 앞에서 지탄받는다. 반면, 증평의 외도와 관련하

여 등장하는 회상 장면들 속에는 아내 정연의 눈물과 혼외자 세리의 상처
뿐이다. 고통받거나 비난받는 증평의 모습은 없다. 외도는 책망의 대상
이 되어야 상식이지만, 재벌 회장의 외도는 가족들이 당연하게 감당하는
현실의 모습과 다르지 않다.

그러나 가족들이 감당하는 상처의 무게는 결코 재물의 잣대로 환
산되지 않는다. 세리는 정연에게 버려지던 밤처럼 어두울 때면 극심한
공황장애를 앓았다. 이복 오빠들과의 치열한 경쟁은 그녀에게 능력 증
명에 대한 집착만을 남긴 채 일상생활을 모두 앗아갔다. 정혁 역시 물질
만능주의 세태와 맞닿아 있다. 돈과 출세 앞에서는 사람의 목숨도 하찮
게 여기는 철강에게 형이 죽임을 당한 뒤, 정혁은 꿈을 버렸다. 형의 곁
에 있었더라면 지킬 수 있지 않았을까 하는 죄책감에 시달렸고, 혼자서
꿈을 좇아 스위스로 훌쩍 떠나버렸던 자신을 견딜 수 없었다.

현대판 계급사회에 대한 담론을 올바르게 이끌기 위해 〈사랑의 불
시착〉은 완전히 대등한 관계를 상정한다. 우리는 사랑 또한 돈에 의해
서열이 생길 수 있음을 안다. 비단 직접 겪어보지 않더라도, 어느 한
쪽으로 치우친 신데렐라 스토리를 그렸던 그간의 드라마들이 재벌 댁에
허락을 구하는 모습을 종종 그려왔다. 이와 달리 〈사랑의 불시착〉은 남
한의 상위 0.001% 재벌인 세리와 북한 총정치국장의 아들이자 장교인
정혁, 이른바 상류층 주인공들을 전면에 내세운다. 부와 명예의 균형이
둘 사이의 세속적 서열화를 차단한다. 기존의 인물 설정으로는 계급사
회의 현실을 상기시킬 뿐 계급 담론에 의미 있는 진척을 이룰 수 없다고
판단한 듯 보인다.

하지만 이것만으로는 상류층 설정의 당위성이 증명되지 않는다.
여기서 〈사랑의 불시착〉은 돈이 행복의 '충분조건'이 아니라는 지론을
펼친다. 상류층 주인공들이 일련의 사건을 거치며 불완전한 인생을 견

더왔다는 사실을 통해 시청자들은 부자의 불행을 본다. 바로 이 지점에서 〈사랑의 불시착〉은 로맨스라는 장르적 특성을 꺼내든다. 이 작품에서 로맨스 서사는 남녀 간의 감정이라기보다 치유에 가깝다. 〈사랑의 불시착〉은 두 주인공이 서로의 마음속 빈 공간을 메우는 과정을 밀도 있게 형상화하는 데 역점을 둔다. 그리하여 그들을 지켜보는 시청자에게도 돈과 행복의 관계에 관해 묵직한 시사점을 던지는 것이다.

3. 구원을 치밀하게 형상화하다

〈사랑의 불시착〉은 돈이 행복의 필요조건임을 부정하지 않는다. 다만 행복의 '또 다른 필요조건'을 찾는다. 정혁과 세리가 서로의 상처를 치유하는 과정에 그 답이 있다. 늘 혼자였던 세리에게 정혁, 그의 5중대원들과 함께하는 일상의 경험들은 모든 것이 처음이었다. 칼처럼 날카롭던 세리가 직원들과 어울려 휴식을 취하고 여유를 찾을 수 있을 만큼 변한다. 정혁에게 피아노라는 꿈은 사랑하는 이를 지키지 못한 죄책감이었고, 앞날이라는 이름의 꿈은 어긋날 것만 같은 두려움이었다. 꿈도 희망도 없던 정혁의 세상으로 세리가 떨어진다. 세리가 스위스의 호수에 돌멩이를 던진 것처럼, 일정하게만 흘러가던 정혁의 인생은 세리로 인해 파장이 인다. 정혁은 다시 앞날을 꿈꾸고 피아노를 꿈꾸게 된다.

정혁과 세리는 재물이라는 힘이 아니라 서로에 의해 구원받는다. 인간관계를 회복하고 '일상'과 '꿈'을 되찾으며, 그것들이 행복을 완성한다. 이 작품에서는 이러한 심리적 구원이 총알로부터 서로를 구해준 물리적 구원보다 더욱 중요하게 기능한다. 구원자의 상징성을 각인시키기 위해 정혁이 5중대원들을 구해주는 장면과 세리가 어린 학생을 구해주는 장면을 이어붙이는 구성을 취하기도 한다.

아무도 곁에 없어서 병들었던 세리는 곁에 있어주는 정혁을 통해 치유되고, 누군가를 지키지 못해 병들었던 정혁은 세리를 지킴으로써 치유된다. 약속과 기다림을 배신당한 세리는 사람을 믿지 않았고, 늘 피상적인 인간관계에 머물렀다. 세리는 '계약서도 없는 약속'을 끝까지 지켜주는 정혁을 통해 '신뢰'의 가치를 되새긴다.

정혁의 구원자로서의 이미지는 장마당 에피소드를 통해 단적으로 형상화된다. 버려지던 밤처럼 어두운 장마당에서 주변의 소리는 점차 페이드아웃(fade-out)되고, 시야가 아득해지며 혼자만의 공간에 갇힌 듯한 세리의 모습이 연출된다. 그 위로 그날의 어린 세리가 겹친다. 이때 정혁은 밝은 향초 하나를 들고서 세리를 이끌어낸다. "그날 이후로 내 속엔 추운 밤바다가 있어. 그 바다엔 아침이 오지 않아요. 아무리 숫자를 세어도 해가 뜨지 않지." 해가 뜨지 않는 추운 '밤바다'의 이미지는 열리지 않는 어둡고 무서운 '방'과 같다. 정혁은 그 방의 문을 열고, 그 속에 갇혀 있던 어린 세리를 방 밖으로 이끌어낸다. 정혁은 세리의 '마음'의 문을 열어주는 구원자인 것이다.

〈사랑의 불시착〉은 두 주인공의 첫 만남에서도 상징을 통한 형상화 작업을 빼놓지 않았다. 외국 소녀의 요청으로 정혁이 선착장에서 연주한 피아노곡은 세리를 위로했고, 근본적으로는 세리의 마음속 밤바다에 갇혀 있는 어린 날의 세리를 위로했다. 그날의 연주는 훗날 정혁 또한 위로한다. 자신으로 인해 살아준 그녀의 존재가 형을 살리지 못했던 마음의 상처를 어루만진 것이다. 서로를 위로한 그날의 연주, 연주를 청하며 정혁을 두드리던 '외국 소녀'의 손. 화면에 가득 잡힌 그 손은 구원을 청하며 손 내미는 듯한 '어린 세리'의 간절함을 충만히 느끼게 한다.

4. 전복이 아닌, 극복이라는 선택지

〈사랑의 불시착〉은 선택이라는 요소를 부각한다. 세리의 기업명 '세리스 초이스'처럼 세리는 기업가로서 늘 선택의 기로에 서 있었다. 선택은 그것만이 아니었다. 북한에 불시착하던 날, 그 갈림길에서도 카메라는 세리의 옷 뒤에 쓰인 세리스 초이스라는 글씨를 비추었다. 그날 밤 세리는 낮의 선택을 두고 인생에서 딱 한 번의 틀린 선택을 했다고 내레이션 했지만, 그것은 대답이라기보다는 스스로에 던지는 질문이었다. 훗날 세리는 시간을 몇 번을 되돌린다 해도 사랑하는 이를 만나고 일상을 구원받는, 같은 선택을 할 거라고 답하기 때문이다.

〈사랑의 불시착〉은 남과 북의 이분법적 시각을 채택하지 않는다. 범국가적 접근을 마다한다. 갈등 요소가 물질만능주의 세태에 근간을 두고 있음에도, 미시적 관점을 취하여 '개인'을 조망한다. 이는 '선택 가능성'에 무게 중심을 두기 위함이다. 세리의 두 오빠들 중 돈을 좇느라 동생의 목숨까지 위험에 빠뜨리는 인물은 세형 하나로 한정된다. 마찬가지로 북한 내에 돈을 추구하는 철강이라는 인물과 다른 가치를 추구하는 꽃제비[1] 소년을 각각 배치한다. 철강은 천애 고아에 꽃제비 출신이며 불법으로 막대한 돈을 벌어들이고 돈 앞에서는 생명조차 경시하는 인물이다. 반면, 같은 꽃제비 출신임에도 소년은 승준이 건넨 돈보다도 진심 어린 공감에 더 가치를 부여한다. 소년은 승준의 목숨이 위태로운 순간에 승준을 숨겨주고, 승준은 죽어도 울어줄 이 하나 없는 자신의 처지와 소년의 처지가 같음에 눈물지으며 돈뭉치를 건넨다. 이때 카메라

---

1   북한에서 집 없이 떠돌면서 구걸하거나 도둑질하는 유랑자(네이버 한국민족문화대
     백과).

는 돈뭉치를 '움켜쥔' 승준의 손과 '헐겁게' 쥔 소년의 손을 번갈아 비추어 소년의 상징성을 부각한다.

이는 〈사랑의 불시착〉이 소재를 얼마나 똑똑하게 활용하는지가 확연히 드러나는 대목이기도 하다. '꽃제비'라는 북한의 실상을 담은 소재로 작품을 관통하는 핵심적 메시지를 전달하는 것이다. 같은 꽃제비 출신을 다르게 그려냄으로써 시청자가 같은 상황 속 다른 선택의 가능성을 되새기게 한다. 가난도 변명이 되지 못한다. 결국, 재물의 가치를 추구할지 더욱 타당한 가치를 추구할지는 개인의 선택 문제로 남는다. 〈사랑의 불시착〉은 전자의 예로 세형과 철강을 제시했지만, 또한 후자의 예로 세준과 꽃제비 소년을 제시하여 더 나은 사회의 가능성을 시사한다.

"오빠가 태어나 한 일 중 가장 잘한 일이야. 회사 전문경영인한테 맡기는 데 동의해 준 거." 세리는 퀸즈 그룹 후계자 자리를 세준에게 우선 양보한 뒤 그에게 전문경영인에 의한 경영을 권한 것으로 보인다. 비록 퀸즈 그룹의 후계자 자리는 포기했지만, 그녀는 결말에서도 여전히 세리스 초이스의 대표로서 살아간다. 철강의 입에서는 "자본주의가 나를 살렸다"는 대사가 나오고, 세리의 생환을 가장 바랐던 생명보험 담당자 수찬도 결국은 '보험금' 때문에 열심히 뛰었을 뿐이다. 〈사랑의 불시착〉은 결코 자본주의사회를 전복시키지 않는다.

하지만 세리에게는 분명한 변화가 있다. 세리스 초이스에는 퀸즈 그룹과는 구별되는 특별한 의미가 담겨 있다. 힘들었던 시절의 유일한 탈출구였고, 그녀가 키우고 그녀와 함께 성장한 분신과도 같다. 세리는 '내 꿈'이라며 세리스 초이스를 아끼면서도 퀸즈 그룹을 선택했었던 때가 있다. 세리스 초이스는 전문경영인에게 맡기기로 결정하기도 했었다. 그러나 그녀는 변화한다. 퀸즈 그룹을 포기하고 온전한 세리스 초이스 대표의 삶을 택한다. 결국, 꿈을 선택한 것이다. 수찬은 또 어떠한가. 충분히 칭찬받는다. 살아 돌아온 세리는 자신을 찾기 위해 노력한 수찬에게 넘치도록 고마움을 표한다. 수찬은 능력을 인정해 스카우트하겠다는 세리에게 자신은 능력 있지 않다고 솔직히 답한다. 이 인물이 돈을 매개로 사람을 살릴지언정 죽일 위인은 아님을 우리는 안다.

〈사랑의 불시착〉은 이 정도면 충분하다고 말하려 했을 것이다. 철강과 수찬의 차이, 세형과 세리·세준의 차이, 철강과 꽃제비 소년의 차이만큼만 있으면 충분하다고 말이다. 돈을 버리고 자연으로 돌아가자는 것도 아니고, 대단한 선행을 강요하는 것도 아니다. 애덤 스미스가 말한 '공정한 관찰자' 한 분 정도를 모셔보면 될 일이다. 돈을 갈구할 수 있다. 다만 그것이 인생을 지배하도록 놔두어서는 안 된다. 〈사랑의 불시착〉의 지향점은 자본주의 체제를 전복시키는 것이 아니라, 돈보다 더 소중한 가치를 추구하며 돈의 지배를 끊임없이 '극복'해 가는 것이다. 더 위로 올라가지 않고 꿈에 머무르기로 한 세리, 돈의 신에게 누군가의 생명을 바치지는 않을 수찬, 더 높은 자리를 기꺼이 내려놓은 세준. 이들과 똑같은 선택을 한다면, 자본주의사회라 할지라도 돈은 기어이 신의 자리에서 내려올 것이다.

우리의 세상으로 나가며

재벌 회장의 외도, 비난은커녕 덮어놓고 후계자 경쟁에만 몰두하는 이들. 생명과 재물을 저울질하는 물욕에 찌든 이들. 이들 앞에서 〈사랑의 불시착〉은 일상, 꿈, 신뢰 있는 인간관계라는 본질적 가치를 역설한다. 무엇을 선택할 수 있으며, 또 선택해야 하는지를 논한다. 그 선택이 현대사회의 '혁신'은 아닐 것이나 실현 가능한 '현실'임은 틀림없다. 혹자는 총성이 오가는 장면들을 보며 개연성이 없다고 말한다. 그러나 이것은 분명한 현실 반영이다. 돈 때문에 흉악한 짓을 저지르는 이들 혹은 흉악범은 아니더라도 몹쓸 짓을 하고 사는 이들을 본다. 그들과 총을 쏘던 작중 인물이 같지 않다고 누가 말할 수 있을까. 차이가 있다면, 손에 쥔 것이 칼이냐 총이냐 오직 그것뿐이다.

오늘의 시청자를 사로잡아라!

〈옥탑방의 문제아들〉이 반영한 트렌드,
그리고 최신 유행 아이템 선점을 위한 방송가의 경쟁에 관하여

엄태영

방송은 계속해서 변화해 가는 시청자의 경향과 요구에 발맞추어 변화해 왔다. 특히 최근에는 유튜브나 OTT와 같은 다양한 콘텐츠가 등장하고 텔레비전 방송 채널도 다양해지면서 사람들의 이목을 끌기 위한 방송가의 경쟁이 더욱 치열해졌다. 덕분에 프로그램의 포맷은 더욱 다양해지고 서로 다른 분야의 방송이 결합하기도 했다.

사실 몇 해 전만 해도 치열한 경쟁에서 살아남기 위해 방송가는 보다 자극적이고 오락적인 프로그램을 내놓았다. 그 때문에 시사교양 프로그램과 다큐멘터리가 설 자리를 잃고 리얼리티 프로그램이 우후죽순 등장했다.

그러나 지금의 시청자들은 마냥 우습기만 한 오락 프로그램에 더 이상 호응하지 않는다. 최근 KBS사의 대표 코미디 프로그램 〈개그콘서트〉의 폐지가 그를 보여주는 대표적인 사례라 할 수 있다. 이에 시사교양과 다큐멘터리처럼 무거운 프로그램도, 자극적이고 한없이 가벼운 오락 프로그램도 아닌 새로운 형태의 프로그램이 등장했다.

적당히 정보 전달의 성격도 띠고, 적당히 오락적이며, 과하지 않아 편안하고 부담 없는 프로그램들이 등장한 것이다. 연예인들이 세계 곳곳을 여행하기 시작했고, 요리 프로그램도 리얼리티 프로그램과 결합해 이제 셰프들도 '준연예인'이 되었다. 복잡한 룰의 게임이나 복불복을 만들어내던 오락 프로그램들이 점차 그 포맷을 단순화하기도 한다.

이렇게 프로그램은 시청자의 변화하는 성향을 민감하게 반영한다. 어렵고 골치 아픈 것도 싫지만, 마냥 가볍게 웃어넘기는 것도 싫은 시청자를 위한 프로그램 하나를 예로 들어보자. KBS의 〈옥탑방의 문제아들〉은 매회 큰 화제를 불러일으키거나 폭발적인 인기로 우뚝 서는 프로그램은 아닐지라도 시청자들의 은은한 사랑을 받으며 2018년도부터 꾸준히 이어오고 있는 프로그램이다. 최근 시청자의 선호 경향이 걷잡을 수 없이 빠른 속도로 변화하다 보니 단발성 프로그램이 많아지고, 시청자의 반응을 살피며 시리즈 형태로 프로그램을 이어가는 경우가 많아졌다. 이 점을 감안하면 〈옥탑방의 문제아들〉은 2년 동안 큰 위기 없이 이어지고 있으니 제법 선전한 것이다. 그것은 분명 방송이 트렌드를 적절히 잘 반영한 결과일 터다. 그렇다면 〈옥탑방의 문제아들〉이 반영한 시청자의 소비성향은 어떤 것이 있을까?

1. 족집게 단타 강사, 잡학 선생님

앞서 보았듯이 기존의 시사교양과 다큐멘터리는 이미 비주류로 밀려나 버렸다. 깊이 있는 지식이나 논증을 원하지 않는 사람들이 많아진 것이다. 내가 필요한 정보가 있으면 그때 가서 '네이버에 물어보면 될 일' 아닌가? 정보를 얻는 일은 너무 쉬워졌고 그 경로도 아주 다양해졌으니 사람들은 지루하게 긴 시간 앉아서 텔레비전으로 그것을 볼 필요성을 느끼지 못하는 것이다.

사람들은 대신 떠먹여 주는 단편적인 잡학 상식을 찾기 시작했다. 필요하면 진즉에 검색해 보았겠지만 애초에 찾아볼 생각도 못 했을 '의외의' 단편 상식, 그것을 짧고 간결하게, 흥미 있게 전해주기를 바라는 것이다. 시청자의 이러한 경향을 반영하여 부담 없이 떠먹여 주는 교양 상식 프로그램이 생겨났다. 리얼리티 프로그램과 교양 프로그램이 결합하는 것이다. 실제로 '알쓸신잡(알아두면 쓸데없는 신비한 잡학사전)' 시리즈가 성공을 거두고, 출판계에서도 '지적 대화를 위한 넓고 얕은 지식' 시리즈가 유행하지 않았던가?

이러한 시청자의 선호 경향은 퀴즈 프로그램에도 반영되었다. 〈유 퀴즈 온 더 블럭〉이나 〈옥탑방의 문제아들〉과 같은 프로그램은 흥미로운 잡학 상식 문제를 푸는 퀴즈 프로그램인 동시에 토크와 오락성을 겸비한 예능 프로그램이기도 하다. 이들은 기존 스튜디오에서 출연자들이 경쟁하며 문제를 풀던 고전적 퀴즈 프로그램의 포맷을 과감히 벗어던지고 편안한 분위기에서 출연자가 큰 부담 없이 문제를 풀 수 있도록 했다. 긴박감도 없고 자극적이지도 않은 프로그램들이지만 이들이 시청자의 이목을 끌 수 있었던 것은 어째서일까?

2. 텔레비전도 1등만 기억하나요?

사람들은 무한한 경쟁에 지쳤다. 일상의 모든 것이 경쟁이 아닌가? 하교하고 퇴근하여 한두 시간 텔레비전 잠깐 틀어 보는데, 그마저도 경쟁의 장면을 보여줘야 하나? 사람들은 이제 긴장감을 고조하고, 승자와 패자를 가르는 프로그램에는 전과 같이 매력을 느끼지 못한다.

물론 한때는 그것을 즐기기도 했다. 온갖 예능 프로그램에서 경쟁을 했다. 스튜디오에서 연예인들이 팀을 짜서 오락을 즐기는 고전적인 오락 프로그램들이 한참 유행을 하더니 리얼리티 프로그램에서도 크고 작은 게임을 만들어 즐겼다. 〈1박 2일〉이 한창 인기일 때는 전국에 '복불복 열풍'이 불었고, 〈런닝맨〉 덕에 학생들 사이에는 한때 '이름표 떼기' 놀이가 유행하기도 했다. 승자와 패자를 가르는 놀이가 방송에서는 중요한 아이템이 될 때가 있었던 것이다.

최근까지도 그러한 경쟁 구도 포맷을 찾는 사람들이 있는 것도 사실이다. 실제로 〈런닝맨〉은 오랜 시간 큰 인기를 끌고 있다. 〈구해줘! 홈즈〉는 '남의 집 알아보는 것으로, 어차피 지원할 이사지원금을 자신들 이름으로 주겠다고' 경쟁한다. 하지만 분명 사람들은 화면 안팎의 치열한 경쟁에 지쳤다. 복불복을 외치던 나영석 피디가 '꽃보다' 시리즈와 〈삼시세끼〉 등으로 지쳐버린 사람들을 '위로'하겠다고 나섰을 지경이니까.

기존의 퀴즈 프로그램 역시 일종의 '서바이벌'이었다. 〈도전 골든벨〉, 〈우리말 겨루기〉, 〈브레인 서바이벌〉, 〈1 대 100〉 등 오랫동안 다양한 퀴즈 프로그램이 만들어져 왔지만 이 프로그램들은 모두 경쟁하여 최후의 승자를 가리는 서바이벌 프로그램이었다. 이에 〈유 퀴즈 온 더 블럭〉과 〈옥탑방의 문제아들〉이 '경쟁 없는 퀴즈 프로그램'이라는 새로운 시도를 한 것이다. 하지만 그마저도 〈유 퀴즈 온 더 블럭〉은 적지 않은 상금을 내걸고 문제를 푼다. 〈옥탑방의 문제아들〉은 그보다도 한결 편안한 분위기다. 출연자들은 '퇴근'을 목표로 한다지만 악쓰며 덤비지 않고 '심심한데 퀴즈나 풀어볼까?' 하는 뉘앙스로 편안하게 문제를 푼다. 전혀 부담도 없고 억지 경쟁에 열 올릴 필요도 없는 것이다.

그렇다면 경쟁이 없어 긴박함이 없는 〈옥탑방의 문제아들〉은 시청자에게 어떤 새로운 자극을 주었을까? 그중 하나로 유쾌한 '브레인스토밍 방식의 문제풀이' 포맷을 꼽을 수 있겠다. 출연자 전원이 한 팀이 되어 다양한 의견을 주고받는 이 문제풀이 방식을 통해 하나의 '팀'을 바라보는 시청자의 눈이 그만큼 이전과 많이 달라졌다는 것을 볼 수 있다. 서로 다른 팀 간의 경쟁보다 팀원들의 자유로운 의견 교류를 통한 문제해결에 더 큰 가치를 두는 젊은 감각이 반영된 것이다. 특히 열 문제를 한 회분에 풀기 때문에 한 문제당 호흡이 길다는 점은 큰 장점이다. 엉뚱한 답안을 내놓기도 하고, 의외의 신선한 접근으로 문제를 풀기도 하는 출연자들을 보면서 시청자는 마치 그들과 함께 문제를 푸는 듯 몰입할 수 있게 된다. 엉뚱한 실험으로 유행했던 프로그램 〈스펀지〉의 '빈칸 채우기'처럼. 그 밖에도 〈옥탑방의 문제아들〉은 다양한 트렌드를 반영하여 시청자에게 은은한 자극을 주고 있다.

3. 트렌드는 심플, 미니멀, 힐링

사실 〈옥탑방의 문제아들〉의 포맷은 아주 간단하다. 열 번의 시도 안에 가사를 틀리지 않고 한 곡을 완곡해야 했던 〈쟁반 노래방〉처럼 패널들이 나란히 앉아 열 문제를 푼다. 청팀 백팀 나눌 것도 없고, 〈도전 골든벨〉과 같은 패자부활전 게임도 없다. 〈1 대 100〉처럼 세 가지 찬스를 골라쓸 것도 없다. 게스트가 간단한 개인기만 보여주면 힌트를 얻을 수 있고, 준비된 열 문제를 다 풀고 나면 다 같이 퇴근하는 것이 전부다. 다양하고 복잡한 게임들로 유명한 〈런닝맨〉과 비교해 본다면 〈옥탑방의 문제아들〉의 포맷은 '심플함' 그 자체다. 사람들은 점점 복잡한 것에 매력을 느끼지 못한다. 과자 '롯데샌드'의 파스텔 톤 포장지를 살펴보자. '롯데샌드'가 기존의 화려한 포장지 그림을 전부 빼고 처음으로 파스텔 톤 배경과 과자 이미지만 배열한 포장 디자인을 내놓았을 때, 사람들은 어색하지만 "더 깔끔하고 세련되었다"고 하지 않았던가? 지금의 시청자들은 이렇게 '심플함'에 매력을 느끼고 있다. 〈옥탑방의 문제아들〉은 이러한 시청자의 경향을 반영하여 복잡한 룰과 화려한 스케일의 게임은 전부 빼고 단순하고 깔끔한 구성으로 승부한 것이다.

또 〈옥탑방의 문제아들〉에는 대중적이고 친숙한 연예인이 소수 출연한다. 〈도전 골든벨〉이나 〈1 대 100〉처럼 수많은 사람들이 문제를 푸는 스케일 큰 방송도 아니고, 〈브레인 서바이벌〉이나 〈장학퀴즈〉처럼 화려한 스튜디오를 쓰지도 않는다. 특정 분야의 지식 소양을 갖춘 전문가가 위엄 있게 등장해 문제를 푸는 것도 아니다. 앙증맞다고 느껴질 만큼 '미니멀'하다. 심지어는 '명색이 퀴즈 프로그램'인데 성우나 아나운서가 아닌 프로그램의 피디가 문제를 출제한다. 답판도 없고, 정답 벨도 없다. 구성만 간결한 것이 아니라 출연자와 촬영 장소, 심지어 소품까지 간결하다. 진행을 위한 최소한의 것만 남기고 모두 빼버린 것이다. '미니멀리즘'이라는 단어가 유행하기 시작하면서 방송가도 이러한 트렌드를 반영하기 시작했다. 작은 집에서 미니멀 라이프를 실천해 보겠다던 〈숲속의 작은 집〉처럼 미니멀리즘을 주요한 소재로 삼은 프로그램도 등장했지만, 많은 프로그램이 스튜디오 디자인이나 소품 등의 콘셉트를 정할 때 이 미니멀리즘 트렌드를 반영하고 있다. 〈옥탑방의 문제아들〉도 그와 같은 맥락에서 최소한의 것으로 방송을 진행하며 시청자에게 보다 친숙하고 편안한 이미지를 주고 있다.

하필이면 옥탑방에서 문제를 푸는 이유는 또 무엇일까? 이 옥탑방

역시 트렌드를 반영한 것이라 할 수 있다. 사람들은 '방'에서 안락함을 느끼고 최근에는 그러한 경향이 더욱 두드러져 방송에서도 이 '방'의 활용도가 높아졌다. 〈구해줘! 홈즈〉에서도 감성적인 인테리어의 다락이나 옥탑을 부각하는 장면이 자주 등장한다. 최근의 〈여름방학〉도 아기자기하게 꾸며놓은 고성 '시골집 다락방'을 등장시켜 그러한 감성을 자극했다. 〈옥탑방의 문제아들〉은 아예 한 술 더 떠서, 방송 자체를 아기자기하고 편안한 감성으로 꾸민 옥탑방에서 진행한다. 그러고는 제목을 '옥탑방의 문제아들'이라고 하여 그 점을 프로그램의 정체성으로서 강조한다. 사람들이 '옥탑방'에 갖는 로망과 '방'에서 갖는 안락함을 활용한 것이다. 이것은 곧 최근 몇 년 방송가에서 크게 유행하고 있는 '힐링' 코드와 직결된다고 할 수 있다. 실제로 〈옥탑방의 문제아들〉은 매회 훈훈하고 감동적인 사연을 문제로 출제하고 있는데, 이것을 두고 게스트들은 출연 소감을 이야기하는 시간이 되면 매번 "좋은 문제였다"고 칭찬을 아끼지 않는다. 〈옥탑방의 문제아들〉은 이렇게 유행하는 '힐링' 코드를 적극 활용하고 있다.

4. 오늘의 시청자를 사로잡아라!

사람들이 단편적인 상식과 대화를 위한 넓고 얕은 지식을 원하게 되면서 정통의 시사교양과 다큐멘터리 프로그램이 줄어들었다. 이러한 변화가 꼭 부정적일까? 사람들이 과열된 경쟁과 자극적인 장면들을 더 이상 찾지 않게 되면서 방송가는 마냥 오락적이기보다는 더 새롭고 다양한 시도를 하는 프로그램을 내놓게 되었다. 이러한 변화는 꼭 긍정적일까?

　다양한 콘텐츠가 생겼고 사람들의 선택의 폭이 넓어지면서 수요는 변화했다. 다양한 의견들을 실시간으로 공유할 수 있게 되면서 그 변화는 아주 빨라졌다. 변화에 옳고 그름을 따지는 것도 중요하겠지만 더 중요한 것은 이렇게 변화하는 시청자의 경향을 어떻게 반영하여 어떤 새로운 방향으로 '좋은' 프로그램을 만드느냐 하는 것이 아닐까? 폭발적으로 인기몰이를 하는 프로그램, 유행을 선도하는 프로그램, 매번 화제를 불러일으키는 프로그램도 좋지만, 각 방송에는 저마다 그 이상의 비전이 있어야 한다. 한두 마디로 정리할 수 있는 명확한 프로그램의 '기획의도'가 있어야 하는 것이다.

최근의 방송들은 공식 사이트에 기획의도를 게시해 두지 않는 경우가 많다. 기획의도를 게시해 두었더라도 그것을 보아도 방송의 지향점이 무엇인지 모호할 때가 많다. 〈옥탑방의 문제아들〉 역시 기획의도를 소개하고 있지만, 그것이 정확히 무엇을 말하는지 명확하지 않다. 더구나 "마땅히 알아야 될 것 같은 문제, 막상 답을 말하자니 주저하게 되는 그런 문제, 대한민국 의무 교육을 마친 이들이라면 당연히 알아야 할 문제!"를 풀어보겠다는 기획의도와는 다르게 유행하는 이슈나, 감동적이고 희귀한 사건을 위주로 한 문제들을 출제하며 사람들의 관심을 끄는 데 더 주력하는 모양새다. 그만큼 최근의 방송들이 기획 단계에서 그 의도에 크게 방점을 두고 있지 않은 것이다.

시청자들의 수요는 변화한다. 방송은 변화의 방향이 옳지 않다고 멋대로 수요를 반영하지 않고 기존의 방식을 고수할 수 없다. 그렇다고 마냥 유행만 좇을 수도 없는 노릇이다. 각 프로그램은 기획의도와 뚜렷한 지향점을 가지고 그 위에 사람들의 관심사와 트렌드를 반영해 장치로서 얹어야 한다. 최신 유행의 아이템을 선점하기 위한 경쟁, 그것이 어찌 나쁘겠나? 앞서 실제 그러한 경쟁으로 만들어진 새로운 포맷의 프로그램이 성공하여 시청자의 사랑을 받게 된 사례를 확인하지 않았던가?

다만 시청자들이 이러한 소모적 경쟁에 지쳐 있던 것도 사실이니 이쯤에서 더 건전한 경쟁을 위해 생각해 보게 되는 것이다. 프로그램이 주객을 바로 알고 그것이 전도되지 않도록 노력했을 때 그 경쟁은 더욱 건전해지지 않을까. 흔들리지 않는 프로그램의 비전이 있다면 더 '좋은' 프로그램, 더 '오래가는' 프로그램이 많이 만들어질 수 있지 않을까. 특히나 그 지향점이 개성 있어 정체성이 뚜렷하다면 서로 다른 프로그램이 트렌드를 반영한 아이템 한두 가지를 선점하기 위해 소모적인 경쟁을 하는 일도 없지 않을까. 현장의 방송인들에게, 유행에 민감해지느라 노고가 크다. 그 치열한 경쟁이 더욱 뚝심 있고 발전적인 프로그램으로 결실을 맺기를. 오늘의 시청자를 사로잡기 위한 방송가의 건전한 경쟁을 응원한다.

개표방송은 언론이 될 수 없는가

MBC 개표방송 〈선택 2020〉

김승훈

필자는 종종 일본 NHK 방송을 볼 기회가 있었다. 예능이라든지 시사교양 프로그램 등을 보며 느끼는 것은, 캐릭터라든지 여러 그래픽 효과가 다방면으로 사용되어 보는 재미가 있고 심심하지 않다는 것이었다. '과연 애니메이션 강국이구나' 하는 생각이 듦과 동시에, 그런 부분은 우리나라 방송에서도 활용하여 시청자에게 더욱 친근하고 쉽게 다가설 수 있으면 좋겠다는 바람이 있었다. 방송은 잘 만드는 것만큼이나 잘 전달되는 것, 전문적인 것만큼이나 다양한 연령대와 눈높이의 사람들과 호흡을 맞추는 것이 중요하기 때문이다. 그런 점에서 최근 몇 회 간 우리나라 방송사들이 선거 개표방송에 애니메이션을 적극 도입하여 활용하는 모습을 보면서, 정말 좋은 아이디어라고 생각했다. 갈수록 정치가 국민과 멀어지는 만큼, 개표방송을 통해 웃음과 재미를 주고, 관심을 환기한다면 조금 더 국민에게 쉽게 다가갈 수 있을 것이기 때문이다.

최근 우리나라 국가 행사나 주요 방송을 보면, 뛰어난 기술 역량으로 시청자에게 각인되는 장면들을 잘 만들어내는 것 같다. 지난 2018년 평창올림픽 개막식에서의 드론 에어쇼라든지, 남북한 판문점 회동이나 2020년 현충일 행사의 미디어 파사드 등이 그것이다. 선거 개표방송의 경우에도 애니메이션뿐만 아니라, 다양하고 역동적인 촬영기법과 영상 편집 기술이 활용되는 것을 볼 수 있었는데, 그런 점에서 MBC 개표방송 〈선택 2020〉은 인상 깊고 재미있는 점들이 많았다.

우선 드론을 통해 우리 시선을 건물 외부에서 내부로 유기적이고 극적으로 이동시키면서 방송을 시작한 것이 신선했다. 5G 통신으로 한층 더 빠르고 자연스럽게 실시간 소통하는 'EYE 100'이라든지, 국회의사당을 본떠 지은 에어돔 속의 터치스크린 등은 우리의 미래 사회를 조금 더 일찍 엿볼 수 있었던 것 같다. 선거구를 LED 조명으로 표현하여, 마치 게임 속에서 여러 나라가 땅따먹기를 하는 듯한 인상을 주는 것도 흥미로웠다. 후보자들을 스토리와 서사를 통해 갖가지 모션과 그래픽으로 그려내어 한층 더 방송에 몰입할 수 있었고, 둘리가 투표 안전 수칙을 알려주어 친근했다. 그리고 방송 틈틈이 전국 각지의 명소와 특산품을 소개하여, 지역에 관한 관심을 환기해 준 것도 긍정적이었다.

전반적으로 〈선택 2020〉 개표방송은 한층 더 다양하고 풍부한 볼거리를 제공하여 보는 재미를 선보였다는 점에 큰 점수를 주고 싶고, 방송사의 역량을 총동원하여 여러 가지 첨단기술이 방송에 녹아들었다는 점도 흥미로웠다.

다만 이제부터는 방송에 대해 쓴소리도 해야겠다. 〈선택 2020〉이 분명 잘 만들어진 방송임은 틀림없다. 그러나 언론으로 보이지 않았다. 높은 시청률을 위해 잘 기획되어 만들어진 방송 프로그램임은 틀림없을 것이나, 지상파방송의 사회적 영향력이나 그 역할에 비추어볼 때 〈선택

2020〉을 방영함으로써 선거 이후 우리 사회에 어떤 영향을 줄지 아니면 어떤 변화를 일으킬 수 있을지 알 수 없었다.

　민주주의사회는 시민이 주권을 가지고, 시민에 의해 통치되는 사회다. 다만 국가 규모라든지 여건에 따라 모든 시민이 직접 정치 과정에 참여할 수 없기 때문에, 권한을 위임받은 대리자를 선출하고, 이들이 국민의 대표자로서 대통령 혹은 국회의원이 되어 국정을 담당한다. 이때 언론은 시민들에게 그들이 권한을 위임한 대리자들이 어떤 사람인지, 일은 잘하고 있는지 정보를 알려주고, 한편으로 시민들의 목소리를 위정자들에게 전달하는 역할을 한다. 또한 시민을 대신하여 위정자들이 제대로 일을 수행하는지 감시하고 견제하는 일을 한다. 민주주의사회에서 언론은 민주주의 그 자체라고 할 수 있다. 그래서 언론은 민주주의사회에서 매우 높은 사회적 보호 속에 그 직무와 역할을 수행한다. 미국에서는 '수정헌법' 1조를 통해 표현의 자유, 언론의 활동을 강력하게 지지하고, 한국에서도 또한 다양한 법과 정책, 그리고 '현실적 악의', '명백하고 현존하는 위협' 등의 법리를 통해 언론보도를 폭넓게 지켜주고 있다.

　따라서 시민의 권한을 위임받는 대리자를 선출하는 과정에서 선거방송은 단순히 선거 정보를 전달하는 수준에 그칠 것이 아니라, 후보자에 대해 시민에게 소상히 알리고 앞으로 어떠한 정책으로 당신들의 삶이 바뀔 것인지 알려주는 것이 당연하다. 각 정당 후보자 간 토론회부터 개표방송에 이르기까지, 그것은 민주주의 관점에서 볼 필요가 있다. 하지만 애석하게도 매번 후보 토론회는 후보자 간에 논란을 낳을 뿐 구체적으로 어떤 비전을 가지고 정책을 펼칠 것인지 알기 어렵다. 그렇다면 개표방송은 어떤가? 이 지점에서 〈선택 2020〉의 문제점을 짚어보겠다.

1. 내용의 동일함

투표가 끝나면 MBC뿐만 아니라 지상파, 종편 방송사 구분 없이 모든 방송사가 개표방송을 방영한다. 하지만 대부분 그래픽이나 장치와 같은 기술·형식상의 크고 작은 차이가 있을 뿐, 내용상으로 거의 동일하다. 왜냐하면 선거관리위원회에서 제공되는 동일한 개표 진행 결과를 가공해 송출하기 때문이다. 그렇다면 한 가지 묻겠다, '과연 국내 방송 언론사 여러 곳이 동일한 내용을 방송하는 것이 타당한가?'

출처가 같으니 당연한 것 아닌가 반문해 볼 수 있지만, 그런 이유에서라면 굳이 막대한 비용을 들여 여러 방송사에서 개표방송을 내보낼 것이 아니라, 일부 방송사가 전담하는 것이 훨씬 효율적인 것 아닌가. 오히려 내용의 같음이란 취재의 부족이고, 시청자에게 제공될 수 있는 정보가 제한적이라는 것이며, 방송이 사회를 바꿀 힘을 발휘하지 못하는 제약 요소가 된다.

2. 선거 유불리 분석

방송을 보면 장장 10시간이 넘는 러닝타임 동안 크게 두 가지 내용으로 구성된다. '실시간 개표 현황'과 '패널들의 토론 혹은 분석'인데, 〈선택 2020〉에서는 모 의원과 변호사가 출연하여 '10분 토론'의 형식으로 중간중간 선거에 대한 평을 했다. 그런데 한 가지, 어느 정당이 의석 몇 석을 얻을지 예상하고, 그것이 향후 정계에서 얼마나 유리할지 논박하는 것, 차기 대선주자로 꼽히는 이들의 유불리와 정계 개편 가능성을 논하는 것. 이러한 내용이 일반 시민에게 과연 얼마나 중요하고 의미 있는 내용일까? 물론 선거 결과의 정치 지형에 따라 우리의 미래는 바뀔 수 있다. 그러나 이미 투표가 마감된 시점에 아직 확정되지도 않은 개표 진행 현황만을 가지고, 10시간이 넘는 시간 동안 유불리를 논하는 것이 시민에게 얼마만큼의 가치와 효용을 안겨주는지 모르겠다. 포장마차에서 개표방송을 보며 술잔을 기울이는 소시민이 아니라면, 오히려 이는 방송사에서 막대한 비용을 들여가며 각 정당과 후보자에게 정치 컨설팅을 제공하는 것일 뿐, 시민에게 그다지 유용한 정보는 아닐 것이다.

어떤 사람은 선거를 축제의 장으로 비유한다. 선거가 축제의 장이라면 당연히 분위기는 흥겹고 신이 나야 한다. 하지만 선거는 사실 비극일 수 있다. 사지선다형 시험에서 여러 후보 중에 단 한 사람만이 오답을 피할 수 있다는 것도 비극일 테지만, 선거를 잘못하면 우리 사회의 미래가 암울해진다는 점에서 미래지향적인 비극이다.

정치는 차악을 선택하는 것이라지만, 차악도 악이다. 최악을 피할 궁리만 하다 보면, 10시간 가까이 개표방송을 보더라도 남는 것은 없거나 혹은 지독한 정치혐오만 남을 뿐이다. 그러나 우리 사회의 다양한 위기 상황을 극복하기 위해서는 최선의 방안이 도출되어야 한다. 예컨대 코로나19 사태를 어떻게 대처하고 극복할 것인지, 이러한 위기 상황에서 어떻게 국민들의 안전한 삶을 유지해 줄 것인지에 대해 최선의 정책이 필요한 것이다. 그래서 사실은 이때 저널리즘이 빛나고, 언론의 자유가 발휘될 수 있어야 한다. 아무리 정치권이 구호와 슬로건이 난무하는 흑백선전을 하더라도, 시민들이 이성을 잃지 않고 객관을 유지할 수 있도록, 그들이 정치에 대한 관심과 기대를 잃지 않도록 언론은 팩트를 체크하고, 한데 모여 어두운 혼탁함 속에서 빨주노초파남보를 끄집어낼 수 있어야 한다.

정보가 제한적이어도 판단을 내리기 어렵지만, 정보의 출처가 늘어나 너무 많은 정보가 유통되어도 소비자는 판단하기 어렵다. 무엇이 내게 필요한 정보인지 골라내야 하는 데다, 그것이 신뢰 가능한 정보인지도 따져보아야 하기 때문이다. 보통의 소비자에게는 너무나 어려운 일인 것으로, 사회적으로 공인된 매체에서 사실 여부를 확인해 준다면 소비자의 불편은 크게 줄어들 것이다. 이때 언론은 유용성을 가지게 되며, 시민들로부터 지지되고 믿어지는 '신뢰' 자본에 의해 사회적 자원을 공유받는다. 그래서 언론은 경제적 수익이라는 개별 이익을 추구하면서도, 정보 전달과 권력 견제라는 사회적 이익을 수행하는 이중적 특성을 지닌다. 방송사는 광범위한 정보 수집 능력과 뛰어난 정보 가공 능력, 그리고 그것을 효과적으로 전달할 수 있는 막대한 자본과 능력을 갖추고 있다. 더욱이 지상파방송사는 대중의 이목을 집중시킬 수 있는 신뢰 자원도 가지고 있다. 그런데 다수의 방송사가 막대한 자본을 들여 동일한 내용을 쉴 없이 발표한다면 이는 사회적 자원의 낭비가 아닐까? 그저 흥미만을 북돋아 관심을 끄는 것도 게임방송의 몫이지 언론의 미덕은 아니다.

따라서 제안하고 싶은 것은, 개표방송의 패러다임을 바꾸는 것이다.

아무리 '실시간'으로 '재미있게' 보여주더라도, 본질은 선거 결과 누가 당선되었는지 알려주는 것이다. 하지만 언론은 그들이 가진 뛰어난 역량과 자원을 통해 통계 속에 숨어 있는 이야기를 끄집어내서, 우리 앞에 펼쳐질 사회의 변화상을 말해줄 수 있다. 본질을 수식하지만 말고, 본질을 확대하자는 것이다.

개표는 이미 종료된 사실을 확인하는 과거지향적인 행위지만, 그 속에 담긴 무수한 공약과 희망을 드러내는 것은 아니다. 공약을 검증하고 사실관계를 확인하는 것은 투표 이전의 단계에서 해야 할 일이지만, 유의미한 공약들을 집약하여 제시하는 것은 투표 이후에도 유효하다.

어차피 소선거구제에서의 당선은 최다 득표에 의한 것이지, 과반 이상 다수의 지지 획득을 의미하는 것은 아니기 때문이다.

3. 제시 대상의 확대

현행 포맷을 유지하면서도 발표 대상을 확장할 수 있다. 지금껏 개표방송에서 어느 지역구에서 누가 유리한지를 보여줘 왔다면, 어느 정당의 어떤 정책이 유리한지도 같이 보여주는 것이다. 국회의원은 지역 민원 해결사인 동시에 국가 정책의 기획자인 만큼, 지역 단위와 국가 단위에서의 정책 방향은 다를 수 있다. 정책은 여야가 같이 협의하고 조율해서 만드는 것이니 선거 시점에서 미리 예단하기도 힘들다. 하지만 공약을 통해 각 후보자나 후보 정당별 방향성이나 사고는 파악할 수 있다. 지역구 현안에 따라 구체적 공약은 다르더라도, 기본적으로 정당에 소속된 후보자 간에는 공유하는 가치와 방향이 있기 때문이다.

그렇다면 '○○선거구의 A 후보가 B 후보를 7% 앞서고 있습니다'와 같은 기존의 후보자 간 경합 보도를 할 수도 있겠지만, 동시에 지역 방송이라면 '○○선거구에는 7% 확률로 지하철이 연장되는 대신에 버스 간격이 줄어들 것으로 예상됩니다'와 같이 수요자 중심으로 말할 수도 있는 것이다. 전국 방송이라면 'A당이 우세함에 따라, 전 국민 재난지원금이 지급될 것으로 전망됩니다' 등으로 알려줄 수 있을 것이다. 그래픽도 후보자 A와 B가 줄다리기하듯이, 보편복지와 선별복지가 서로 줄다리기하는 것을 보여주거나, 버스는 앞으로 달리는데 지하철은 방향을 트는 식으로 장면을 연출할 수도 있다. 이처럼 기존의 인물 중심 선거 구도를 벗어나 인물과 정책을 병행하여 보여준다면, 유권자에게 더욱 풍부한 정보를 제공하고, 우리 정치·사회에 대한 더 많은 관심을 끌어낼 수 있을 것이다. 국민에게 선거가 더욱 일상적으로 와닿을 것이고, 향후 계획에 참고할 수 있는 계기가 될 것이다.

4. 가치 있는 공약에 대한 논설

아무리 10명의 후보가 입후보하더라도, 소선거구제하에서 한 명의 당선자를 제외한 모든 후보는 탈락하게 되고, 그들의 정책 또한 잊힐 가능성이 높다. 그러나 공약은 당선되기 위해 유권자를 설득하는 기제다. 그런만큼 다양한 유권자들의 문제 인식과 요구 사안이 담겨 있다. 반드시 최다 득표한 후보자의 공약이 아니더라도 충분히 가치 있는 공약이 있을 수 있는 것이다. 그러므로 개표하는 틈틈이 패널들이 나와서 향후 정치 지형이 어떻게 달라지고 누가 대선에서 유리할까를 논하기보다는, 현재 상황을 보니 B당이 A당에 밀리고 있는데, B당 정책 중에도 고려할 아이디어가 있더라라는 식으로 소개해 준다면 훨씬 더 국민들에게 유익한 내용이 될 수 있다. 전국 단위 방송에서 지역과 정당, 후보자 간 공약을 들여다보면, 정책 간의 공론장이자 정보 교환의 장이 될 수 있다. 이 과정에서 다른 지역의 전혀 생각지도 못한 공약이 우리 지역에 상당히 유용할 수 있다면, 유권자들은 향후 지역구 당선자에게 더 나은 정책 방향을 요구할 근거를 가질 수도 있을 것이다.

데이비드 이스턴에 따르면 정치는 사회적 자원의 권위적 배분이다. 정책의 집행을 행정부에서 한다면, 입법부는 정책 수립과 결정을 책임진다. 사회적 자원을 정치적 의사소통을 통해 배분하는 것은 결국 국회의 주된 몫이다. 그런데 그렇게 중요한 인물을 선출하는데, 단순히 누가 이기고 졌는지만 나열한다면 시청자 입장에서 억울해진다. 어떤 공약이 제안되었고, 어떠한 방법과 방향으로 수행될 것인지를 알아가는 과정에서 우리는 국회의원보다 더 중요한 시민 유권자가 될 수 있다.

우리나라가 민주화를 이룩한 지 30년이 넘었지만, 여전히 우리 사회의 민주주의는 불안정하다. 진영에 따라 극단으로 나뉘어 세 대결을 하는 것을 보면, 정치는 후퇴하고 언론은 무책임하며 시민은 피폐해지는 느낌이다. 하지만 이럴 때일수록 저널리즘으로 무장한 언론의 펜이 빛나고, 합리적으로 사고하는 시민들의 집단지성이 창출된다면, 우리 사회는 강력한 민주주의에 기반한 최선의 내일을 만들어갈 수 있을 것이다. 공론장의 토양에 개표방송이 한 줌 씨앗이 되어 시청률을 양분 삼아 자란다면, 세상의 종말을 앞두고 사과나무를 심는 것만큼이나, 가치 있을 것이라고, 그렇게 나는 믿는다.

동백꽃의 꽃말은 이데올로기

윤정민

지상파 드라마 위기의 시대다. 케이블 채널, 종합편성채널 그리고 OTT 서비스의 부흥까지, 지상파 드라마는 시청자들의 관심에서 사라지고 있다. 하지만 이러한 지상파 드라마의 먹구름을 뚫고 〈동백꽃 필 무렵〉은 성공했다. 2019년 9월 18일부터 KBS2에서 방영한 〈동백꽃 필 무렵〉은 수목 드라마 시청률 1위인 시청률 6.3%로 시작해, 마지막 회에서는 23.8%를 달성해 2019년 지상파 미니시리즈 중 최고 시청률을 기록했다.

〈동백꽃 필 무렵〉이 시청자들에게 신선하게 다가올 수 있었던 것은 대부분의 로맨틱 코미디와 다르게 〈동백꽃 필 무렵〉의 극을 이끌어가는 주체가 여성들로, 남성들은 대부분 보조적인 입장에서만 존재했기 때문이다. 지금까지 대부분의 로맨틱 코미디 드라마 속에서 남자 주인공은 주로 여자 주인공보다 사회적 우위에 자리 잡고 있었다. 동등하더라도, 여자와 함께 발맞춰 나아갈 뿐 여자 주인공의 성장을 위해 보조적 역할을 수행하지 않았다. 하지만 〈동백꽃 필 무렵〉의 주인공은 바로 동백이다. 동백이의 가족, 사랑, 사람 그리고 성장에 관한 드라마다. 하지만 로맨틱 코미디라는 드라마 장르의 전형적인 캐릭터의 틀을 깨부순 성공적인 드라마에서도 여전히 수많은 드라마 속에서, 우리의 일상 속에서도 재생산되는 이데올로기가 존재한다.

〈동백꽃 필 무렵〉의 엄마들

위에서 언급했듯이, 〈동백꽃 필 무렵〉의 주체들은 여성이다. 각기 다른 형상의 여성들 속에서도 모성신화가 계속 생산된다. 극의 후반부에 들어서서는 주제가 아예 모성이 되어버린다. 14, 15, 19회 제목은 각각 "엄마의 나이테 '엄마는 그렇게 나이를 먹었다'", "엄마. 妈妈. mother.", "7년 3개월짜리 엄마"다.

　　〈동백꽃 필 무렵〉의 주 무대가 되는 옹산시장은 모계사회다. 시장을 이끌어가는 것은 남자들이 아닌 여자들로, 아들보다 며느리에게 가업을 물려주는 사회가 형성되어 있다. 이러한 사회를 바탕으로, 새롭게 옹산시장에 등장한 동백(공효진 분)도 아들 필구를 혼자 키우는 비혼모다. 드라마 37화(19화)에서 "필구는 나한테 신이야.…… 이번 생은 필구한테 올인 할 거야"라는 대사 등을 통해, 동백이의 인생이 필구 위주로 돌아가는 것을 알 수 있다. 동백은 엄마에게 버려진 존재였지만, 필구만큼은 자신처럼 키우지 않기 위해 부단히도 애를 쓴다. 극의 후반부에 이르러서는 동백의 엄마 정숙(이정은 분)이 등장한다. 어릴 적에 동백이를 버렸지만, 그녀의 모성은 버려지지 않았다. 정숙은 자신의 보험금을 어떻게 해서든지 동백이에게 주려는 엄마다. 용식이(강하늘 분)도 아버지

없이 어머니인 곽덕순(고두심 분) 밑에서 자랐다. 덕순 또한 아빠 없는 용식이가 기죽을까 끝없이 용식이를 챙긴다. 그녀의 모성은 용식이 군부대에 닭을 300마리나 튀겨 간 일화로도 알 수 있다.

이 외에도 정말 다양한 모성상이 등장한다. 노규태(오정세 분)의 엄마, 레베카의 엄마인 제시카(지이수 분) 그리고 제시카의 엄마까지. 이 인물들은 흔히 우리가 생각하는 이상적인 모성의 양상으로 비추어지지 않아도 그 중심에는 자식을 가장 우선시하는 마음이 있다. 〈동백꽃 필 무렵〉은 정말 다양한 모성의 형태를 보여주는 듯하지만 다 과거부터 이어져 온 전형적이고 이상적인 모성상들을 그려낸다. 자식을 위해 끝없는 희생을 감내할 수 있는, 자신의 인생보다 자식이 가장 중요한 그 '모성상' 말이다.

제시카는 자신의 딸인 레베카보다 자신의 인생을 더욱 중요시하는 인물로 나온다. 육아보다는 SNS상에서의 인기를 중요시하고 자신의 꿈인 모델이 되기 위해 아이를 두고 밀라노로 유학을 가려는 제시카의 모습은 전형적인 모성상에서 벗어나 보인다. 하지만 극의 후반부터 자신의 삶과 엄마로 사는 삶 사이에서 갈등하고 38화(19화)에서는 처음으로 딸에게 이유식을 먹이는 장면이 등장한다. 마지막 회에서 제시카는 'SNS 스타'로서의 삶을 포기하고 모성을 보여주는, 진정한 엄마 그리고 어른이 되어가는 모습으로 그려진다. 자신의 꿈보다 자식의 양육을 우선시하는 것이 당연시되는 정형화된 모성상에서 자식을 가진 엄마라면 그 누구도 벗어나지 못하게 되는 것이다. 결국 〈동백꽃 필 무렵〉은 동백이부터 제시카까지, 다양한 엄마들의 모습을 통해 다시 한번 '헌신적(이고 극단적)인 모성애', '자식에 대한 끝없는 죄책감'을 마치 당연한 것, 다시 말해 모성의 기본 조건인 양 재생산하고 있다.[1]

또한 모성은 실제로 자식이 있는 인물에게만 적용되는 것이 아니다. 노규태(오정세 분)와 홍자영(염혜란 분) 사이에는 자식이 없으니 홍자영은 엄마가 아니다. 하지만 홍자영은 철없는 남편 노규태를 아이처럼 생각한다(마지막 회에서는 홍자영의 임신을 암시하는 장면들이 나온다). 또한 결혼한 적도 없는 향미도 자신의 남동생을 뒷바라지하는 엄마의 역할을 수행한다. 옹산시장 상인들 또한 그렇다. 이들은 대부분 기혼자로 철없는 남편을 챙긴다. 또한 이들의 자식들은 극 중에서 잘 비치지 않지만 '옹벤져스'로 등장하며 주인공 '동백'을 보호하는 모습을 보인다. 이는 같은 여자로서의 연합으로 보일 수 있지만, 옹산시장의 여성들은 동백이를 싫어할 때도 동백이의 아들 필구는 잘 챙겼다. 결국 여자라면 생물학적인 자식이 없어도 당연히 모성은 본능적으로 가지고 있다는 지배적 이데올로기를 이 성공적인 드라마에서도 재생산하는 것이다.

그리고 모성애를 받지 못한 인물들은 극단적으로 그려진다. 모성이 주를 이루는 배경 속에서 아버지 밑에서 자란 인물이 단 한 명 있는데, 바로 홍식이다. 아버지마저도 돈을 벌기 위해 홍식이를 신경 쓰지 못했다. 어릴 적 고양이를 죽이던 홍식이는 끝내 연쇄살인범 까불이가 된다. 하지만 드라마 속에서도, 드라마를 보는 우리 중에서도 그 누구도 홍식의 아버지 탓을 하지 않는다. 생물학적인 엄마가 없고, 모계사회인 마을에서 여성들의 모성애 또한 받지 못한 홍식이는 살인을 저지르는 가해자가 되었다. 그리고 모성애를 받지 못한 인물에 의해 발생하는 피해자 또한 모성의 보호를 받지 못한 인물인 향미다. 향미는 술집을 운영한 엄마에 의해 방치되었으며 할머니는 병상에 누워 있다. 이런 상황에도 외국에 있는 동생에게 모성을 보이지만, 결국 까불이에게 죽고 만다.

---

1   "'동백꽃 필 무렵'의 모성애가 한편으론 불편한 이유", 2019.11.13, https://1boon. kakao.com/ziksir/5dcbad49bcd34944b2b8fd37

향미 또한 그 누구에게도 모성애를 받지 못했다. 동백은 향미의 가족이자 친구일 뿐 향미의 엄마가 되어주지는 못했다. 동백은 필구의 엄마니까. 결국, 위의 구조를 통해서 〈동백꽃 필 무렵〉은 아이를 양육하는 데에 있어, 개인이 살아가는 데 있어서 여성의 보살핌이, 모성이 필수적이라는 신화를 재생산하는 것이다.

다양한 여성사를 보여준다는 시각에서 바라본다면 〈동백꽃 필 무렵〉은 성공한 드라마다. 하지만 그 다양한 여성들이 하나같이 '모성'을 지니고 있다는 것을, 〈동백꽃 필 무렵〉은 교묘히 감추며, 전형적인 모성상과 모성의 중요성을 재생산한다.

잊혀버린 향미의 죽음

해피엔드가 하나의 요청이 되고, 신조가 된다.[2] 〈동백꽃 필 무렵〉 1화는 살인사건 피해자의 시신을 찾아내는 것부터 시작한다. 피해자의 손목에는 주인공 동백이가 하고 다니던 게르마늄 팔찌가 채워져 있었다. 시청자들은 드라마를 보며 과연 살인사건의 피해자가 동백이인지 아니면 제3의 인물인지 추측해 나간다. 그리고 극의 결말에 다다라서 피해자가 동백이가 아닌 향미인 것이 밝혀지는 순간, 사람들은 안타까워하면서도 한편으로는 안도한다. 주인공인 동백이가 죽은 것이 아니라서. 동백이가 까불이에 의해 죽는 결말이었다면, 이 〈동백꽃 필 무렵〉이라는 드라마는 끝까지 시청자들에게 사랑받을 수 없었을 것이고, 흥할 수 없었을 것이다. 우리가 로맨틱 코미디에서 정의하는 해피 엔딩은 남녀 주인공이 죽

2   에드가 모랭, 『스타』,(문예출판사, 1992), 29쪽.

지 않고, 고난을 딛고 끝내 행복하게 함께하는 것이기 때문이다. 어느덧 이러한 결말은 로맨틱 코미디 장르의 고유한 특성이자 해피 엔딩이라는 지배적인 신화가 된 것이다. 우리는 향미의 죽음을 보아도, 〈동백꽃 필 무렵〉이 해피 엔딩으로 끝났다고 말한다.

또한 이는 사회가 만든 약자에 대한 무관심의 이데올로기가 재생 산된 것이기도 하다. 극중의 향미는 지배적인 사회에 의해 배제된, 동백 이에 비해서도 상대적 약자다. 향미에게는 가족이 없다. 어릴 적부터 엄마의 관심에서 배제되었고, 동생을 뒷바라지하기 위해 유흥업소에서 일하는 여자까지 되었다. 세상은 왜 향미가 그렇게 되었는지 관심을 갖 지 않는다. 향미는 유흥업소에서 일했고, 동백이의 돈을 훔쳐 달아났다 가 돌아왔고, 그녀가 지켜야 할 가족 또한 없으니 동백이보다는 죽어도 괜찮은 존재로 우리는 무의식중에 인식하게 된다. 드라마는 이러한 약 자에 대한 무관심을 향미를 통해 다시 한번 재생산한다. 본 드라마는 동 백이가 향미의 죽음에 분노해 까불이에게 당당히 맞서고, 필구가 멋진 야구선수로 성장하고, 동백이와 용식이의 딸의 이름을 향미의 본명인 '고운'으로 짓고, 동백이와 용식이가 함께 늙어가는 엔딩을 보여주며, 향 미를 극 뒤로 밀어낸다. 결국 주인공만이 극에 남는다. 그리고 이를 완 벽한 해피 엔딩이라고 결론짓는다. 시청자들은 향미의 죽음에 한순간 안타까워하지만, 어느새 향미를 잊은 채 완벽한 결말이라고 생각하게 되는 것이다. 이는 과거부터 답습하여 내려온 드라마 속의 신화이며, 현 실의 이데올로기다. 세상에 존재하는 수많은 향미, 약자들은 끝내 우리 에게 관심의 대상이, 주인공이 되지 못한다.

로맨스 속의 벽

〈동백꽃 필 무렵〉은 로맨스(4), 휴먼(4), 스릴러(2)를 합친 4-4-2 전술 드라마라고 제작진은 말했다. 로맨스를 전제하여 스릴러와 휴먼이라는 장르를 더한 것이다. 주를 이루는 것은 동백이와 용식이의 사랑 이야기다. 물론 앞에서 언급했듯이 기존의 로맨틱 코미디와는 다른 새로운 캐릭터들, 그리고 사랑과 함께 여성 주인공의 성장을 다뤘다는 것은 기존의 로맨스 장르와는 다른 양상을 보여준다.

제작진은 "동백이 정들었던 옹산에 작별을 고한다"고 예고하며, "이로써 동백과 용식의 사랑도 또다시 벽에 부딪힌다. 두 사람이 이 위기를 어떻게 헤쳐 나갈지, 이제 막 피어오른 썸을 끝까지 지켜낼 수 있을지 함께 지켜봐 달라"고 덧붙였다.[3]

그러나 아무리 스릴러 장르를 더했다고 하더라도, 까불이가 누구인지 밝혀내는 것이 극 흐름에 중요한 부분을 맡아도, 제작진과 시청자는 까불이를 두 주인공의 위기 또는 벽 정도로 위치시킨다. 까불이를 잡아 빨리 두 남녀가 안정적인 사랑을 하기를 바라게 되는 것이다. 결국 마지막 화에서 까불이와 동백이가 당당히 맞서며 동백이의 성장이 이뤄진 후에 동백이와 용식의 관계 또한 회복되고 완전해진다. 까불이는 극을 이끌어가는 주요소이기도 했지만, 본질적으로는 두 주인공이 사랑을 이루기 위해서 부숴야 할 벽이었던 것이다.

이런 로맨틱 코미디의 한계는 위기에서만 작동하지 않는다. 동백

---

3   "'동백꽃 필 무렵' 공효진, 까불이 경고에 무너지나 … 6년살이 옹산 떠난다", 조이뉴스24, 2019.10.16, http://www.joynews24.com/view/1215270; "'동백꽃' 강하늘-공효진, 고두심 '산' 넘을까 … 사랑 vs 모성 격돌", 《조선일보》, OSEN, 2019.10.31, https://www.chosun.com/site/data/html_dir/2019/10/31/2019103101794.html

이의 베프를 자처하던 곽덕순이 제 아들인 용식이가 그렇게 쫓아다니던 여자가 동백이며, 용식이가 동백이를 불길 속에서 구하려다 다친 것을 알자 동백이를 매몰차게 대한다.

〈동백꽃 필 무렵〉 측은 "이날 방송에서 사랑이 굳건해진 동백과 용식이 '모성'이라는 큰 산과 마주한다. 이들에게 덕순이 어떤 입장을 보일지, 용식을 더욱 끔찍이 키울 수밖에 없었던 덕순의 사연은 무엇일지 지켜봐 달라"고 전했다.

제작진은 바로 곽덕순을 두 사람의 사랑에 있어 넘어야 할 산으로 위치시켜 버린다. 드라마의 필수적인 존재, 용식이의 엄마, 동백이의 베프, 옹산시장의 회장 등 다양한 형태로 존재하는 극의 인물을 두 주인공의 사랑을 반대하는, 두 주인공이 사랑하기 위해 넘어야 할 단순한 존재로 재배치한다. 〈질투의 화신〉, 〈한번 다녀왔습니다〉 등 대부분의 로맨스 요소의 드라마에 등장하는 주인공 사이를 부모가, 특히 엄마가 반대하는 양상과 유사하다. 게다가 〈동백꽃 필 무렵〉에서는 왜 둘 사이를 반대할 수밖에 없는지를 곽덕순의 희생적인 모성을 통해서 그려낸다.

로맨스 장르는 두 주인공의 사랑을 방해하는 요소를 필수적으로 지닌다. 그리고 이는 극 흐름의 중요한 요소라도, 극의 중요한 인물이라도 단순히 사랑을 방해하는 요소로 생각하게 만든다. 〈동백꽃 필 무렵〉이 스릴러와 휴먼의 장르를 포함했더라도 로맨스가 가진 본질적인 장르의 특성을 그대로 이어나간 것이다.

다양한 꽃을 피우기 위해

〈동백꽃 필 무렵〉은 성공한 드라마다. 객관적인 수치도, 시청자들도 이를 보여준다. 〈동백꽃 필 무렵〉에는 사랑만이 아닌 사람들이 있었다. 매번 공짜는 없던 동백이의 삶에 나타난 다양한 사람들의 모습은 우리 주위에 있는 사람들이다. 그리고 그 사람들과 함께 동백이는 성장하고, 보는 시청자들도 함께 성장한다. 비혼모, 미혼모 그리고 다양한 여성들을 바라보는 시청자들의 생각을 개선하고 '고맙습니다'라는 사소한 말이 누군가에게는 가장 듣고 싶은 말이라는 것을 깨달아가는 것이다. 비로소 사람과 사랑에 의해 동백꽃을 피웠듯이, 본 드라마는 우리도 우리만의 꽃을 피울 수 있다는 희망을 안겨준다.

모든 드라마나 예능 프로그램이 그렇듯, 모두를 만족시키는, 모든 부분에서 '완벽'한 프로그램은 없다. 하지만 완벽한 프로그램을 만드는 것, 이 지점은 결국 모든 방송이 지향해야 할 점이다. 다양한 여성의 모습을 보여주어도, 그 속에는 정형화된 '모성'이라는 여성상이 있다. 완벽한 결말 속에서도 '약자'는 존재하지 않는다. 그리고 그 약자를 가족이 없는 여성, 모성의 보호를 받지 못한 여성으로 한정한다. 이를 숨긴 채 교묘히 꽃피워 낸 동백꽃은 아름다워 보인다. 하지만 자세히 들여다보면, 우리가 의식하지 못한 지배적인 이데올로기들이 숨어 있다. 새로운 '엄마'의 상이, 새로운 '약자'의 상이, 새로운 '로맨스'의 형태가 드라마 속에 등장하기 위해 지배적인 이데올로기를 의식하고 개선하고 더는 재생산하지 않게 되면, 더 많은 드라마가, 더 많은 우리의 일상이 꽃피워지지 않을까.

코로나19의 사회적 요구, 예능과 시청자의 기술적 거리 두기

이상호

들어가며

코로나19는 우리 삶의 많은 것을 바꿔놓았다. 마스크는 공존을 위한 필수품으로 자리 잡았고, 모니터를 통해 강의하는 선생님의 모습을 보는 것이 어색하지 않아졌다. 사람들과 접촉을 피하고 거리를 두는 것은 일상이 됐다. 코로나19라는 사회적 변화와 요구에 발맞춰 사회의 구성원들은 새로운 규칙에 적응하고 있다. 매스미디어 역시 변화의 요구에 직면했다. 마스크를 쓰고 손을 소독하며 시청자들과 거리를 둘 수밖에 없었다. 관객들과 현장에서 만나는 공연예술 형태의 프로그램은 직접적인 타격을 입었다. 40년간 전국을 돌며 시민들에게 무대를 제공했던 KBS 〈전국노래자랑〉은 과거 방송을 특집 형태로 재가공해서 내보내고 있다. 지난 7월에 40주년 특별 기획으로 연령별 노래자랑을 준비했지만 관객 없이 진행할 수밖에 없었다. 관객의 부재에 대해 진행자 송해는 "나가서 대중과 웃고 놀면 좋은데 그걸 못 하고 있으니까 사람 리듬이 깨졌다"라며 방청객 리액션이 없어 "허전해서 못 하겠다"라고 말한다.[1] 젊은 시청층을 타깃으로 한 음악프로그램도 상황은 마찬가지다. KBS 〈뮤직뱅크〉, MBC 〈음악중심〉, SBS 〈인기가요〉, Mnet 〈M Countdown〉 등 공연예술 포맷으로 방송됐던 음악프로그램에서 객석의 팬들은 자취를 감추었다. 이러한 상황이 얼마나 더 지속될까. '커뮤니케이션 현장의 증인'들은 다시 돌아올 수 있을까. 우리는 지금 코로나19라는 사회결정론적 상황 속에서 전통적 매스미디어의 기술결정론적 민낯을 목도하고 있다. 이 글에서는 MBC 〈놀면 뭐하니?〉가 코로나19 사태 속에서 변화하는 양상을 통해 전통적 매스미디어의 기술결정론적 한계와 매스커뮤니케이션의 미래를 엿보고자 한다.

〈놀면 뭐하니?〉의 코로나19 일지

〈놀면 뭐하니?〉의 연출자 김태호 PD는 〈무한도전〉 시절부터 공연예술 형식을 차용해 시청자들과 만나는 모습을 자주 연출했다. 2년마다 열렸던 고속도로 가요제뿐 아니라 '행사 하나마나', '하하 게릴라 콘서트', 'You & Me 콘서트', '레슬링 WM7', '박명수의 게릴라 콘서트', '무한도전 응원단', '웨딩싱어즈', '토토가' 등 무대라는 매체를 빌려 시청자를 만났던 에피소드는 모두 열거하기 어려울 정도로 많다. 시청자들과 오프라인

---

1   이미영, "송해 '전국노래자랑' 40년 할 줄 몰랐다 … 내 인생의 교과서", 조이뉴스24, 2020.9.1.

공간에서 만나는 에피소드는 그해의 가장 큰 프로젝트였다. 방송 프로그램과 시청자의 실질적 커뮤니케이션의 증거로써 공연예술의 이미지를 차용하는 연출은 김태호 PD의 작가주의적 특성을 잘 드러낸다.

김태호 PD의 특성은 다음 연출 프로그램인 〈놀면 뭐하니?〉에서도 그대로 이어진다. 김태호 PD와 유재석의 만남만으로 화제가 됐던 〈놀면 뭐하니?〉의 1회 예고는 유재석과 그의 지인들이 릴레이 카메라로 일상을 보여줄 것이라는 내용을 담고 있다. 그런데 정작 중요한 것은 영상 밑에 깔린 의미심장한 리듬이었다. 바로 유재석이 연주한 드럼 리듬이었다. 당시 시청자들은 유재석이 드럼을 연주하고, 그 드럼 리듬이 수많은 아티스트들의 손을 거쳐 다양한 음악으로 탄생할 것이라 예상하지 못했을 시점이었다. 김태호 PD는 기획 단계에서부터 시청자들과의 만남을 계획했다. 쌍방향 소통의 시대에서 전통적 매스미디어의 PD, 김태호가 가장 잘할 수 있는 기획이다. '유플래쉬' 에피소드에서 '유고스타'로 분했던 유재석은 곧 트롯가수 '유산슬'로 변신한다. '뽕포유' 에피소드다. 준비는 일사천리였다. 중고 신인 유산슬 앞에 노래와 의상, 무대는 기다렸다는 듯이 다가온다. 그렇게 유산슬의 무대는 전국을 넘나들었고, 타 방송국과의 경계도 허물었다.

잠시 휴식기를 가졌던 유재석은 다시 하피스트 '유르페우스'로 분한다. 공연은 2월 13일 낮, 서울 예술의전당에서 진행됐다. 코로나19 확진자 수가 두 자릿수를 넘어가면서 우려가 확산하던 시기다. 당시 객석의 관객들 상당수가 마스크를 쓰고 있는 것이 화면에 담기기도 했다. 클래식 공연이라는 낯선 무대 위에서 유르페우스는 긴장한 기색이 역력했다. 곡을 마치는 마지막 코드가 불협화음을 내자 객석에서는 웃음이 터져 나왔다. 코로나19 사태의 시작을 본격적으로 알리는 복선이었을까, 곧 대구 신천지 신도들을 중심으로 확진자가 폭발적으로 증가한다.

그리고 실제 공연예술 현장에서 관객은 자취를 감췄다. 김태호 PD는 공연을 업으로 살아가는 예술가들과 '방구석 콘서트'를 기획한다. 텅 빈 세종문화회관 객석을 배경으로 무대가 꾸며졌다. 관객의 부재, 이것은 비단 공연예술 현장의 어려움만이 아니라 전통적 매스미디어가 감당해야 할 현실의 벽이었다.

이후 에피소드에서는 코로나19로 인해 강제된 변화가 나타난다. 치킨집 사장으로 분한 '닭터유' 에피소드에서는 언택트 시대의 일상을 그렸다. 유튜버 쯔양이 출연해 치킨을 리뷰하고, 드라이브스루 방식의 판매 현장을 연출했다. 치킨 배달을 담당한 하하, 김다비, 김연경만 차창을 사이에 두고 시민을 만났을 뿐 나머지 출연자들은 철저히 격리됐다.

문제는 곧 다가올 음악 프로젝트 '싹쓰리'였다. 유재석, 이효리, 비가 함께 혼성 댄스그룹을 결성했지만, 사회적 거리두기 1단계가 전국적으로 시행되며 시청자들과 만날 수 없게 됐다. 싹쓰리가 출연하는 음악 방송에서도 객석의 관객은 찾아볼 수 없었다. 오히려 싹쓰리 멤버들이 텅 빈 객석에 앉아 다른 아이돌들의 무대를 바라보는 낯선 상황이 카메라에 담겼다. 김태호 PD는 온라인 공간에서 시청자들과 소통하는 방식을 택했다. 그룹명을 정하기 위해 유튜브 라이브 방송을 하거나, 음악방송 녹화 중간에 유튜브 라이브 방송으로 팬미팅을 하는 방식이다. 시대의 변화에 순응해야 한다는 메시지가 출연자의 입을 통해 나온다. 비룡(정지훈 분)이 "그런데 받아들여야 돼. 요즘 추세가 유튜브 라이브 하는 게 요즘 추세예요"라고 말하자, 린다(이효리 분)가 "요새는 방송의 행태가 달라졌더라"라고 호응한다. 하지만 텔레비전 콘텐트 속에서 온라인 커뮤니케이션에 참여한 시청자들은 몇 글자의 채팅 메시지로 존재할 따름이었다.

텔레비전 속 시청자, 그리고 소통의 신화

텔레비전 예능 프로그램에서 시청자가 카메라 프레임 안에 담기는 것은 간단치 않은 의미가 있다. 예능 프로그램에서, 특히 김태호 PD에게 시청자의 출현-출연은 커뮤니케이션의 실재를 의미한다. 롤랑 바르트의 신화론에 비춰보면, '출연자 행위-공연장-관객'이라는 기표, 공연 형식이 본래 내포하는 실시간 커뮤니케이션 이미지라는 기의가 의미작용을 일으켜 '무대공연'이라는 기호를 생성한다. 이어 무대공연 이미지라는 시니피앙과 일방향성 매스미디어라는 시니피에가 2차 의미작용을 일으킨다. 의미작용의 결과는 '지금 우리는 텔레비전에서 양방향 커뮤니케이션을 하고 있다'는 신화다.[2]

김태호 PD의 강점은 이러한 의미작용의 효과를 극대화하는 능력이다. 대형 방송사에서 동원할 수 있는 자원과 역량을 아낌없이 쏟아부음으로써 역설적으로 전통적 매스미디어가 가진 약점을 감출 수 있었다. 〈무한도전〉에서 김태호 PD는 이미 능력을 증명했다. 장난 같은 도전이었던 '강변북로 가요제' 때는 지나가던 동네 주민과 출연자의 매니저 등 겨우 십수 명이 무대 앞을 지켰다. 2009년 '올림픽대로 듀엣가요제'에는 YB, 소녀시대 제시카 등 유명 대중가수들이 출연했고, 처음으로 객석다운 객석이 확보됐다. 2011년 '서해안고속도로 가요제'에서 비소로 대형 콘서트 형식을 취하게 된다. 이때부터 음악 공연은 웃음의 소재가 아니라 진지한 무대공연을 통한 적극적인 커뮤니케이션으로 변모한다. 무대

---

2 바르트는 신화 속에서도 기표, 기의, 기호라는 3차원의 도식이 발견된다고 했다. 소쉬르가 설명한 언어학에서의 기호를 제1체계, 제1체계를 통해서 나타난 기호의 기표화와 그것의 의미작용을 제2체계라고 봤고 이 제2체계가 신화를 읽어내는 구조라고 주장한 대롤랑 바르트, 『현대의 신화』, 이화여대 기호학연구소 옮김(동문선, 1997), 267쪽].

가 점점 커짐에 따라 화면 속 시청자의 존재감도 함께 커졌다. 익숙하게 노래를 따라 부르는 관객이자 시청자의 존재는 시청자가 등장하지 않았던 준비 과정 중에도 커뮤니케이션이 존재했음을 증명한다.

무대가 성립될 수 없는 환경에서는 이러한 의미작용이 일어날 수 없다. 결국 신화는 파괴된다. 코로나19로 물리적 거리를 좁힐 수 없다는 것, 거리를 두고 있다는 사실을 명백히 드러내는 표현은 결과적으로 전통적 매스미디어인 텔레비전의 한계를 공표하는 의미를 갖는다. 대표적으로 '싹쓰리'의 유튜브 라이브 방송을 들 수 있다. 공연예술이라는 매개를 통해 시청자들과 만날 수 없게 된 상황에서 결국 유튜브 라이브 방송이라는 대안을 수용했다. 유튜브 라이브 방송은 분명히 텔레비전에 비해 뉴미디어이며, 실시간 소통이 강조되는 커뮤니케이션이다. 유튜브 채널에 참여하여 실시간으로 움직이는 화면 속 주인공 유튜버와 끊임없이 흘러가는 채팅을 본다면 누구나 양방향 커뮤니케이션 현장에 있음을 인지할 수 있다. 하지만 이것이 텔레비전 콘텐트로 재소비될 때에는 공연예술을 차용했을 때와 같은 신화화가 일어나지 않는다. 유튜브 라이브 방송이 실시간 소통이라는 기호를 형성하더라도 텔레비전이라는 시니피에를 만났을 때 기호는 해체된다. 유튜브 공간에서 쏟아져 나오는 소통의 증거들은 제작진의 편집으로 인해 훼손된다. 정제된 소통의 증거는 동시적·직접적 소통이라는 의미를 퇴색시킨다. 더 나아가 시청자는 편집이라는 인위적 조작을 지각하는 순간 소통이 중지되었음을 인지한다.

사회결정론이 드러낸 매스미디어의 기술결정론적 민낯

코로나19로 인해 전통적 매스미디어가 직면한 어려움은 사회적 요인으로 인해 야기된 것이다. 그런데 이러한 사회결정론적 상황은 텔레비전이라는 매체의 기술결정론적 커뮤니케이션의 한계를 드러내고 있다. 마셜 맥루언은 『미디어의 이해』에서 텔레비전을 대표적인 쿨미디어라고 지목했다. 하지만 현재 미디어 환경에서 텔레비전을 쿨미디어라고 분류할 수는 없다. 맥루언은 쿨미디어가 어떠한 핫미디어보다 사람의 참여도를 상승시킨다고 말한다.[3] 참여도가 높다는 것은 메시지 수용자가 관여할 수 있도록 비워 있다는 것을 의미한다. 유튜브 생방송처럼 애초에 비워둠을 전제로 한 콘텐트에 비하면 텔레비전 콘텐트는 이미 많이 채워져 있다. 김태호 PD는 이러한 매체의 태생적 제약을 극복하기 위해 커뮤니케이션 단계를 다변화하는 전략을 택했다. 하지만 코로나19 사태가 장기화하면서 그가 능숙하게 활용하던 신화화가 작동할 수 없게 됐다. 사회결정론적 요소가 매체의 기술결정론적 본질을 드러내고 있는 것이다.

싹쓰리가 출연했던 음악 프로그램을 떠올려 보자. 그들은 무대에 올라 자신의 메시지를 발산하지만 그들을 맞이하고 있는 유일한 존재는 카메라라는 기계뿐이다. 발터 벤야민은 관객이 있어야 할 자리에 기계장치가 놓이는 영화 스튜디오 현장의 생산과정이 아우라를 제거한다고 말한다.[4] 무대를 매개로 이뤄지는 공연예술의 현장을 증언할 관객의 부재, 그리고 그 관객에게 맞춰가는 가능성을 잃게 된다는 점은 '지금-여기'에서 커뮤니케이션이 발생하고 있다는 것을 부정하는 결과를 낳는

---

3   마셜 맥루언, 『미디어의 이해』, 박정규 옮김(커뮤니케이션북스, 1997), 49쪽.
4   발터 벤야민, 『기술적 복제시대의 예술작품』, 심철민 옮김(도서출판b, 2017), 56쪽.

다. 오로지 카메라 연출자와 편집자의 의도에 의해 탄생한 메시지만 날 것 그대로 시청자에게 전달된다. 따라서 출연자와 직접 소통을 통해 확인할 수 있는 아우라, 혹은 앞서 지적했던 커뮤니케이션의 신화는 사라져버린다. 이러한 커뮤니케이션의 반복은 매체의 르시클라주(재교육)를 촉진한다. 이것은 전통적 매스미디어의 기술결정론적 한계, 기존에 텔레비전이 누렸던 매체 주도권 상실 가능성에 대한 사회구성원들의 인식 체계가 형성되는 과정이다.

나가며

김태호 PD는 ≪미디어오늘≫과의 인터뷰에서 "MBC PD가 아닌 〈놀면 뭐하니?〉 PD라고 생각해야 한다"라고 말했다.[5] 다양한 플랫폼에서 〈놀면 뭐하니?〉가 소비될 수 있도록 만들겠다는 포부도 밝혔다. 앞의 논의에 비춰 생각해 보면, 매체가 가진 속성에 구속되지 않겠다는 의지 표명으로 이해할 수 있다. 리니어 방송 송출 시스템의 틀 안에서 콘텐츠를 구성하는 것이 아니라 쌍방향 소통이 가능한 매체를 통해 커뮤니케이션하겠다는 것이다. 김태호 PD의 이러한 발언은 함의가 작지 않다. 맥루언은 테크놀로지와 지속적으로 접촉함으로써 우리 자신을 그 테크놀로지의 '자동제어장치화'한다고 말한다.[6] 이것은 수용자가 이전보다 더 '쿨'한 미디어를 지속적으로 사용하면 과거의 매체로 돌아갈 수 없음을 의미한다.

5   정철운, "김태호 PD '유튜브·넷플릭스·카카오TV는 새 놀이터'", ≪미디어오늘≫, 2020.9.20, http://www.mediatoday.co.kr/news/articleView.html?idxno=209391
6   마셜 맥루언, 『미디어의 이해』, 81쪽.

이러한 맥락에서 김태호 PD의 발언은 이미 콘텐트 소비자들이 텔레비전보다 더 '쿨'한 미디어에 익숙해져 있고, 텔레비전이라는 매체만으로는 활발한 커뮤니케이션을 유지하기 어렵다는 자기 고백이기도 하다.

이 글에서는 그동안 김태호 PD가 전통적 매스미디어에서 작동시켰던 커뮤니케이션 신화화가 코로나19 사태라는 사회결정론적 상황에 의해 깨져버린 과정을 검토했다. 사회적 위기상황이 매체의 기술적 맹점을 드러낸 것으로, 이를 설명하기 위해 맥루언의 기술결정론적 매체이론, 벤야민의 아우라 개념을 적용해 분석했다. MBC 〈놀면 뭐하니?〉에 집중해 매체 현상과 의미를 분석했지만, 텔레비전이라는 매스미디어 전반의 커뮤니케이션 위기는 이미 시작되었다고 봐야 한다. 더 이상 콘텐트 소비자는 과거 미디어 강효과이론에서 상정하던 수동적 수용자가 아니다. 동시에 전통적 매스미디어가 일방향적으로 발신하는 메시지를 받기만 하는 커뮤니케이션은 지금의 콘텐트 소비자들에게 익숙한 방식이 아니다.

매체 환경 변화에 대한 소극적 대응은 조금씩 나타나고 있다. KBS, MBC, JTBC 기자들은 유튜브 콘텐트를 통해 뉴스 소비자들과 직접 만나는 유튜브 방송을 시도하고 있다. 〈놀면 뭐하니?〉뿐만 아니라 MBC 〈나 혼자 산다〉, JTBC 〈아는 형님〉 등 예능 프로그램들은 유튜브에 특화된 콘텐트 개발을 서두르고 있다. 새로운 플랫폼의 특성을 고려할 때 커뮤니케이션의 가장 중요한 고려 요소는 '비움'이 될 것이다. 콘텐트 소비자의 참여 여지를 남기는 비움이다. 유튜브 콘텐트의 흥행 요소 중에 재미있는 것이 있다. 댓글에 "이런 걸 왜 하는지 모르겠어요"라는 지적이 나오면 흥행한다는 것이다. 제작자에 의해 주어진 의미보다 콘텐트 소비자가 함께 만들어가는 의미의 중요성이 크다는 것이다. 매체 환경의 변화 속에서 텔레비전이 풀어야 할 숙제는 '어떻게 비울 것인가'라는 물음에 답하는 일이 될 것이다.

따뜻한 난로 위에서 벌어지는
대담한 야구 경영 동화

SBS 드라마 〈스토브리그〉 주인공 백승수의 필승 리더십론

이규성

1. 새로운 야구 드라마와 단장 백승수

메이저리그의 전설적인 투수 그레그 매덕스의 말을 빌리자면 투수를 위대하게 해주는 것은 팔이 아니라 뇌라고 불리는 두 귀 사이에 있다고 한다. 그만큼 야구는 체력과 신체적 능력뿐만 아니라 정신력과 지식적인 능력도 중요시되는 복합적인 스포츠라는 것이다. 이렇게 말할 수 있을까. 2019년 연말부터 2020년 연초까지 방영된 야구 소재 SBS 드라마 〈스토브리그〉는 그레그 매덕스의 말을 충실히 따라가며 이야기가 전개되는 드라마라고. 그러니까 드라마 〈스토브리그〉는 야구를 소재로 한 스포츠 드라마지만 지금까지 우리가 보지 못했던 스포츠 드라마다. 스포츠 드라마임에도 불구하고 스포츠를 매개로 지적 자극을 주는 매우 비범한 스포츠 야구 드라마니까.

드라마 제목 그 자체인 '스토브리그(stove league)'는 야구에서 쓰는 용어다. 스토브리그란 프로야구의 시즌이 끝나고 다음 시즌이 시작되기 전까지의 비시즌을 가리킨다. 영어로 난로를 뜻하는 스토브(stove)에서 따온 스토브리그는 열성적인 야구팬들이 겨울 동안 난로에 모여 각자 응원하는 팀들의 운영 방안에서 파생되는 선수 트레이드나 방출 그리고 스프링캠프와 같은 정규 시즌 이외의 야구 이야기를 하는 데서 비롯된 말이다. SBS 드라마 〈스토브리그〉는 야구의 '스토브리그'를 소재로 한 드라마다. 1화 타이틀 장면에서도 친절하게 설명하고 있지 않은가.

그렇다면 왜 드라마 〈스토브리그〉는 프로야구의 정규 시즌을 지칭하는 '페넌트레이스(pennant race)'가 아닌 '스토브리그'를 소재로 택했단 말인가. 프로야구 선수가 아닌 프로야구 선수를 지원하는 구단 사무 조직원들이 비시즌 동안 정규 시즌을 위해 고군분투하는 이야기를 담고 있기 때문이다. 그래서일까. 야구 드라마임에도 불구하고 꽤 낯선 드라마 장면들이 즐비하다. 보통 야구를 소재로 하는 드라마라면 우리는 9회 말 투아웃 상황에서 역전 만루홈런을 치는 타자나 9회까지 강속구를 던지면서 삼진을 잡아내는 투수의 역동적인 호투의 모습을 떠올리게 된다.

그러나 드라마 〈스토브리그〉에서는 위와 같은 장면을 좀처럼 찾기 어렵다. 다만 상대 구단들과 협상하는 과정에서 서류와 문서가 오고 가는 것과 더 나은 경영학적 가치와 이윤 창출을 위해 회의하고 토론하고 협상하는 야구단 단장 그리고 그를 따르는 사무직 직원들의 경영학적 상황만 그려낼 뿐이다. 이와 같은 경영학적 상황이 야구라는 소재의 장벽을 허물고 시청률을 15.5%까지 올렸다. 애초 우려와 달리 드라마 〈스토브리그〉에 보편적인 공감대가 형성됐다는 말이다.[1] 시청률 상승

1   정덕현, [정덕현의 엔터인사이드] "스토브리그', 야구를 몰라도 빠져드는 야구드라마라

에 수많은 이유가 있겠지만 필자는 직장을 다니는 2030세대에게 드라마 〈스토브리그〉는 스포츠의 외피를 입고 있는 오피스 장르에 가까운 경영 드라마로서 자신들이 속한 회사와 산업에 대한 현실적인 이야기로 다가왔기 때문이라고 판단하고 있다.

충분히 스포츠 매니지먼트의 정석을 보여주는, 현실적으로 가능한 경영학적 가치들이 드러나며 이야기의 구조를 짜고 있다. 이러한 경영학적 가치 때문에 고정 시청자를 만들어 높은 시청률을 올리고 백상예술대상 TV 드라마 부문 작품상까지 거머쥐며 성공했다. 그리고 성공의 열쇠는 드라마 〈스토브리그〉를 책임지는 주인공 백승수(남궁민 분) 단장에게 달려 있었다.

2. 단장 백승수의 경영 리더십을 찾아서

드라마 〈스토브리그〉의 본격적인 전개는 주인공 백승수가 스포츠 전문 경영인(CEO)의 역할인 프로야구 단장직을 맡으면서 시작된다. 백승수는 차가운 이성과 칼 같은 논리의 소유자로 감정에 휘둘리지 않는 리얼리스트적 리더형에 가깝다. 그는 단장직을 수락하면서 기존에 해왔던 일은 계속해야 할 것이고 하지 않았던 일을 새롭게 시작한다고 기존 조직에 소속된 프런트 직원들 앞에서 선포한다.

드라마는 해왔던 일을 과감하게 생략하고 '하지 않았던 일'을 단장 백승수에게 부여하면서 플롯을 전개한다. '하지 않았던 일'은 백승수가 만년 꼴찌 팀 재송 드림즈를 이끌어나가면서 보여줄 경영학적 리더십의

니", 《매일신문》, 2020. 1. 7, https://news.imaeil.com/Culture/2020011413244956640

단서가 된다. 그렇다면 그는 어떤 경영학적 리더십을 선보이며 재송 드림즈를 경영한단 말인가. 하나는 카리스마적 리더십이고 또 다른 하나는 변혁적 리더십이 될 것이다. 전자가 전통적 리더십의 표본이라면 후자는 현대적 리더십의 지표가 되고 있다. 서로 다른 표본과 지표는 백승수의 리더십을 이끄는 쌍두마차가 되며 백승수의 캐릭터를 짙게 그려낸다.

단장 백승수는 재송 드림즈에 부임하고 나서 첫 번째로 펼칠 혁신을 위해 프런트 직원들이 생각조차 하지 않았던 대형 트레이드를 진행한다. 팀의 간판타자인 임동규(조한선 분)를 내치겠다고 공언하는 것이다. 물론 직원들은 갖은 이유를 들며 반대한다. 이때 백승수는 드라마 내내 펼치게 될 프레젠테이션을 처음으로 선보인다. 그는 치밀한 분석과 검토를 토대로 한다는 사실형 프레젠터로서 변모하여 직원들 앞에서 임동규를 내보내야 하는 구체적인 근거들을 제시하면서 설득한다. 임동규 타자로 인해 재송 드림즈가 우승할 수 있는 상황에 대한 불리함을 객관적인 자료를 토대로 설명하는 데 그 이론적 근거는 다음과 같다.

야구에서 쓰이는 승리 기여도나 타율과 같이 통계학적 수치의 대명사가 된 세이버메트릭스 이론[2]을 통해 분석한 임동규의 데이터는 재송 드림즈 우승에 결정적 기여를 하지 못한다. 그리고 임동규의 부적절한 스포츠맨십으로 인한 팀원과의 갈등 사례는 단장 백승수가 진행하는 트레이드 명분에 적절한 예시가 된다. 이는 기존의 데이터만을 재료 삼아 정보를 구축하고 그 정보를 팀원들에게 제공하는 백승수 단장만의 프레젠테이션이다. 기존 팀원들은 고민 끝에 백승수 단장에게 설득된다. 이것은 극중 프런트 직원들이 스스로 생각하게끔 하여 자신의 말에 높은

---

2   야구를 통계학적·수학적 방법론에 입각해 분석하는 방식으로 1971년 8월 밥 데이비스가 창시했다.

가치를 부여하는 설득의 프레젠테이션이 된다. 그는 단장 직함이란 권력을 이용하지 않은 채 논리적인 자료와 화려한 언변을 바탕으로 본인이 생각하는 최적의 경영의사결정을 내리게 하여, 기존 사무 조직원들의 기선을 제압하고 조직을 통제했다. 이때가 백승수 단장만의 카리스마적 리더십(Charismatic Leadership)이 첫 번째로 체현되는 순간이다.

1) 백승수 단장의 화려한 개인기: 카리스마적 리더십

경영학적 정의로서 카리스마적 리더십이란 조직의 리더가 자신의 개인적인 능력과 역량을 바탕으로 과업을 완수할 때 구성원에게 영향을 끼치는 비범한 리더십을 말한다. 백승수 단장은 자신의 카리스마적 리더십을 전적으로 믿고 16화가 끝나는 그 순간까지 한순간도 놓침 없이 능수능란하게 펼쳐 보인다. 업무 수행과 과업 완수만 잘하면 되지 않냐고 했던 자신의 말처럼.

카리스마적 리더십론자로서 백승수는 과업 수행에 중점을 두고 조직의 성공을 위해 경영자로서 보여줄 수 있는 화려한 개인기들을 한 단계씩 극중에서 보여준다. 임동규를 트레이드하고 간교한 협상력을 발휘해, 상대 팀 단장이었던 임종무 단장으로부터 국가대표 투수인 강두기(하도권 분)를 데려온다. 미국시민권을 취득해서 병역 기피자의 오명을 쓴 로버트 길(이용우 분)에게 기회를 주고자, 여론의 비난을 자신의 화려한 언변으로 가볍게 제압하고 외국인 용병으로서 2번 선발투수로 영입한다. 드라마 후반부에 가서는 도박 원정 스캔들의 주인공인 국가대표 5번 타자 임동규를 다시 영입한다. 마지막 화에서는 해체 위기에 놓인 재송 드림즈를 위해 자신의 프레젠테이션으로서 PF소프트라는 든든한 후원자를 설득해 끝내 야구단을 지켜낸다. 그러니까 주인공의 카리스마적 리더십은 과업 수행에 있어서 최소한 윤리적인 기준을 넘지 않고 수단과 방법을 가리지 않으며 개인적인 역량과 능력을 발휘하는 것이 조직의 목표 달성에 필요조건임을 보여주는 방증이 되었다.

2) 조직의 변화와 혁신을 앞당길 변혁적 리더십

이러한 백승수의 카리스마적 리더십이 조직의 변화와 혁신을 낳았다. 패배주의에 사로잡혀 무기력했던 조직원들은 조직의 목표 달성을 위해 자신이 할 일을 찾고, 하기 시작함을 드라마에서 보여준다. 이는 단장 백승수가 카리스마적 리더십뿐만 아니라 변혁적 리더십(Transformational Leadership)도 갖추고 있음을 입증하는 좋은 예가 된다.

정의하자면 변혁적 리더십이란 리더가 조직원의 사기를 진작하고, 적극적으로 동기를 부여하고, 비전을 제시함으로써 목표 달성이 가능한 유능한 조직으로 탈바꿈시키는 리더십을 말한다. 전통적 리더십인 카리스마적 리더십과 달리 변혁적 리더십은 현대적 리더십을 대표하는 리더십이다. 그리고 카리스마적 리더십이 수반되어야 가능한 행동 리더십의 전형적인 모델이다. 실제 드라마 초반부에서 재송 드림즈의 기존 조직원들은 무능했다. 소속된 기존 조직원들에게 부당한 명령에 저항이라도 못 하면 최소한 성실하기라도 해야 한다는 백승수의 뼈 있는 말은 폐쇄지향적이고 안일주의를 유지했던 재송 드림즈의 현 조직 상태를 나타내는 근거가 된다.

그러나 회를 거듭할수록 목적 달성을 위해 동분서주하면서 역량과 능력을 여과 없이 발휘했던 단장 백승수를 바라본 재송 드림즈의 기존 조직원들에게 이 리더라면 믿고 따를 수 있다는 믿음과 신뢰감이 생겼다. 그리고 할 일을 찾고, 하기 시작했다. 구체적으로 가장 변화된 인물은 조직에 소속감을 느끼지 않고 개인의 안위만을 생각했던 재송 드림즈의 마케팅팀장 임미선(김수진 분)과 윗선의 눈치만 보면서 책임 회피에 급급했던 홍보팀장인 변치훈(박진우 분) 그리고 코치진 파벌에 휘둘려서 무능력했던 윤성복(이얼 분) 감독이었다. 안정을 추구했던 세 인물의 성격과 특성이 백승수의 변혁적 리더십으로부터 영감과 비전을 받아 성공에 대한 기대감으로 바뀌어 능동 지향적으로 변화되어 자기 주도적으로 의사결정을 내리고 과업을 실행하는 것을 드라마 후반부에서 구체적으로 목격할 수 있을 것이다. 결론적으로 말하자면 백승수의 변혁적 리더십은 조직원 한 사람 한 사람의 내면적인 각성을 요소로 조직 자체가 변화되는 것을 목적으로 한다. 그리고 조직원의 내면적인 각성을 위해서는 과업 수행에서 리더인 자신이 역량을 발휘해 괄목할 만한 성과를 생산하는 카리스마적 리더십과 변혁적 리더십이 함께 수반되어야 함을 드라마는 백승수를 통해 말하고 있다.

3. 제도와 시스템의 문제다

정치철학자 마키아벨리의 말에 따르면 혁신은 쉽지 않다고 했다. 마키아벨리는 자신의 분신과도 같은 저서 『군주론』에서 새로운 질서를 만드는 혁신은 어렵고 힘들 것이라고 언급하면서 현재의 제도와 시스템으로 혜택을 보고 있는 모든 사람으로부터 엄청난 저항을 받을 수 있기 때문이라고 했다. 한편, 혁신을 도와줄 사람들은 새로운 질서가 가져다줄 혜택에 대한 모호한 그림밖에는 없으니 태도가 모호하다고 했다. 그러므로 혁신을 반대하는 강력한 적과 혁신에 대해 미온적인 태도를 보이는 동지들이 혁신을 성공시키는 데 있어서 가장 어려운 근본적인 이유라고 했다. 재송 드림즈의 단장 백승수가 처한 상황이 위에서 언급한 『군주론』의 그것과 같다.

재송 드림즈를 위한 백승수 단장의 혁신 프로젝트 반대의 선봉장은 구단주 대행 권경민 이사(오정세 분)다. 그는 자신이 속한 거대 기업의 이익을 위해 매년 적자만 낸다는 재송 드림즈 야구단을 훼방하고자 모든 방법과 수단을 총동원한다. 사실 구단 해체 이력이 있는 백승수를 단장직에 앉힌 것도 재송 드림즈 해체를 위한 그의 야심 찬 첫 번째 수였다. 그러나 백승수는 오히려 낡은 제도와 시스템을 고쳐가며 재송 드림즈라는 야구 공동체의 수호자를 자처했다.

첫 번째 수가 엇나가자 재송 드림즈의 스토브리그가 진행되는 동안 그는 악착같았다. 전지훈련 예산을 일방적으로 취소하고 선수 연봉 협상에서 전례에도 없던 연봉 30% 총액 삭감을 진행했다. 끝내 마지막까지 해체 기자회견을 열고 실제로 해체를 선언하는 권경민 이사의 행보가 드라마 후반부에 나타난다. 재송 드림즈를 재건하고자 이리저리 뛰는 백승수 단장과 단원들에게 그는 악역과도 같은 존재로, 마키아벨리의 저서 『군주론』에 언급된 것처럼 거대 기업에 혜택을 받는 사람이니 개혁적인 세력으로 연상되는 백승수 단장에게 강력하게 저항할 수밖에 없다. 그렇다면 혁신을 도와줄 기존의 재송 드림즈 직원들은 어땠을까? 물론 처음에는 미온적인 태도였다. 그러나 위에서 언급한 것처럼 백승수 단장의 카리스마적 리더십과 변혁적 리더십을 목격하고 나서 그들은 조직 혁신에 수동적인 인간형에서 능동적인 인간형으로 탈바꿈했다. 백승수는 『군주론』에서 언급한 미온적인 기존 사람들의 마음에 불을 지핀 것이다. 이렇게 할 수 있었던 것은 백승수 단장에게 시스템과 제도에 대한 굳은 신념이 있었기 때문이다.

단장 백승수는 초반부에, 야구는 잘 몰라도 결국 스포츠 팀이라는 것이 어떤 동일한 시스템하에서 운영되고 재송 드림즈가 만년 꼴찌라는 것은 이 팀이 구축한 운영 시스템과 제도에 문제가 있기 때문임을 파악하고 있다. 그는 오직 이성적인 눈으로 사안을 보고 판단한 뒤에 선택한다. 이를 통해 하나하나 시스템을 개혁하는 것으로 조직 또한 우수한 성적을 낼 수 있다고 믿었다. 실제로 결말에서 재송 드림즈는 한국시리즈까지 올라간다. 즉, 백승수 단장은 재송 드림즈의 실패와 패배 원인을 개인적인 책임으로 보지 않는다. 스카우트 비리를 저지른 고세혁 팀장을 제외하고 모든 직원을 책임지고 포용하여 변화시키지 않았는가. 그러니까 올바른 제도와 시스템의 부재만이 단 하나의 이유일 뿐이니, 올바른 제도와 시스템만 재건한다면 혁신에 회의적이었던 동지들도 자신의 재송 드림즈 혁신 프로젝트에 동참할 것이라고 믿은 것이다. 단장 백승수는 마키아벨리가 말한 미온적인 동지를 열정적인 동지로 환골탈태시켜 자신의 혁신 프로젝트에 동참시키고 목표를 달성시킨 유능한 경영학적 리더인 것이다.

4. 에필로그

결론적으로 드라마 〈스토브리그〉에서 보여준 백승수 단장의 카리스마적 리더십과 변혁적 리더십은 인간을 향한 믿음에서 비롯된 휴머니스트적 기질이다. 사안을 바라보는 관점은 리얼리스트였으나 리더십 구현에서만큼은 휴머니스트적 기질을 버리지 않았던 리더 백승수. 백승수 단장 같은 화려한 리더십을 갖춘 리더가 다른 장르의 드라마는 물론이거니와 더 나아가 현실에서도 등장하기를 바라면서, SBS 드라마 〈스토브리그〉을 통해 본 우리 사회에 필요한 리더십에 대한 짧은 비평을 여기서 마치겠다.

누구를 위하여 콜은 울리나

KBS1 〈다큐 인사이트〉, MBC 〈탐사기획 스트레이트〉가 가리키는 플랫폼 딜레마

문재호

"짜장면 시키신 분!" 울릉도 바다 한가운데서 한 배달부가 외친다. 배달부가 탄 보트는 구멍이 나서 물이 새는 상황이다. 배달부는 다급하게 물을 퍼내면서도 계속 손님을 찾는다. 이어서 울리는 휴대폰 벨소리. 수화기 너머 손님이 능청스럽게 말한다. "미안한데, 내가 마라도로 옮겼어." 절망한 배달부는 뒤로 넘어지고 바다에 풍덩 빠진다. 1990년대에 나온 한 통신사 광고의 내용이다. 당대 인기 개그맨 이창명, 김국진 씨가 출연하여 화제가 된 이 광고는 만원 지하철, 마라도 바다, 강하를 앞둔 공수부대의 수송기 내부 등 뜬금없는 장소에 음식이 배달되는 상황을 시리즈로 선보였다. 어디에서나 전화가 터질 정도로 통신 품질이 좋다는 것을 보여주기 위한 과장된 연출이었는데, 이 콘티가 현실이 되고 말았다. 짜장면은 물론 활어회와 팥빙수도 배달이 가능하고, 새벽배송이나 당일배송까지 가능한 시대가 왔다. 4차 산업혁명 시기에 포문을 연 플랫폼 서비스

덕분이다.

플랫폼 서비스는 인류에게 '밤에 연어를 주문해서 아침에 먹는 시대'를 열어주었지만, 동시에 숙제를 남겼다. 플랫폼 산업 노동자의 처우, 점포 수수료 문제, 배달 서비스에 따라오는 일회용품 등이 그 예다. 모든 갑작스러운 발전은 그림자를 수반한다. 19세기 산업혁명 이후 전 지구적 환경파괴와 빈부격차라는 명암이 드러났듯이. 마침 코로나19로 재택근무가 늘어나고 사회적 거리두기가 일상화되면서 배달이나 배송 서비스에 대한 수요가 폭발적으로 증가한 시기에, 공영방송이 시의적절하게 칼을 뽑았다. KBS 〈다큐 인사이트〉 '별점인생'은 고객 별점 하나에 울고 웃는 플랫폼 노동자들의 일상을 추적했다. MBC 〈탐사기획 스트레이트〉(이하 〈스트레이트〉)에서는 '플랫폼 노동으로 일주일 살기' 2부작을 통해 플랫폼 노동에 뛰어든 기자들의 후일담을 체험 저널리즘 형태로 풀어내었다.

'이렇게 아름다운 세상' 낭만화된 노동

〈다큐 인사이트〉 '별점인생' 도입부에는 루이 암스트롱의 노래 「What a Wonderful World」가 흐른다. 세상이 아름답다는 찬사를 담았지만, 영화 〈굿모닝 베트남〉에서 전쟁의 참상에 대한 반어 표현으로 쓰인 곡이다. 아니나 다를까, 플랫폼 노동자들의 증언이 이어진다. "라이더들은 초 단위로 일을 하는 거죠. 3,000원짜리 4,000원짜리 5,000원짜리 (일감이) 1초마다 뜨는 거죠", "책임을 다하지 않으면 저는 언제든 바로 뒤로 밀리는 상황이기 때문에⋯⋯." 노래가 끝날 무렵, 카메라는 플랫폼 대리운전 기사의 뒷모습을 잡는다. 기사는 한순간도 휴대폰에서 눈을 떼지 않은 채 거리를 걸어가며 콜을 받는다. 밀물처럼 들어오는 콜을 처리하지 않으면 그만큼 경쟁에서 도태된다.

'별점인생'에는 뒷모습이 주로 등장한다. 대리운전 기사, 배송 기사, 가사 도우미, 출장 미용사, 배달 라이더의 뒷모습이다. 라이더가 속도를 내다가 사고가 날 뻔한 순간을 포착하기도 한다. 일분일초가 급한 라이더들은 8차선 도로에서도 속도를 늦추는 법이 없다. 배달 노동자는 "아, 아까 ××(죽을) 뻔했네"라며 무덤덤하게 반응한다. 당연히 사고 위험이 크다. 배달 도중 오토바이 사고를 당한 학생 이야기도 나온다. 그의 부모는 기업이 아무런 책임도 지지 않는다며 분개한다. 혹자는 라이더들에게 안전교육을 강화하고 안전 장비를 지급해야 한다고 생각할 수도 있으나 그것은 본질적인 해결책이 아니다. 플랫폼 서비스는 별점으로 돌아가기 때문이다. "별점이 낮으면 라이더들이 볼 수 있는 콜의 양과 질이 달라지기 때문에 스트레스다"라는 라이더의 인터뷰는, 무한 경쟁을 부추기는 주체가 누구인지를 암시한다.

〈다큐 인사이트〉가 카메라를 들고 노동자들의 뒤를 따라다닌다면, 〈스트레이트〉 속 카메라는 '전지적 기자 시점'을 보여준다. 기자들은 직접 플랫폼 기업에 입사 원서를 내고, 장비를 구매한다. 액션캠은 이들의 여정을 여과 없이 담는다. 오픈 월드 비디오게임에 참여한 게이머들처럼, 기자들은 도시 곳곳을 활보하며 하루의 미션을 수행한다. 노동자의 체력을 고려하지 않고 계속 일을 권하는 인공지능과, 이와 씨름하며 지쳐가는 기자들의 모습은 안쓰러움을 자아낸다. 기자들이 콜을 거절하는 즉시 평점이 내려가는 모습도 직접 확인할 수 있다.

플랫폼은 지금까지와 다른 혁신적인 노동 자율성을 보장하는 것처럼 구직자들을 유혹한다. 〈스트레이트〉 도입부에서 소개한 '배민커넥트' 광고를 보자. 환하게 웃는 노동자의 모습과, "내가 원할 때, 달리고 싶은 만큼만"이라는 문구가 눈에 띈다. '워라밸'을 삶의 중요한 가치로 삼는 경향이 강한 젊은이들이 선호할 만한 일자리인 셈이다. 자유 밑에 깔린 무거운 책임은 언급되지 않는다. 취재기자는 "이런 문구에 혹해서 쉽게 (플랫폼 노동을) 시작하는 분들이 많습니다"라고 지적한다. 어떤 노동 방식이 자유롭다는 것은 그만큼 관여하거나 책임지는 이가 적다는 방증이다. 플랫폼 노동도 마찬가지다. 광고는 자유롭게 시간을 운용하는 청춘의 이미지를 내세우지만, 이들은 실상 기업의 보호를 받지 못하고 있다. 플랫폼 노동자는 노동법상 개인사업자로 분류되기 때문이다. 실상 시간을 자유롭게 쓰는 것도 아니다. 〈다큐 인사이트〉는 미국 LA 우버 기사들의 열악한 일상을 포착한다. 이들은 콜을 배당받기 위해 화장실을 가거나 식사를 할 때도 휴대폰을 손에서 놓지 못한다.

〈스트레이트〉에는 배우 한소희 씨가 출연한 쿠팡이츠 광고도 나온다. 나른한 아침, 한소희 씨가 홈 웨어 차림으로 신선한 샐러드를 먹고 있다. 샐러드는 우리가 흔히 접하던 '배달 음식'이 아니지만, 이 광고는 집에서 샐러드 하나만 주문해도 되는 시대가 왔다는 사실을 시사한다. 그야말로 '왓 어 원더풀 월드'다. 플랫폼 기업들은 광고를 통해 전에는 가능하지 않았던 것들이 가능해진, 아름다운 세상이 왔다고 선전한다. 〈다큐 인사이트〉와 〈스트레이트〉는 지금까지 시청자들이 미디어에서 접해온 플랫폼 서비스의 혁신적인 이미지 뒤에 무엇이 도사리고 있는지 가리킨다.

알고리즘 뒤에 숨는 기업들

"스마트폰 뒤에 숨은 알고리즘. 낯선 동네로 보내더니 길도 잘못 알려줍니다. 하지만 항의할 데가 없습니다. 상대는 사람이 아니라 기계입니다."

〈스트레이트〉에서 이화여대 기숙사를 목적지로 마라탕 배달을 하는 도중, 인공지능이 길을 잘못 알려준다. 기자는 자신이 가던 목적지가 잘못된 것을 알고 푸념한다. "인공지능의 삥삥이가 또 시작됐습니다. 마포 한복판에 있던 절 용산으로 보냅니다", "주문이 지금 잡혔는데 KFC 서울역점이에요. 이게 지금 여기 공덕역인데!" 기자들은 인공지능을 탓하고 원망한다. 땀을 뻘뻘 흘리며 마포구에서 용산구, 서대문구를 오가는 기자들의 모습은 시청자들의 공감과 연민을 자아낸다.

인공지능의 횡포는 강남구 주말 프로모션 에피소드에서 단적으로 드러난다. 쿠팡이츠는 강남구와 서초구에서 11시에서 13시, 18시에서 20시, 총 4시간 동안 12건 이상 배달 완료 시 배달자에게 총 2만 원의 성과급을 주는 프로모션을 기획한다. 그런데 기자의 표정이 어둡다. 프로모션이 시작된 11시부터 11시 20분까지 단 한 건의 주문도 들어오지 않는다. 라이더들이 프로모션에 몰렸기 때문일까. 13시를 넘기자 주문이 늘어난다. 기자는 스마트폰을 카메라에 들이대며 외친다. "1시 딱 넘었어요. 진짜 피크타임은 지금부터가 시작인데. ×× 맞을 프로모션은 11시부터 1시까지 준 거예요." 결국 기자는 총 10건의 배달밖에 달성하지 못한다. 그는 음식 픽업 시간, 체력적인 이유 등으로 1시간에 3건 이상 배달하기 어렵다는 결론을 내린다. "끝나고 보니 애초부터 불가능한 도전이었다는 생각이 듭니다."

알고리즘은 윤리적인 결정을 내리지 않는다. 알고리즘은 철저히 기업 편이다. 배달이 몰리는 지역으로는 배달료 프로모션을 풀어 경쟁을 부추기고, 직선거리를 기준으로 배달 가능 지역을 최대한 확보한다. 노동자의 시공간이나 체력 등은 선순위 고려 대상이 아니다. 〈스트레이트〉에서 쏘카 운전 서비스에 지원한 기자는 자신이 있는 위치에서 배차를 받지 못한다. 결국 그는 현재 위치에서 훨씬 떨어진 김포공항까지 가서 배차를 받는다. 일하기 위해 전동 킥보드까지 샀지만, 목적지에 가기 위해 공항철도를 타는 노력을 들인다. 이 모든 선택이 알고리즘을 통해 이루어진다. 하지만 노동자는 거절하지 못한다. 〈다큐 인사이트〉가 지적하듯이, 평점에 매달리는 노동자들에게는 다른 선택지가 많지 않다. 재미있는 사실은 기업이 이 제안을 직접 하지 않는다는 것이다. 기업은 알고리즘 뒤에 숨는다.

플랫폼 노동을 논할 때, 사람들은 기업과 노동자, 노동자와 소비자의 대립을 주로 떠올리지만, 〈스트레이트〉 말미에 언급된 바와 같이 플랫폼은 본사, 본사의 앱과 인공지능을 개발·관리하는 프로그램 업체, 그들과 계약한 여러 브랜드, 배달 대행업체, 점주, 고객 전체 등으로 복잡하게 얽혀 있다. 이 중 한 단계에서만 오류가 생겨도 서비스는 정상적으로 작동하지 않는다. "전화를 안 받아요. 30분, 한 시간을 붙잡고 있어도 안 받는다고요." 〈다큐 인사이트〉에는 플랫폼 가사 대행 업무에 종사하는 노동자가 고객의 항의에 따라 평점이 내려가는 장면이 나온다. 5점 만점이던 노동자의 점수가 4.9점이 되었는데, 단 0.1점 차이로 수익과 등급이 하락한다. 노동자가 플랫폼에 항의를 시도하지만 누구도 전화를 받지 않는다.

결국 '을들의 전쟁'이다. 별점 자체는 서비스에 비용을 지불한 소비자의 권리행사로 볼 수 있다. 다만 소비자가 별점을 악용하지 않도록 기업에서 적절한 가이드라인을 마련해야 한다. 그런 구조적 대책이 부재하기 때문에 소비자는 '진상'으로 남고, 노동자는 기분이 상한다. 〈스트레이트〉에서 프로모션 배달 이벤트에 도전하다 지친 기자는 "프로모션이 무섭네요. 음식 늦게 주시는 분들이 미워지려 하고. 거리 멀면 얄밉고. 배달하는 데가 멀면. 그러면 안 되는 거거든요"라고 말한다. 노동자와 소비자와 자영업자와 알고리즘이 각개전투에 참여한 셈이다. 두 방송은 이러한 플랫폼 노동자의 처우 문제가 '을들의 노력'만으로는 해결될 수 없다는 사실을 건드린다. 일부 소비자의 의식 변화만으로는 구조를 바꾸기 어렵다.

플랫폼 세상의 딜레마

"우리가 말하는 것의 대부분이 편향적으로 암울하게 들리죠. 기술이 우리 세상을 망치고 애들도 망치고 있어. 그런데 아니에요. 유토피아이면서 디스토피아라서 헷갈리는 거예요. 스마트폰 버튼만 누르면 차가 30초 만에 오고 제가 원하는 곳으로 갈 수 있죠. 이건 마법처럼 대단한 거예요." 다큐멘터리 영화 〈소셜 딜레마〉에 나오는 대사다. 소셜 미디어는 전 세계 수많은 사람의 개인 정보를 유출하고, 가짜 뉴스를 퍼뜨리는 데다, 사람들의 과시욕을 유발한다고 알려져 있다. 그렇다고 소셜 미디어를 절대 악으로 정의할 수 있을까? 소셜 미디어에는 누구나 글을 자유롭게 올리고 열람할 수 있다. 이러한 속성 때문에 소셜 미디어는 가짜 뉴스의 양산지가 되는 동시에 정보 민주화를 견인하는 역할을 함께 맡는 것이다.

〈다큐 인사이트〉에는 플랫폼을 통해 출장 메이크업을 하는 디자이너의 사례가 나온다. 그는 현재 별점 상위 항목에 소개될 정도로 수요가 있는 디자이너지만, 처음 미용을 시작할 때만 해도 고졸 신분으로 일에 뛰어들었다는 이유로 제약이 많았다고 한다. 그런 그에게 플랫폼은 하나의 기회이기도 했을 것이다. 실력과 서비스, 고객관리만으로 능력을 인정받을 수 있기 때문이다. 물론 그 역시 별점의 압박으로부터 자유로울 수는 없겠지만 말이다. 플랫폼 노동에 대한 낭만화는 경계해야 하지만, 악마화도 적절한 선택은 아니다. 모든 산업은 유토피아적 면과 디스토피아적 면을 동시에 가지고 있다.

〈다큐 인사이트〉와 〈스트레이트〉는 플랫폼 노동을 날카롭게 해부했다. 〈다큐 인사이트〉는 전통적인 다큐멘터리 문법으로, 〈스트레이트〉는 이색적인 체험 저널리즘 형식을 통해 플랫폼 산업의 디스토피아를 추적했다. 두 방송의 시청자들은 고객들의 별점이나 댓글 하나로 노동자들이 큰 곤경에 빠질 수 있다는 사실을, 인공지능이 최적의 선택만 내리지는 않는다는 사실을 눈치챘을 것이다. 하지만 시청자들이 플랫폼을 거부할 수 있는가? 기계를 파괴해야 한다고 외쳤던 러다이트운동처럼 문명의 이기에 대항해야 하는가? 플랫폼이 지배하는 세상에서는 소비자와 노동자, 자영업자와 기업을 완전히 분리하기 어렵다. '플랫폼 노동자의 근무 환경이 좋아져야 한다고 생각하십니까'라는 추상적인 질문에는 대부분이 동의하겠지만, 지금까지 잘 쓰던 새벽배송이나 총알배송이 사라진다면 반발하는 이가 더 많을 것이다.

1990년대 '짜장면 시키신 분' 광고로 돌아가 보자. 비약이 있지만, 플랫폼이 지배하는 세상에서는 애초에 '배달부가 왜 울릉도에서 마라도까지 가야 하는가?'라는 질문이 나오기 어렵다. 그보다는 울릉도에서 마라도까지 배달이 되는지 안 되는지가 더 중요하다. '안 되면 되게 하라' 식의 옛 구호와 다를 바가 없다. 플랫폼은 새로운 산업의 모습을 하고 있지만, 플랫폼 산업을 돌아가게 만드는 본연의 정서는 새로이 등장한 것이 아니다. 두 방송은 실적과 평점에 목매는 노동자들의 이야기를 다루지만, 일반 기업에서도 실적이나 영업이익을 바탕으로 사원들을 해고하는 일이 다반사다. 결국 플랫폼 노동에서 부각되는 문제는 우리 사회가 그동안 외면한 노동문제 그 자체이기도 하다.

시청자들은 플랫폼 기업의 독과점과 횡포에 분노하면서도, '요기

요'에서 음식을 주문하고, '쿠팡'으로 로켓배송을 시킬 것이다. 이는 플
랫폼 세상의 딜레마다. 다만 시청자들은 소비자이기만 한 것이 아니라
노동자이자 자영업자, 기업의 직원, 시민이기도 하다. 플랫폼 세상에서
모든 정체성은 상황에 따라 다르게 정의될 수 있다. 플랫폼이 유토피아
와 디스토피아 사이에서 짓궂은 줄다리기를 하는 지금, 어느 쪽에서 줄
을 당길지는 시청자의 몫이다.

개인적인 공간에 창문을 내는 것이다

이채준

1. 알지도 못하면서 vs 넌 몰라도 돼!

"알지도 못하면서!" 제 생각을 말하지도 않았으면서 이해를 해주기를 바란다. 이러한 자녀의 일방적 소통은 마치 바람이 닫은 문처럼 둘 사이의 공간을 분리한다. "넌 몰라도 돼!" 부모는 살며시 화장대 서랍을 닫는다. 마치 자녀가 못 볼 것이라도 본 듯이, 몰라야만 한다는 듯이 공간을 분리한다. 이뿐인가. 부모는 자신의 공간 속에서의 자녀, 누군가가 말하는 자녀를 통해 그에 대해 대부분을 판단한다. 가령 독서실에 가라고 준 돈이 자녀의 비행을 위한 자금으로 쓰일 수 있다는 가능성을 제거한다. 자녀가 언제나 자신의 공간 안에 있고, 제어 가능하다고 본다. 그 반대로 자녀 또한 어머니가 자신과 같은 시절이 있었다는 사실을 배제한다. 각자는 개인의 공간 속에서 타인을 판단하려 한다. 마치 어린아이가 숨바꼭질을 할 때 자기한테 안 보이면 숨은 것으로 착각을 하듯. 이러한 양쪽의 입장은 어느 순간 서로에게 폭력으로 다가온다. 그리고 누군가가 자신의 영역에 무단으로 침범하려 할 때 혹은 침범했을 때 갈등은 시작된다.

이러한 가족 갈등이라는 소재는 과거 여러 프로그램에서 다뤄왔다. 가장 가까운 곳에서 빈번하게 일어나는 갈등이라 대중에게 공감하기 쉬운 소재기 때문이다. 하지만 '가족'이라는 소재가 갑작스레 관심을 받기 시작한 것은 꽤 최근의 일이다. 가족 예능과 1인 방송 콘텐츠의 가족 시트콤은 어느 순간부터 타임라인과 편성표에 자리를 늘려가기 시작했다. 이는 보편적인 소재임에도 불구하고 현실 속에서 '가족'이라는 관계에 결핍을 느끼고 있다는 아이러니를 비추고 있었다. 하지만 그 이후 계속해서 제작된 프로그램들은 쉽게 따라오는 대중에 만족하고 프로그램 구성을 계속해서 답습하다 보니, 그 내용이 그 내용이라는 타성에 젖어 에피소드의 자극성 혹은 단순한 재미에만 매몰되는 과정을 보이기 시작했다. 이러한 상황 속에서 최근 방영된 tvN 드라마 〈(아는 건 별로 없지만) 가족입니다〉(이하 〈가족입니다〉)와 SBS 예능 〈미운 우리 새끼〉는 그 속에서 '가족끼리 잘 알지 못한다'는, 대중이 당연시해서 깊게 생각하지 않았던 사실을 꼬집음으로써 다른 프로그램과 색다른 구성으로 진행할 수 있었다는 점에서 흥미를 자극했다.

2. 누군가를 안다는 것은 그 대상의 개인적 공간에 몰래 창문을 하나 내어놓는 것이다.

그렇다면 가족(家族)이란 무엇인가. 집이라는 한자를 쓰고 있지만 그 뜻이 공간에만 한정되지 않는다. 한 지붕 아래에 있는 공동체는 일손이 부족해 가족 수를 늘려야만 했던 과거에 한정된 것이었다면, 이제는 그 시대가 지나고 혼자 있어도 살 수 있는 사회가 되었기 때문이다. 이로써 같은 공간에 있지 않아도 된다는 인식이 사람들의 생각 속에 자리 잡았고 듣기 어색했던 혼밥, 혼카페는 조금씩 자연스러운 것이 되었다. 그렇게 '가족'이라는 단어의 의미는 쓰기 무색할 정도로 빠르게 변하기 시작했다. 이와 비슷한 말로 식구(食口)라는 단어가 있다. 이는 '한집에서 함께 살면서 끼니를 같이 하는 사람'을 뜻한다. 하지만 최근에는 '한 조직에 속하여 함께 일하는 사람을 비유적으로 이르는 말'로 더 많이 쓰이고 있는 듯하다. 이제는 남보다 가족을 잘 알지 못한다는 것이 기정사실화되고 있다.

독립하고 난 후, 자신의 집에 누가 더 많이 찾아왔는지에 대해 생각을 해본다면 단번에 깨닫게 된다. 가족보다 남이 내 개인적 공간을 더 잘 알고 있다. 이러한 개인적 공간은 가족에게는 애써 비밀에 부친다. 가족이 찾아온다고 하면 그때야 집의 구색을 갖추려고 노력하기 일쑤다. 만약 가족이라는 관찰자가 대상의 개인적 공간을 들여다볼 수 있는 창문을 그 대상이 모르게 내어놓았다고 생각해 보자. 이제 보는 사람은 권력을 갖고 그 대상을 알 수 있게 된다. 하지만 이는 비밀이기 때문에 관찰자는 본 것을 봤다고 할 수 없다. 갑작스레 방문한다고 통보를 한 후 트집을 잡을 수밖에 없는 것이다. 하지만 대상이 그의 비밀스러운 창문의 존재를 알아차리는 순간, 그 관계는 전복되어 버린다. 대상은 관찰자가 원하는 모습을 창문을 통해 보이고자 노력하고 사각지대에서 자신의 개인적 공간을 만들기도 한다. 결국, 누군가를 안다는 것은 일방적인 생각일 뿐만 아니라 일부분에 불과할 수밖에 없다는 것이다.

3. 알았더라면 달라졌을까

그렇다면 여기서 한 가지 의문이 든다. 가족을 왜 알아야 할까? 완전하지도 그렇다고 완벽하지도 않은 정보를 왜 알고자 노력해야 할까. tvN 드라마 〈가족입니다〉는 '일방적 기억은 결국 폭행을 낳는다'는 주제 의식을 꽤 적나라하게 보여주고자 했다. 그뿐만 아니라 이를 연출한 권영일 PD가 말한 '차별에 대한 상처, 다르면 안 된다는 강요, 무조건 너를 위한 것이라는 모순된 사랑', 즉 강압적인 개인 공간의 박탈에 대하여 개인이 어떻게 대응하고 있는지에 집중하여 등장인물 각각의 면면을 잘 담아내었다.

이 드라마는 이를 표현하는 과정에서 공간 이동을 장치로 이용한다. 집에서 벗어나기 위해 캐나다로 떠난 막내 지우, 두 집 살림으로 오해를 받으며 아내와 멀어지기 시작한 상식, 자기 동생 집을 모르는 채 전 남편과 함께 같은 집에 사는 은주 등 모든 등장인물의 이동은 사건과 연결되어 있고 그 갈등을 해결하는 과정 또한 공간으로 표현된다. 가령 은주의 전남편인 태형은 출장 이후 별장으로 도망치며 은주와 갈등이 심화되고, 그 관계가 서서히 멀어지고 있다는 것을 태형의 움직임으로 나타낸다. 이 외에도 가족이 갈등을 해소하고 화목해지는 과정은 한집에 모여 있는 모습으로 표현된다. 즉, 개인의 공간이 아닌 공동의 공간으로, 공동의 공간이 아닌 개인의 공간으로 이동하면서 사건이 해결된다. 여기서 이러한 이동을 부추기는 소재들이 등장한다. 어머니의 시집, 아버지의 일기장, 남동생의 잘못 쓴 편지, 남들에게 보여주지 않은 채팅방 등 누군가에게 보여주기 위해 쓴 것이 아닌 개인적 공간에 있는 소품이다. 하지만 이를 통해 우연히 발견된 실마리는 누군가에게 창문의 역할을 하게 되는 것이다. 공간이 분리되어 있으면 오해가 발생하고, 그 공간을 침범하거나 경계를 허물어감으로써 진정 가족이 되어가는 것을 보인다.

여기서 나는 '이게 가능하긴 해?'라는 의문을 감출 수 없었다. 끝까지 지속하는 진숙의 울상은 보는 사람에게 끊임없는 답답함을 선사했고, 회마다 몇 개의 갈등이 나타나는지 나중에 가서는 '그만 좀 싸워, 지긋지긋해! 이놈의 집구석'이라는 말이 나올 정도로 많은 갈등이 있었다. 극중 은주의 대사인 "한꺼번에 쏟아 나오는 창고 같은 것"에서도 작가 혹은 제작자가 이를 인지하고 있다는 것을 귀띔하는 듯하다. 이렇게 불만의 감정이 쌓였고, 같이 지낸 시간보다 다른 공간에 있던 시간이 많았음에도 불구하고 졸혼 직전까지 갔던 부부 관계는 쌓인 것에 비해 단순하면서도 이상적인 회복 과정을 보였다. 우연적인 발견, 개인적 공간의 침범을 통해 대상의 속마음을 알아간다는 것이 이토록 긍정적일 수 있는 것인가 하는 생각이 든다. 개인의 공간을 침범해서 얻은 자료치고는 너무나도 건강한 갈등해소 과정을 보여주고 있어 과연 현실에서 이랬다면 가능했을까 하는 생각이 머릿속에서 떠나가지 않았다. "왜 내 방에 마음대로 들어오는데?"라고 하지 않으면 다행이다.

4. 안다고 해도 달라지는 것은 없다

같은 기획의도임에도 예능에서는 다른 방법으로 개개인의 면면을 보여주고자 했다. "당신의 아이에 대해 얼마나 알고 있습니까?"라는 질문을 던지며 시작한 〈미운 우리 새끼〉는 자녀가 부모가 가장 관심 있어 하는 콘텐츠라는 점을 잘 이용한 듯하다. "연락 좀 자주 해라", "언제 또 오니?" 등과 같이 부모는 자녀의 삶이 궁금하며 무엇을 하는지 알고 싶어 한다. 자녀는 부모의 가장 오랜 감정이입의 대상이기 때문이다. 아프면 같이 아파하고, 슬프면 뒤에서 마음 아파한다. 잘되면 같이 기뻐하며 결혼할 때에는 한 드라마가 클라이맥스에 다다라 해소되는 것처럼 감정이 북받친다. 이를 이용해 〈미운 우리 새끼〉는 기존의 관찰 예능에서 볼 수 없었던 방식, 곧 출연진의 어머니를 패널로 초대하여 주요 시청자가 감정이입을 할 수 있는 대상을 만들었다는 점에서 칭찬할 만하다. 누구보다 가까운 관계지만, 그렇기 때문에 등잔 밑이 어두울 수 있는 관계가 자녀와 부모의 관계가 아닐까. 간섭하고 싶지만 짐이 될까 하여 주저하고, 사랑하지만 마냥 사랑만 해서는 안 되는 야누스적 감정에 들어맞는 알맞은 기획이라고 생각한다. 하지만 이는 그 감정을 이용하는 방법에 한정하여 집중했을 뿐, 내용은 점차 공적인 모습만 보인다는 점에서 한계성이 보였다.

〈미운 우리 새끼〉의 공간은 크게 두 부류로 나뉜다. 관찰 카메라 속의 공간과 스튜디오에서의 공간이다. 출연하는 가족은 다른 공간에 존재한다. 자식들은 어머니가 볼 것을 알고 있다. 어머니는 이를 바라보며 리액션을 시도한다. 즉, 서로가 일방적인 소통을 시도하는 것이다. 그 사이를 두고 말하지만 그렇다고 상대에게 도달되지 않는다. "결혼해야지" 등과 같은 공격적인 멘트도 대상에게 타격을 줄 수 없다. 다른 쪽으로 지나칠 뿐이다. 만약 실제로 자신의 '철이 없는 아이'의 모습을 보았다면 '왜 저래?'라는 말로 끝날 수 있었을까. 이는 공간이 분리되고 창문의 존재를 대상과 관찰자 모두가 알고 있어서 가능한 것이다.

공간이 분리되면서 카메라, 편집자, 어쩌면 출연진도 개인적으로 심적인 검열을 거친다. 결국, 누군가에게 보일 수 있다는 강요가 있는 것이다. 공적인 공간이 존재할 뿐 개인의 자리는 존재하지 않는다. 마치 파놉티콘과 같다. 관찰 카메라가 있는 공간 속에서 대상은 관찰 대상임을 인지하고 있으며, 그렇기 때문에 자연스럽게 생활을 할 수 없다. 어머니뿐만 아니라 시청자들이 보고 있다는 생각에 따라 그를 정제하게 된다. 과연 저 카메라 속에 진짜 모습은 있을까 하는 궁금증은 비단 〈미운 우리 새끼〉뿐만 아니라 근래 관찰 예능에서 많이 드는 생각이다. 이는 진정성이라는 것에 대해 한 번쯤 생각하게 한다. 카메라 뒤에서는 무슨 행동을 하는지 모른다. 그렇기 때문에 카메라 속의 모습을 안다고 해도 달라지는 것은 없다. 달라지기 위해서는 개인의 공간을 들여다볼 수 있는, 더욱 비밀스러운 창문이 있어야 한다. 그리고 관찰자가 그에게서 얻은 어쩌면 위험한 정보를 감수할 수 있는 능력이 필요하다.

지난 3월, 정읍시 수성동의 한 아파트 11층에서 한 사람이 추락해 숨졌다. 그 바탕이 된 것은 신천지와 관련된 가족 갈등이었다. 이는 첫 번째 사건이 아니었다. 그리고 비단 종교에 대한 인식에 국한된 문제가 아니었다. 성 소수자 또한 그 동선을 알리지 않고자 했다. 낙인찍힌다는 것, 사회라는 공간에서 배제되는 행위를 피하고자 개인적 공간에만 숨겨놓기를 선택했다. 모든 사건이 이번 코로나19를 계기로 벌어진 일들이다. 그리고 가족에게서 그 사실이 밝혀지고 나서 벌어진 갈등이다. 이처럼 가장 어려운 것은 항상 남보다 가족에게 자신의 공간을 드러내야 하는 점이었다. '아빠가 알면 나 죽어', '엄마는 모를 거야'와 같이 가장 가까운 존재이기 때문에 자신의 개인적 공간을 더욱 숨기고자 하는 모순적인 모습을 보인다. 이처럼 개인의 공간을 가족에게 드러내지 못하는 이유, 숨기는 이유는 제각각으로 존재한다. 당사자가 판단할 때, 말하면 결국 가족관계에 피해가 갈 것이 뻔하기 때문이다. 그리고 이는 그 예상과 정확히 맞아떨어질 때도 있다. 현실 속에서 자신의 공간을 먼저 드러냈다고 해서 갈등이 해결되지 않는다. 뒤로 미뤄질 일을 앞당기는 것일 뿐이다. 드라마는 드라마고 예능은 예능이다. '동의 없이 창문을 갖다 붙이는 일은 갈등을 막을 수 있는가?' 혹은 '이를 먼저 알았더라면 달라졌을까' 하는 질문을 던질 때, 그에 대한 답변은 어느 하나에서는 이상적인 결말이었고, 다른 하나에서는 가상적인 모습이라고 말할 수 있겠다.

5. 떼어놓고 보면 예능, 길게 보면 드라마

하지만 두 프로그램이 대중의 갈증을 해소하는 역할을 했다는 것은 부정할 수 없다. 두 프로그램 모두 동 시간대 시청률 1위를 차지한 점이 이를 증명했다. 〈미운 우리 새끼〉의 경우 그것을 넘어 예능이라는 장르에서 시청률 10%대 이상을 꾸준히 유지하며 명맥을 지키고 있으며, 〈가족입니다〉의 경우 드라마 장르로서 적지 않은 호평을 받았다. 이 둘은 현실이 아니지만, 대중의 결핍을 간접적으로 해소하게 해준다는 점에서 의의가 있다고 생각한다. 감정이입의 대상이 대신 울고 웃는 모습을 보며 현실 속에서 가족과의 거리를 지킬 수 있게 함으로써 가족 내 구성원들이 개인적 공간을 유지할 수 있도록 하는 데에 도움을 주지 않았을까 생각한다. 그뿐만 아니라 이 두 프로그램은 시청자에게 예방주사를 놔주는 듯하다. '내 자녀가 이랬다면 어땠을까', '부모님은 이렇게 반응하겠구나' 등의 모습을 미리 감정이입의 대상을 통해 바라봄으로써 자신의 가족에 대해 생각해 보는 시간을 갖게 했다. 이를 통해 가족 내의 잠재적 갈등에 대한 면역력을 늘려줄 수도 있다는 생각이다.

가족 안에서 벌어진 일들은 참으로 떼어놓고 보면 예능이고, 멀리서 바라보면 드라마다. 모든 사건 안에 슬픔, 억울함, 재미, 감동 등등의 모든 예능적 포인트가 존재한다. 이러한 감정을 지속하다 보면 누군가는 성장하고 또 다른 누군가는 비극을 맞기도 한다. 마치 드라마처럼. 이러한 과정을 거치며 가족은 살아가고 있다. 하지만 공간의 분리가 어느새 소통의 분리에 영향을 미치면서 가족 안에서 벌어지는 일들은 조금씩 먼 이야기가 되고 있다. 근래에는 개인적인 연락을 통해서보다 SNS 공간 속에서 가족의 소식을 더 빠르게 받기도 하는 듯하다. 마치 가족 또한 구독의 관계로 전락하는 것이 아닐까 두려워지기 시작했다.

이러한 틈에서 자녀 혹은 부모에 대해 더 알고 싶은 욕구, 가족과의 화목한 생활을 꿈꾸는 욕구 등 결핍이 발생한다. 결핍이 없다면 괜히 시청자가 이러한 프로그램을 찾겠는가. 슬프게도 이러한 결핍은 없어지지 않을 듯하다. 어쩌면 대리만족으로 가족 개개인이 개인적 공간을 강압적으로 침범하는 것을 막고, 예방주사로 그 공간 속에 있는 어떠한 것이든 이해할 수 있는 백신을 갖게 하는 것, 그것이 개인의 공간을 중요시하는 세대에 TV 프로그램이 도움을 줄 수 있는 방향이 아닐까.

왜 항상 어머니는 희생해야 할까?

〈동백꽃 필 무렵〉에 나타난 모성애 신화 비평

이찬미

'사랑'이라는 이유로 정당화될 수 있나

흔히 드라마에서 '사랑'이라는 소재는 필수 요소라고 할 수 있을 만큼 자주 등장한다. 보편적인 감정으로서 시청자들에게 드라마에 대한 공감과 몰입을 불러일으키기 때문이다. 사랑에는 기본 조건이 필요하다. 먼저, 사랑을 하는 '주체'가 있어야 한다. 사랑은 두 주체 사이에 이루어지는 상호작용이기 때문이다. 또 다른 하나는 '서로를 위하는 마음과 행동'이다. '사랑'은 매우 추상적이지만, 극중 인물들의 행동을 보면서 시청자들은 지금 저들이 사랑하고 있다고 생각한다. 예를 들어, 상대방에게 줄 선물을 산다거나 서로 사랑하는 인물들이 입을 맞추는 행동들이다.

사랑하는 주체의 '관계'에 따라서 사랑의 유형도 달라지고 극중에서 보이는 인물들의 행동도 달라진다. 예를 들어서, 개인과 개인의 만남이라면 '두 주인공 간의 사랑' 유형에 해당한다. 드라마는 후반부로 갈수록 주인공들이 서로를 사랑하도록 설정하고, 이에 따라 주인공들이 하는 스킨십도 점점 달라진다. 또한 가족과 가족이라면, '부모와 자식 간의 사랑' 유형에 해당된다. 부모는 자식을 사랑하는 마음에 뭐든 해주고 싶어 한다. 드라마에서는 이러한 '모성애' 혹은 '부성애'를 그려내기 위해서 자식을 위해 헌신하는 부모의 행동들을 보여준다.

그러나 때론 드라마에서 '모성애'를 너무 과도하게 부각시켜 자식을 위해 평생 일만 하는 어머니의 모습을 보여준다. '자식에 대해 희생하는 어머니'의 이미지를 반복적으로 보여줌으로써 '모성애' 신화를 재생산하는 것이다. 드라마의 이러한 행보는 시청자들이 '어머니가 자식을 위해 저러는 것은 당연해'라고 생각하도록 만든다. 자식 양육에 자신의 삶까지 바치는 어머니의 모습이 과연 당연하다고 할 수 있는가. 왜 어머니는 항상 자식을 위해 희생하는 사람으로 그려져야만 하는가.

이 글에서는 '엄마'이기도 하지만 '매력적인 여인'으로 살아가는 여자 주인공을 내세운 〈동백꽃 필 무렵〉[1]이라는 드라마를 통해 계속해서 재생산되는 모성애 신화를 비판적으로 살펴보고자 한다.

내겐 자식뿐이라서

〈동백꽃 필 무렵〉에는 다양한 가족관계가 등장한다. 그중에서도 여자 주인공 동백과 그의 아들 필구, 남자 주인공 용식과 그의 엄마 곽덕순, 동백의 어머니인 정숙과 딸 동백 등의 관계는 모두 '부모-자식의 관계'이다.

1   2019년 9월 18일 ~ 2019년 11월 21일에 방영된 KBS 40부작 드라마.

이 외에도 동백의 전 남자친구였던 강종렬과 그의 딸 레베카, 용식의 동네 친구 박흥식과 그의 아버지, 딸부잣집게장 사장 양승희와 그녀의 아들 승교 등 주변 인물에서도 부모-자식 관계를 찾아볼 수 있다. 주변 인물들을 제외하고, 주인공을 중심으로 한 가족관계에는 공통점을 하나 발견할 수 있다. 그것은 모두 '아버지가 없다'는 것이다.

부모가 자식을 키우는 것은 가정 내에서 부모가 해야 하는 역할 중의 하나이다. 부모는 자식에 대한 사랑을 이러한 역할의 원동력으로 삼는다. 부모는 자식을 사랑하기 때문에 자신이 하고 싶은 일을 포기하고, 자식이 원하는 것을 해주기 위해 노력한다. 이렇게 자식을 잘 키우고자 하는 마음은 '모(母)'와 '부(父)'가 같다. 오랫동안 아버지는 경제적인 부분만을 담당하고 어머니가 가정 및 자식의 양육을 담당한다는 사회적 인식이 텔레비전을 통해 재생산되었다. 특히나 드라마에서는 종종 경제적 부분을 담당하는 아버지를 없애 부모의 역할을 어머니가 홀로 감당하도록 설정한다. 이는 '자식을 위해 헌신하는 것은 어머니의 숙명'이라는 모성애 신화를 만들어냈다.

〈동백꽃 필 무렵〉에서도 '홀어머니'로 설정된 캐릭터를 통해 이러한 신화를 확인할 수 있다. 예를 들어, 일찍이 남편을 잃은 곽덕순은 용식이를 비롯한 네 명의 형제를 키우기 위해 이른 나이에 꽃게집 장사를 시작한다. 이는 갓난아기 필구를 키우기 위해 용산으로 내려와 까멜리아라는 음식점을 차리는 동백의 모습으로 이어지면서, 어머니가 자식을 키우기 위해 밤낮없이 일을 하는 모습이 당연한 것으로 느껴지게 했다. 또한 혼자서 자식을 키우기 위해 식모살이를 했던 정숙이 삶이 얼마 남지 않은 상태에서 동백 앞에 등장해, 어떻게든 그녀를 지키려고 하고 도우려고 한다. 어린 동백을 키우기 위해 손이 부르트도록 일만 했던 정숙의 과거와, 자신이 평생 모은 돈과 사망보험금까지 동백에게 물려주기 위해 아픔을 참는 정숙의 모습은 '자식을 위한 부모의 희생이 이 정도로 숭고하다'는 메시지를 시청자들에게 전달한다.

〈동백꽃 필 무렵〉에 등장하는 홀어머니들이 이렇게 자신의 삶을 포기하면서 일을 하는 이유는 제게 남겨진 것이 '자식'뿐이라는 생각 때문이다. 믿고 의지할 수 있는 남편이 없는 데다가 자신에게는 키워야 하는 자식이 있기 때문에 엄마는 자신의 삶을 포기하고 매일 일을 하러 나간다. 자신의 삶까지 포기하면서 자식을 키우는 엄마에게 미련하다고 하는 사람은 없다. 사회에서는 그녀의 희생이 당연한 것이자 대단한 것이라고 말하며 자식을 키우기 위해 애쓰는 모습이 하나의 미덕이라고 칭하기까지 한다. 그러나 과연 그렇게 좋게만 바라볼 수 있는 것일까. 드라마가 계속해서 이러한 어머니의 모습을 보여주기 때문에 사람들도 자식을 위해 어머니가 희생하는 것이 당연하다고 생각하게 된 것은 아닐까.

엄마도 엄마이기 전에 여자야

어머니가 자식을 위해 자신의 삶을 바친다면, 그것을 결코 '희생'으로만 볼 수는 없을 것이다. 〈동백꽃 필 무렵〉에서는 홀어머니들이 자식을 위해 자신의 삶을 포기하는 장면이 종종 등장했다. 까불이에게 죽임을 당할 뻔한 동백은 외상후스트레스를 겪을 새도 없이 장사를 계속하기로 한다. 갓난아기 필구를 먹여 살리려면 쉴 수 없었던 것이다. 죽음의 문턱에서 겨우 살아나왔음에도 자신의 자식이 굶지 않도록 하는 것을 먼저 생각하는 동백의 모습은 드라마 속에서는 '어머니의 강인함'으로 비쳐졌지만, 제3자의 입장에서는 안타까운 마음이 먼저 든다. 또한 아들 필구가 혹시나 상처받지는 않을까 하는 생각에 동백은 용식과의 연애를 고민한다. 재혼이 아닌 연애임에도 말이다. 그녀가 충분히 다시 연애를 시작할 수 있는 나이와 미모를 갖췄음에도 불구하고, 엄마라는 역할에 얽매여 내적으로 크게 갈등하는 모습은 '엄마는 자신의 삶을 살아갈 수 없다는 것인가'라는 의문까지 들게 한다. 앞서 예를 들었던 동백의 엄마 정숙과 용식의 엄마 곽덕순의 삶도 마찬가지다. 모두 자식을 키우기 위해 한평생 일만 했다. 이처럼 〈동백꽃 필 무렵〉에서는 엄마가 자식을 키우기 위해 자기 챙김을 포기하는 것까지도 '자식을 위한 희생'으로 정당화했다.

자식을 위해서 한평생을 살아가야만 한다면 '엄마'라는 역할은 너무 고달프기만 할 것이다. 드라마에서도, 엄마도 엄마이기 전에 한 인생을 살아가는 '인격체'라는 점을 고려해야 할 필요가 있다. 〈로맨스는 별책부록〉[2]이라는 드라마는 이러한 점을 잘 반영한 사례 중 하나다. 여자 주인공 '강단이'는 12살 딸을 유학 보낸 기러기 엄마이자 홀어머니다. 그녀는 딸의 유학비를 벌기 위해서 남의 집 청소, 목욕탕 알바 등 여러 일들을 하다가 출판사 '겨루'에 취직한다. 그런데 그곳에서 강단이는 단순히 딸의 유학비를 벌기 위해서만 일하지 않는다. 그녀는 자신의 능력을 발휘하고 맡은 일을 훌륭히 해내면서 직장 동료들에게 인정받는다. 출산 때문에 단절되었던 경력을 다시 쌓기도 하고 책을 내고자 했던 꿈을 실현시킨다. 또한 그녀는 자신의 열정을 발판 삼아 더 많은 일에 도전하고 용기를 낸다. 재혼도 아니고 연애를 하는 것에도 망설였던 동백과 달리 강단이는 자신의 감정에 솔직히 반응하고 행동해서 자신을 좋아하는 '은호'와 연애를 하며 행복해한다.

홀어머니로 자식을 키워야 하는 입장은 같지만, 두 드라마에서 여

---

2   2019년 1월 26일 ~ 2019년 3월 17일에 방영된 tvN 16부작 드라마.

자 주인공이 보여주는 면모는 확연히 다르다. 한쪽은 자식을 키우기 위해 자신의 행복을 망설이고, 다른 한쪽은 자식도 생각하지만 자신의 삶에 충실하려고 노력한다. 어느 한쪽이 더 바람직한 엄마의 모습이냐를 따지려는 것이 아니다. 자식을 위해 인내를 감수하는 어머니도 자신을 챙길 시간이 필요하다는 것이다.

다행히 〈동백꽃 필 무렵〉에서는 단순히 모성애 신화를 재생산하는 데서 벗어나, 새로운 시도를 했다. 자신의 아들 필구를 지키기 위해서는 자신은 뭐든 해야 한다는 신념으로 살아가는 동백 앞에 그녀를 '매력적인 여자'로 봐주는 용식을 등장시킨 것이다. 용식은 아들을 반듯하고 모자람 없이 키우는 어머니가 되어야 한다는, 스스로 만든 틀에 갇혀 있던 동백이 그 틀을 스스로 깨고 나올 수 있도록 돕는다. 동백은 자신에게 예쁘다고 해주는 용식의 말을 듣고 점점 자신의 모습을 제대로 마주하고, 꾸미기 시작한다. 점차 자신의 인생도 생각하는 동백을 보면서, 시청자들은 자식을 위해 사는 어머니에게도 자신만의 삶이 있다는 사실을 재인식하게 된다.

또한 용식은 동백의 옆에서 필구의 등하교를 돕고, 필구가 학교생활을 잘할 수 있도록 든든한 버팀목을 자처한다. 이러한 용식의 행동은 남편이 해야 하는 역할로, 어머니의 '자식을 위한 희생'을 정당화하는 조건을 없애버린다. 남편의 부재에서 오는 동백의 부담감을 나누어 짐으로써, 그만큼 동백이 자신 스스로를 챙기도록 만든 것이다. '필구 엄마'가 아닌 '동백'으로, 온전히 그녀를 봐주는 용식의 행동은 자연스럽게 드라마의 초점을 바꾼다. '부모와 자식 간의 사랑'에서 벗어나 '두 주인공 간의 사랑'에 더 집중되는 것이다.

앞으로 나올 드라마의 고민

텔레비전은 비슷한 내용을 계속해서 보여주면서 그와 관련된 신화를 생산한다. 시청자들은 그러한 반복을 통해서 신화를 당연한 것으로 받아들인다. 다시 생각해 보면 그것이 당연하지 않을 수도 있지만, 사람들은 아무런 거부감 없이 그 장면을 보고 고개를 끄덕인다. 텔레비전을 통해 이미 익숙해진 것이다.

'모성애' 신화는 우리에게 익숙해진 신화 중의 하나다. 부모가 '자식을 위해 희생'하는 것들이 당연하게 받아들여지고 있고, 사회적 시선으로는 숭고한 것이라며 치켜세우기까지 한다. 사실 자식을 사랑하는 부모가 자식에게 뭐든 해주고 싶은 마음은 '사랑'의 조건 중 하나이므로 당연한 것으로 생각될 수 있다. 그러나 문제는 드라마에서 부모가 자식에게 너무 얽매여서 자신의 삶을 포기하는 것까지도 '부모의 희생'이라고 포장해서 보여주는 것이다.

〈동백꽃 필 무렵〉에서도 다양한 부모-자식 간의 관계들이 등장한다. 여자 주인공 동백과 그녀의 아들 필구, 또 동백과 그녀의 엄마 정숙, 남자 주인공 용식과 그의 엄마 곽덕순 등이 있다. 두 주인공의 가족사를 통해서 드라마에서는 자식을 위해 자신의 삶을 다 바쳐가며 일만 하는 홀어머니의 모습을 계속해서 보여준다. 세 형제를 키우기 위해 일찍부터 장사를 시작한 곽덕순의 모습은 필구를 키우는 동백의 현재 모습과 이어지고, 드라마 후반부에서 공개되는 정숙의 과거 역시 자식을 위해 평생 일만 하는 것으로 구성되면서 사람들은 자식을 위해 일만 하는 어머니의 '희생'을 자연스럽게 받아들이게 된다. 또한 이 드라마는 '아버지의 부재'라는 요소를 추가함으로써 경제적인 부분까지도 어머니가 책임지게 만들어 어머니의 희생을 부각시킨다. 〈동백꽃 필 무렵〉은 자식의 양육에만 몰두하는 홀어머니의 모습을 계속해서 보여주어 이러한 '모성애' 신화를 재생산했다.

또한 이러한 모성애 신화는 더욱 극대화되어 어머니가 자식을 위해 자기를 챙기지 않는 것도 당연한 것으로 보여준다. 동백의 엄마 정숙과 용식의 엄마 곽덕순의 삶이 그렇다. 두 홀어머니는 자식을 키우기 위해 한평생 일만 한다. 그러나 〈동백꽃 필 무렵〉은 한편으로 주인공 동백을 통해 다른 길을 가려고 노력한 듯 보인다. 동백은 필구를 우선시하여 용식의 고백을 받아주지 않으려고 한다. 하지만 용식이 사랑한다는 이유로 동백의 양육 부담을 덜어주려고 하고 동백이 스스로를 챙길 수 있도록 돕자, 동백은 어머니의 틀에서 벗어나 자기 자신을 되돌아보기 시작한다. 결국 자신의 행복을 위해 용식과의 연애를 선택하는 동백의 모습을 보면서 시청자들은 '어머니도 어머니이기 이전에 여자'라는 생각을 갖게 된다. 즉, '모성애'를 다루기 전에 고려해야 할 점은 어머니도 어머니이기 이전에 한 삶을 살아가는 '여인'이라는 것이다.

'자식을 위해 희생하는 어머니'의 모습이 숭고하다는 모성애 신화는 현실의 '어머니'의 역할을 가중시키는 문제를 야기하기도 한다. 이제 어머니가 자기를 조금만 생각해도 스스로 눈치를 보게 된 것이다.[3] 자식을 제대로 키우지 못할까 봐, 자식에게 더 많은 것을 해주지 못할까 봐 전전긍긍한다. 한평생을 자식을 위해 일만 하는 부모의 모습이 정말 미덕이라고 할 수 있을까. 이러한 희생을 당연한 것이라고 할 수 있을까. 앞으로는 드라마에서 '부모와 자식 간의 사랑'을 너무 '희생'적인 측면으로만 풀어내지 않았으면 하는 바람이다. 부모도 자신의 삶을 살아

---

3   최문선, "'모성애 신화'에 갇힌 당신, 완벽한 엄마 아니어도 괜찮아요", 《한국일보》, 2017.2.20, https://www.hankookilbo.com/News/Read/201702200477017134

가는 주체기 때문이다. 특히나 모성애 신화와 같이 어머니의 이미지가 계속해서 '자식을 위해 희생'하는 것으로 소비된다면 현실에 존재하는 홀어머니들의 부담감은 더욱 가중될지 모른다. 미디어의 영향력이 크기 때문에, 앞으로 자식을 위하는 부모의 행동을 어떤 식으로 담아낼 수 있을지 방송은 곰곰이 생각해 볼 필요가 있다.

"공부가 머니?"라는 질문에 답하다

MBC 〈공부가 머니?〉의 문제점과 개선방안에 관하여

박소현

1. 〈SKY 캐슬〉의 현실판

방송은 공중을 설득하고 사회적 영향을 갖는 중심 매체로 발전해 왔다. 사회, 경제, 정치, 문화 등 그야말로 전 영역을 아우르고 있는 방송은 교육 분야로도 그 폭을 넓혀가는 중이다. 2008년 고등학생들을 대상으로 공부 법을 알려준 예능 프로그램 MBC 〈공부의 제왕〉을 시작으로, 비슷한 취지로 2014년 편성된 tvN의 〈이것이 진짜 공부다!〉 등 공영방송과 종합편성채널의 많은 방송사가 다양한 포맷으로 교육 영역에 접근하기 시작했다. 그러던 중 2018년, JTBC 드라마 〈SKY 캐슬〉이 혜성처럼 등장했다. 이 드라마는 한국의 입시교육 세태를 희비극적으로 조명하고 그에 대한 비판의식으로 시청률 23.8%에 이르는 파장을 일으켰지만, 아이러니하게도 드라마 바깥 현실의 양상은 전혀 다르게 흘러갔다. 막연하게 상상했던 상류층의 사교육 현장이 가시화되면서 사교육 열풍이 사그라드는 대신, 드라마의 내용이 현대에 걸맞은 고급 트렌드로 탈바꿈되고 전보다 사교육에 대한 기대치와 눈높이가 상승한 것이다. 이처럼 〈SKY 캐슬〉의 방영은 드라마의 완성도를 떠나, '헬리콥터 맘', '입시 코디'라는 신조어와 더불어 사교육에 대한 관심을 한층 심화하는 신호탄이 되어버렸다.

그 이후 등장한 MBC의 〈공부가 머니?〉는 이리도 복잡다단해진 사교육의 욕망을 다루기 위해 세밀한 접근법을 도입한 것처럼 보였다. 이 프로그램은 사교육 관련 지출을 줄이고, 학생의 유형에 따라 학습전략을 제시해 주는 입시 코디네이터를 대중의 안방에 소개한다는 명목으로 출발했다. 소수만을 위했던 사교육의 특혜가 대중에게 친밀한 예능 프로그램에서 개방된다면, 어떤 새로운 교육의 담론과 기회의 확대를 만들어낼지 초반에는 자못 기대를 모았다.

〈공부가 머니?〉는 학부모와 학생을 게스트로 두고 학생의 학업성취도를 살펴보는 방식으로 매회 진행됐다. 유치원생부터 고등학생까지 아우르며 가정의 분위기, 학업 성적, 자녀의 성격, 적성 등을 파악한 뒤 효율적인 학습 솔루션을 제시하는 구조다. 4회 윤지수 학생 편은 청각장애인인 학생뿐만 아니라 청각장애인을 양육하는 학부모에게까지 입시 정보를 제공했다는 점에서 의미가 큰 회차였다. 장애로 인한 불편함과 제약이 있지만 지수 학생의 자기주도적이고 쾌활한 모습을 학습 적성과 매끄럽게 연결시켜 주는 모습을 보였다. 또한 청각장애인이 선택할 수 있는 다양한 직업을 소개하고, 더 넓은 시야로 세상을 바라볼 수 있게 도와주었다. 하지만 회차가 거듭될수록 의뢰 가정의 다양성이 줄어들기 시작했다. 전형적인 대치동, 강남권의 학부모와 대형 입시업체의 컨설턴트가 초대되는 비중이 점점 높아졌다. 한 연예인 학부모가 출연한 편에서는 영어, PPT 발표 등에서 자녀들이 '부모 찬스'를 쓰는 모습을 여과 없이 보여주고, '금수저'가 누릴 법한 학습환경에다 자녀들의 진로에까지 지나치게 관여하는 모습을 담아 사교육의 계급화, 성적 지상주의가 절정에 달한 현실을 보여주었다.

〈SKY 캐슬〉이 일으킨 사회적 반향이 너무나 특별했기에 사교육 소재는 방송에서 더 이상 가볍게 접근할 만한 사안이 아니었다. 그러나 상술했듯이 〈공부가 머니?〉의 풍경은 〈SKY 캐슬〉이 비판하기 위해 그렸던 사교육 숭배와 상품화를 전면적으로 현실화해 버린 모습이다. 물론 〈공부가 머니?〉는 부정적인 사태를 기획 단계에서 인지하여 불필요한 사교육을 줄이고 기회의 평등을 만드는 것을 가치로 내걸었을 것이다. 하지만 〈공부가 머니?〉가 전체적으로 아쉬움이 남는 것은 내용만이 아니라, 기본 골격을 이루는 형식적인 측면에서부터 고민이 부족하다고 느껴지기 때문이다.

2. '관찰 카메라'의 딜레마

방송에서 관찰 카메라는 MBC 〈나 혼자 산다〉로 대표되는 일련의 예능 프로그램에서 매력적인 구성 장치로 자리 잡았다. 리얼버라이어티 예능에서 관찰 카메라가 만드는 생생함은 방송인과 시청자 사이의 심리적 거리감을 좁히는 큰 장점이 됐다. 관찰 카메라는 연예인들의 사적인 일상을 공유함으로써 시청자들이 다른 문화를 수용하는 과정에서 발생하는 이질감을 없애고 실제와 같은 편안한 상태로 이끈다. 감정적인 친밀감과 공감을 불러일으킨다는 점에서, 일반 예능의 관찰 카메라는 시청자와 소통하는 듯한 느낌을 자아내는 꽤 성공적인 전략이라고 말할 수 있겠다. 그러나 〈공부가 머니?〉는 이런 익숙한 관찰 카메라의 형식을 취했으나 여타 예능과는 다른 양상을 보였다. 우선 의뢰인들이 대부분 경제적 여유가 있는 가정이기 때문에, 〈공부가 머니?〉의 관찰 카메라는 다수의 대중에게 낯선 상위문화를 자연스럽게 노출하면서 종국에는 상대적 박탈감이 유발되도록 만들었다. 아마 제작 단계에서는 기존 예능과 같이 색다른 일상에 몰입하는 수용자들을 상상한 것이 아닐까 싶다. 그러나 〈공부가 머니?〉에서 사용된 관찰 카메라는 많은 이들에게 좁힐 수 없는 교육격차를 보여주고 부유한 생활환경을 마치 정상적인 가정의 여건처럼 보여줄 따름이었다.

보다 근본적인 문제는 리얼버라이어티의 전형과는 달리 〈공부가 머니?〉의 관찰 카메라가 대중이 주체적으로 관찰하는 화면이 되지 못했다는 점이다. 말하자면 〈공부가 머니?〉의 관찰 카메라는 시청자가 아닌 오로지 패널들을 위해 짠 것이었다. 학생을 관찰하고 그에 맞는 해결책을 제시하는 스토리를 위해, 관찰 카메라는 학생들의 현실에 다가서기보다는 학습 상황을 점검하기 위한 일종의 자료 화면처럼 구성된 것이다. 분석가에게 특징적인 면만 보여주고, 학습법으로 소개될 만한 부분 위주로 편집되면서 시청자들이 감정적으로 상황에 몰입할 여지는 줄어들었다. 이렇게 〈공부가 머니?〉는 관찰 카메라의 리얼리티 효과와 정보 프로그램의 콘텐츠적 성격이 상충하는 모습이다. 교육을 다루는 데 있어, 관찰 카메라를 통해 스튜디오에서 이야기를 전개하는 방식은 아무래도 지금 유행하는 형식을 편의적으로 취한 것으로밖에 생각되지 않는다.

프로그램의 소재상 〈공부가 머니?〉는 관찰 카메라의 효과인 몰입과 공감의 장점을 제대로 활용할 수 없었다. 관찰 카메라를 굳이 필요로 했다면, 컨설턴트와 함께 우리 주변에 있는 학생들의 보편적인 교육 현장에 다가가는 것에서부터 시작해야 하지 않았을까? 사교육에 대한 솔루선이 tvN의 〈유 퀴즈 온 더 블럭〉처럼 학교 앞 길거리에서, 학부모들이 자주 보이는 마트에서 보다 더 자유롭게 이루어지는 방안도 생각해 볼 일이다. 〈공부가 머니?〉는 전문적인 정보 생산이 먼저일지, 친밀감과 공감이 먼저일지 형식에 대해 다시금 고민하는 것이 필요해 보인다.

3. 관습적인 기호들

방송은 사회적인 기호들을 조립하고 그것을 코드화하는 과정을 통해 시청자와 커뮤니케이션한다. 이때 새로운 의미를 창출하지 않고 사회문화 속에서 이미 고정관념이 되어버린 이미지를 그대로 사용한다는 것은, 특정 이슈를 다루는 방송조차도 변화의 시선을 가지고 있지 못함을 뜻할 것이다. 〈공부가 머니?〉의 공간 모델링과 시각적 요소를 살펴보면 사교육의 기호와 이미지를 어떻게 재생산해 내고 있는지를 살펴볼 수 있다. 먼저 스튜디오의 공간을 보면 팔각형 테이블이 중심에 자리하고 있고 세트 또한 팔각형 구조로 이를 둘러싼 모습이다. 그리고 면이 지닌 색 때문에 공간의 각이 굉장히 돋보이게 디자인되었다. 도형 중 팔각형은 사각형이나 삼각형보다 중심점에서 뻗어나갈 수 있는 각과 지점이 많다. 이는 도형과 공간을 통해 일반적으로 느낄 수 있는 심리적인 요소를 활용한 것으로 보인다. 팔각형의 다면성은 시청자들에게 프로그램의 다채로운 접근 방식을 암시하고 기대감을 유도하는 것으로도 볼 수 있다. 그러나 동시에 미니멀한 공간 구조는 시청자들의 해석을 제한하고 시청자들이 축소된 의미에 머물게 하는 한계가 있다.

그래서 출연진의 배경이 되는 세트의 면을 각자의 특성에 따라 색을 설정해 둔 점이 눈에 띈다. MC 신동엽과 유진/소이현의 배경은 초록

색 계열, 전문 패널들의 배경은 전체 스튜디오 색을 대표하는 회색 계열, 의뢰인은 보라색 계열 배경을 뒤로하고 있다. MC들을 감싸는 초록색은 학교 교실 칠판의 대표적인 색으로 안정감을 뜻한다. 보라색은 불안정, 불행 등을 상징한다는 점에서 의뢰인들의 고민을 더 부각하는 작용을 한다. 그리고 회색 계통의 색은 현대적이고 차가운 느낌을 상징하는데 이를 전문 패널들의 배경색으로 사용함으로써 엘리트 지식인, 선도자의 느낌을 자아낸다. 이렇게 사교육에 대한 기존의 기호들을 관습적으로 사용하고 배치함으로써 시청자들은 고착된 이미지와 편견을 또다시 흡수하게 되는 것이다.

결과적으로 세트에서 가장 많이 사용되고 지배적인 이미지로 드러난 것은 회색이었다. 프로그램의 메인 카피를 빌려 말하자면, "대한민국 최고의 입시&교육 코디네이터"가 바로 이 방송의 주인공인 셈이다. 지배적인 배경색에 더해, 고정 패널들은 주로 깔끔한 양복과 넥타이 차림으로 등장한다. 이 모습은 다시 뉴스를 보는 듯한 화면 구도에 담겨 정식화되고 근엄한 느낌을 강화한다. 프로그램은 이를 통해 교육 공급자들의 권력 이미지를 적극 활용하고, 프로페셔널리즘과 성공이라는 사회적 가치를 다시 한번 시청자들의 눈에 각인한다.

〈공부가 머니?〉 세트장에서부터 담겨 있는 관습적인 이미지 기호들은 결국 이 사회에 뿌리내리고 있는 사교육 만능주의를 연상케 하고, 시청자들이 기존의 공고화된 규범과 질서를 재차 좇게 만들고 있다. 그러므로 〈공부가 머니?〉는 이러한 시각적 디테일 또한 사회문화와 연결되는 요소임을 인지하고 새로운 담론을 만들 수 있는 이미지 기획에도 관심을 기울여야 할 것이다.

4. 학생을 위한 방송은 없다

〈공부가 머니?〉에서 찾을 수 있는 가장 큰 문제점은 솔루션을 직접 제공받는 자리인 스튜디오에 주로 학부모가 단독으로 출연한다는 것이다. 이는 본 방송이 직접 학습을 소화하고 상담을 받아야 하는 학생의 역할을 크게 중시하지 않는다는 뜻이기도 하다. 학생이 중심이 아니라면, 방송에서 그토록 강조하던 '자기주도학습'의 방법론도 결국 성적 향상과 상위 대학 합격만을 위한 하나의 상품처럼 그려질 위험이 있다.

방송인 박종진은 6회차, 41회차에 출연한다. 자녀들이 수능을 연속으로 치르다 보니 6년째 수험생 부모로 지내고 있다. 그의 막내딸 민이는 6회차 때 뮤지컬학과로 진로 솔루션을 받았다. 이후 전문 보컬 학원을 다니며 실력이 향상된 모습이 41회차에 그려졌다. 6회 당시 민이는 스튜디오를 찾아 직접 자신의 고민을 이야기하고 솔루션을 얻는 적극적인 모습을 보였다. 그리고 시간이 흐른 41회에서는 학부모인 박종진만이 민이의 인서울 입시를 위해 열성을 보이고 있었다. 이미 예체능 전문 교육을 따로 받고 있고, 진로에 대한 고민도 해결된 상황이어서인지 민이는 스튜디오에 출연하지 않았다. 꿈을 향해 나아가는 자녀의 모습에서 어느새 부모님의 꿈으로 전향되어 버린 모습이었다. 이 때문에 그날 회차에서는 학생 맞춤 분석이 아닌 '수능 100일 전 학습법'을 소개하는 데 그쳤다. 진정으로 〈공부가 머니?〉가 수능이 100일 남은 상황을 강조하고 싶었다면 이 시기에 도움이 더 절실한 학생들을 섭외하고, 여러 학생들의 고민을 모아보아야 하지 않았나 싶다. 이처럼 현재까지 진행된 프로그램 구조에서는 학생을 주체로 두는 자리가 쉽게 발견되지 않는다.

그런가 하면 37회차에서는 이종격투기 선수인 육진수가 중학교

2학년 아들 육지원의 진로를 고민하며 의뢰인으로 참여했다. 지원은 독학으로 피아노를 수준급으로 치고, 성적 또한 최상위권에 속하는 학생이었다. 단지 고등학교 입시를 앞두고 꿈(예체능)이냐 현실(인문계)이냐를 놓고 고민하는 듯 보였다. 그럼에도 해당 회차의 솔루션은 적극적이었는데, 고정 패널 이병훈 소장이 지원이네 집을 방문하여 손수 학업 수준을 분석하는 모습까지 보여주었다. 그리하여 방송의 결론은 예술고에 진학하고 싶은 지원이의 꿈이 아닌, 영재원이라는 영재 코스를 밟아야 할 아이라는 것에 초점이 맞춰졌다. 자녀의 학업에 관심이 많은 학부모들이라면 이보다 더 기분 좋은 평가는 없을 것이다. 하지만 그러한 솔루션에는 정작 학생이 원했던 예체능에 대한 진지하고 체계적인 피드백이 없었기에, 단지 자녀에게 '영재'라는 프레임을 씌우고 화제성을 노린 연출은 아니었는지 의심케 한다. 결국 〈공부가 머니?〉는 학부모의 만족도에 중점을 둔 학원 상담실 풍경과도 크게 다르지 않은 모습이다.

앞선 예시들에서 발견된 문제에 따라 〈공부가 머니?〉는 모두를 수용하는 방송으로서 주체자와 수용자 타깃을 다시 정립할 필요성이 있어 보인다. 이를 제작진 측에서 단지 학부모, 교육 컨설턴트와 예능이라는 새로운 구성물로 프로그램의 다양성을 강조한 것이라 말할지라도, 학생이 부재한 소통 과정에서는 심각한 불균형을 초래하고 있는 상황이기 때문이다.

5. 방송과 사회

성적을 비관해 스스로 목숨을 끊은 여중생이 남긴 유서의 마지막 줄, "행복은 성적순이 아니잖아요"라는 말이 30년이 더 지난 지금까지도 인용되고 있다. 이 사건을 모르는 사람은 많아도, 이 말을 들어보지 못한 사람은 없을 것이다. 더욱이 한국에서 특별한 역사를 지닌 대입 경쟁, 사교육 열풍 속에서는 여전히 경종을 울리는 말처럼 들린다. 사교육이 야기하는 다양한 사회적인 문제를 떠나서라도, 방송이 사회를 담을 때에는 의제에 대한 섬세한 문제의식이 선행되어야 한다. 방송은 대중의 인식을 변화시킬 수도 있는 가장 파급력이 높은 매체 중 하나기 때문이다. 특히나 공영방송은 곧 우리 사회의 거울과도 같은 역할을 하고 있다. 그런데 중대한 사회현상을 간편히 콘텐츠로 가공해 버리는 연출이 예능 프로그램이라는 이유로 면죄부를 얻을 수 있을까? 〈공부가 머니?〉의 경우처럼 사교육이라는 민감한 제도가 예능 프로그램이라는 쾌락적 요소로 받아들여질 때 저항감과 기대치는 동시에 상승하게 된다. 사교육이라는 큰 사회적 이슈를 주제로 예능을 만들고 싶다면 흥미가 우선이 아니라 기존의 사교육과는 다른, 새로운 시선으로 대중의 관심을 끌어야 하는 것이 당연해 보인다.

그러나 아쉽게도 〈공부가 머니?〉에서는 알게 모르게 지향하는 바가 성적 순위 상승, 영재 발굴 쪽으로 흐르고 있어, 결국에는 또다시 상업적인 교육을 올려다보는 사회 분위기를 조장하는 것은 아닌지 우려스럽다. 특히나 올 상반기부터 현재까지, 코로나19로 아이들이 학교에 가지 못해 제대로 공부할 수 없는 시기를 보내고 있다. 온라인 수업으로 대체되었지만, 상당수 학생들은 집에 컴퓨터가 없어 교육부에서 학교 측에 컴퓨터 대여를 추진하기도 했었다. 이런 와중에도 일각에서의 사교육은 더욱 심화되어 결국 학생들의 수준 차이를 벌려놓았다는 기사가 연일 보도되는 등 녹록지 않은 한 해가 지속되고 있다. 이런 상황 속에서 공영방송이 해야 할 책임과 의무는 그리 단순한 것이 아님이 틀림없다.

최근 〈공부가 머니?〉가 시즌 1의 막을 내렸다. 여러 문제점을 지적

했지만 〈공부가 머니?〉의 다음 시즌을 기다려보는 이유는 여전히 본인의 꿈과 목표를 이루고 싶어 하는 학생 시청자들이 존재하기 때문이다. 이런 점에서 〈공부가 머니?〉 제작진이 대중의 비판과 방송을 놓고 일어난 논란을 수용하고 개선점을 찾으려는 의지를 보인 것은 긍정적으로 생각된다. 실제로 〈공부가 머니?〉 후반 회차에서는 캠을 통해 다양한 학생들을 초대하고 이야기를 들어보는 노력을 보여주기도 했다. 시즌 2가 시작된다면 더 이상 학부모가 사교육 중심에 서 있는 것이 아닌, 학생들이 진정한 자기주도학습을 실현할 수 있는 기회의 장으로 거듭날 필요가 있다. 공영방송의 역할은 아직도 남아 있고, 앞으로 충분히 새로운 담론을 만들어낼 수 있을 것이라는 기대를 가져본다.

내 편은 언제나 나였다

페미니즘으로 본 KBS2 〈동백꽃 필 무렵〉

이예빈

신데렐라 스토리의 변화

「백설공주」, 「잠자는 숲속의 오로라 공주」, 「라푼젤」, 「신데렐라」는 우리가 잘 알고 있는 유명한 동화이다. 이 동화들의 공통된 특징은 남성, 특히 왕자의 도움을 받아 위기에서 탈출하고 왕자와 행복한 결말을 맞는다는 줄거리이다. 신데렐라는 계모와 새언니들에게 구박을 받는 상황이었으나 유리 구두라는 매개체를 통해 왕자에게 선택받으며, 왕자와 만나 공주가 되어 행복하게 살았다는 이야기다. 이러한 신데렐라 이야기를 보면 가난하고 힘든 상황에 처한 여자가 외모와 재력 등 능력을 갖춘 남자에게 도움을 받아 사랑에 빠진다. 신데렐라 이야기는 드라마 속에서 '신데렐라 스토리'라는 요소를 만들었다. 신데렐라 스토리를 담은 대표적인 드라마로 〈꽃보다 남자〉, 〈상속자들〉 등이 있는데, 이 드라마들은 방영

당시 많은 사랑을 받았다. 돈이 많은 재벌 남자 주인공이 가난한 여자 주인공에게 관심을 가지며, 여자 주인공이 위험에 처할 때 남자 주인공이 구해주며 서로 사랑에 빠지는 모습을 보여주었다. 그러나 최근 방영한 드라마와 영화를 살펴보면 이러한 신데렐라 스토리 구조가 아닌 다른 흐름을 볼 수 있었다. 〈사이코지만 괜찮아〉, 〈검색어를 입력하세요 WWW〉, 〈82년생 김지영〉 등 여성 서사를 중심으로 하는 작품들이 만들어지며 대중에게 주목을 받기 시작한 것이다. 반면 〈더 킹: 영원의 군주〉의 시청률은 김은숙 작가의 이전 작품에 비해 큰 인기를 얻지 못하며 김은숙 표 '신데렐라 스토리'가 대중에게 더 이상 통하지 않는다는 생각을 남겼다. 실제로 2020년 8월까지 방송통신심의위원회에서 민원을 가장 많이 받은 프로그램 상위 10개 중 〈더 킹: 영원의 군주〉는 5위로 1,145건에 이른다. 방송통신심의위원회는 〈더 킹: 영원의 군주〉의 여성 상품화, 성차별적 발언에 대해 '권고'를 의결했다. 이러한 흐름은 텔레비전에서 여성을 어떻게 생산하고 구성하는지에 대해 대중이 방송을 비판적으로 바라볼 수 있는 시각을 가지게 되었음을 보여준다. 과거 방송에서는 남성에게 도움을 받아야만 문제를 해결할 수 있는 여성의 모습을 만들어냈다면 현재는 여성들이 자신의 일은 스스로 해결할 수 있는 모습으로 그림으로써, 그동안 여성들에 대해 생산된 이미지들이 여성에게 어떤 불편함을 만들었으며 요구했는지에 대해 이야기하게 되었다.

동백꽃 필 무렵

드라마 〈동백꽃 필 무렵〉은 여성들이 대중매체에서 자신의 이야기를 할 수 있게 된 흐름 속에서 방영되었다. 〈동백꽃 필 무렵〉은 최고 시청률

23.8%를 기록하며 많은 사랑과 인기를 받았다. 또한 서울 드라마 어워즈에서 한류드라마 부문 최우수작품상 등 5관왕을 차지하기도 했다. 〈동백꽃 필 무렵〉의 줄거리를 보면 평범한 시골 마을인 '옹산시'에 동백(공효진 분)이 이사를 오게 된다. 모두의 이목을 끄는 동백은 혼자가 아니라 유모차에 타고 있는 어린아이와 함께 이사를 왔다. 아이의 아버지는 없지만 동백은 꿋꿋하게 아이를 키워 아이는 어느새 초등학생이 되었다. 이 시기에 황용식(강하늘 분)이 옹산시 순경으로 발령받는다. 옹산시로 발령된 것도 범인의 뻔뻔함을 참지 못하고 때렸기 때문이다. 이렇게 머리보다 가슴으로 움직이며 불의를 참지 못하는 용식이 동백에게 반하게 되며 두 사람의 이야기가 진행된다. 여기까지 보면 시골에서 펼쳐지는 로맨스 이야기를 상상할 수 있다. 그러나 〈동백꽃 필 무렵〉은 단순한 로맨스가 아닌 더 많은 이야기를 담고 있다. 이 글은 이 드라마가 남긴 시사점을 페미니즘 관점으로 살펴보았다.

여성은 남성보다 약하다

'여성은 남성보다 약하고 열등하다. 그래서 남성이 여성을 지켜줘야 한다.' 이러한 생각은 매체를 통해 더욱 관념화되며 재생산되었다. 여성과 남성의 차이가 존재한다는 관념 또한 유전적인 결과에 의해 만들어진 것이 아니라 사회적으로 만들어진 결과다. 즉, 여성과 남성은 타고나는 것이 아니라 사회적으로 재생산되고 문화적으로 재창조되는 것이다. 이 관념은 〈동백꽃 필 무렵〉에서도 찾아볼 수 있었다. 동백은 아이를 혼자 키우는 여성으로 더구나 범죄의 목격자이며, 피해자로서 위험에 처한 상황이라고 생각할 수 있다. 드라마는 가족이 없고 술집을 운영하며 힘들게 사는 전형적인 여성의 힘든 모습을 보여준다. 또한 동네 아주머니 등쌀에 휘둘리며 젊은 여자로서의 고충을 보여주는 모습도 볼 수 있었다. 이러한 상황은 동백을 약한 여성으로 생각하도록 만들었다. 정의롭고 불같은 성격의 용식이 동백을 좋아하기 때문에 동백의 부당하게 겪는 일을 참지 못하고 해결해 줄 것이라는 기대를 하게 만든다. 실제로 용식은 동백이 겪는 부당한 일을 해결해 주려고 한다. 노규태(오정세 분)가 동백의 가게에서 8,000원짜리 땅콩을 서비스로 달라고 하며 난동을 부렸다. 이를 해결하기 위해 용식은 노규태의 지갑에서 8,000원을 꺼내 동백에게 가져다주는 모습을 보여준다. 그러나 결국 동백의 문제를 해결한 것은 동백 자신이었다. 용식이 자신 때문에 곤란한 상황에 처하자 노규태를 고소하며 정면으로 대응하는 모습을 보여주었다. 동백은 그동안 당했던 부당한 일들을 적어놓은 '치부책'을 내놓는다.

〈동백꽃 필 무렵〉에서 중요 요소 중 하나인 '까불이'와 관련해서도 동백의 주체적인 모습을 볼 수 있었다. 동백은 까불이 사건의 유일한 목격자다. 이 수식어는 사람들이 동백에게 많은 관심을 갖도록 만들었는데 경찰, 언론 등은 동백을 가만히 두지 않았다. 동백은 더 이상 까불이로 인해 자신이 괴롭지 않기를 바랐지만, 다시 나타난 까불이로 인해 동백에게 다시 관심이 집중된 것이다. 이러한 상황에도 불구하고 도망을 치거나 무시하는 등 소극적인 태도를 보이던 동백이었다. 그러나 친구 향미(손담비 분)가 죽고 자신의 아들 필구(김강훈 분) 또한 위험에 처할 상황에 이르자, 동백은 이사를 가지 않고 버티며 당당히 옹산시에 머물면서 두려움에 마주하는 모습을 보여준다. 특히 까불이의 정체를 알고 박흥식(이규성 분)을 유리컵으로 직접 내리치며 범인을 잡는 모습을 보여주었다.

동백은 여성이 남성보다 약하기 때문에 남성의 보호를 받아야 한다는 생각을 직접 부수는 모습을 보여준다. 누군가 나타나서 해결해 줘야 할 것 같다는 생각이 들 때마다 결국은 당당하게 자신의 상황을 해결하려 한다. 이러한 모습은 기존의 성별 역할은 잘못되었다고 말하고 있다. 여성도 스스로를 지킬 수 있다고 보여주는 것이다. 이러한 새로움이 시청자들에게 낯섦을 선사하는 동시에 신선함으로 여기게 만들며 여성 시청자들에게 울림을 선사했다. 용식은 "이 여자 여태까지 어떻게 살았을까, 나 없이? 그런 생각을 한다. 나 없이도 잘 살아왔는데, 그녀의 모든 것이 걱정되기 시작한다"라는 대사를 한다. 이 대사는 표면적으로는 험난한 세상의 여자에 대해 걱정하는 듯 보인다. 그러나 심층적으로는 험난한 세상 속에서도 여성은 잘 버티고 살아왔다는 뜻이 된다. 마치 자신이 없어도 잘 살아온 여성에게 도움을 주고 싶다는 기존의 관념이 느껴지는 듯한 대사다. 여성은 도움을 필요로 하는 존재가 아니다. 여성 또한 자신의 문제에 직면하고 스스로 해결해 왔다는 것을 보여준다.

여성은 가정에 책임이 있다

텔레비전에서 생산하는 여성의 이미지는 '여성이 가정에 관련된 일에 책임이 있다'는 것이다. 가정의 일은 여성의 것으로 여겨지며 남성은 상대적으로 이에 대한 책임을 요구받지 않는다. 여기에는 집안일은 여성의 것으로 집안이 관리되지 않은 잘못을 여성에게 책임을 돌리거나 여성은 요리를 잘해야 한다는 등의 생각이 깔려 있다. 방송에는 여전히 '아버지의 지배'라는 가부장적인 요소가 남아 있다. 여성의 적은 여성으로 남편의 외도라는 문제에서 '가정을 지키지 못한 남성'을 탓하는 것이 아니라 '가정을 해친 여성'이 문제라고 생각한다. 남편의 외도에 대한 부인의 분노는 남편이 아니라 외도를 저지른 여성에 국한되어 있다.

　노규태는 존경받고 싶어 하고, 편 가르기와 대장 노릇 하는 것을 좋아한다. 노규태는 집에서 권위를 펼치지 못했기에 이런 모습을 받아준 향미(손담비 분)와 여행을 다녀왔다. 노규태의 행동들을 바람이라 생각한 홍자영(엄혜란 분)은 노규태의 여행 상대를 동백이라 의심하고 있었다. 그래서 홍자영은 동백에게 가게 재계약을 내세워 압박을 하는 모습을 보인다. 또한 동백을 의심하며 동백의 주위에서 감시하는 모습을 보이기도 한다. 이 외에도 필구의 친아버지 강종렬(김지석 분) 또한 필구를 이유로 동백에게 접근하는 모습을 보여준다. 이에 강종렬의 아내 제시카(지이수 분)는 자신의 어머니와 함께 동백에게 화를 낸다. 이러한 모습은 바람의 이유를 남자가 아닌 상대 여성에게 원인을 묻는 것이다. 본인 가정의 평화를 해친 것은 상대 여성 이전에 남성이다. 그렇기에 남성에게 책임을 물어야 하지만 여성에게 원인을 묻는 모습을 쉽게 볼 수 있었다. 이 외에도 동백이 술집을 했기에 동네 아주머니들이 남편들이 술집에서 술을 마시는 것을 보며 동백에게 화를 낸다. 남편이 들어와도 술을 팔지 말라며 "동백이 너가 살랑살랑 댄다" 등의 말을 한다. 이렇게 가정의 일을 남성이 아닌 여성의 잘못으로 여기는 모습을 쉽게 볼 수 있었다. 그러나 〈동백꽃 필 무렵〉에서는 단순히 여기에서 그치지 않았다. 홍자영은 외도의 원인을 노규태로 여기며, 단호하고 결단력 있게 이혼을 하는 모습을 보여준다. 이는 방송에서도 여성의 이미지가 바뀌고 있는 증거가 아닐까 생각하게 된다. 여성의 적은 여성이라는 과도한 생각을 바꿔야 할 때가 얼마 남지 않았다. 가정의 책임은 여성의 것만이 아니다. 가정은 함께 꾸려야 할 일이다. 기존의 '가정은 여성의 책임'이라는 지배적인 믿음에서 벗어난 모습이 드라마가 인기를 끌게 된 중요한 요인이라고 생각한다. 이 드라마는 기존의 무력했던 여성이 아닌 가정에서 힘을 가진 여성의 모습을 보여준다.

모성의 변화

여성의 생물학적 기능인 임신, 출산 그리고 양육으로부터 모성이 비롯된
다. 여성은 자녀 양육, 가사노동, 가족을 위한 활동을 요구받으며 사회로
부터 제한되고 고립되어 왔다. 사회적으로 남성은 공적 영역, 여성은 사
적 영역으로 분리되며 이러한 이분법적인 사고와 성별 분업은 재생산되
어 왔다. 현모양처는 '현명한 어머니와 어진 아내'를 뜻하며 현모양처라
는 단어를 통해 과거 여성에게 어떤 역할을 부여하려 했는지 알 수 있다.
역할은 만드는 것이지 부여받는 것이 아니라고 생각한다. 오늘날 여성들
은 여성의 자유를 존중할 것과 균등한 기회의 필요를 주장하며 자녀 양
육, 가사노동, 부모 역할에 대해 동등할 것을 요구한다. 전통적으로 바람
직한 여성의 삶을 규정하여 당연한 것처럼 수용하며 받아들이게 하는 사
회구조적 모순들이 작용해 왔다.

　이러한 모습은 〈동백꽃 필 무렵〉에서도 확인할 수 있었는데 동백
은 아이를 혼자서 키워왔다. 혼자서 아이를 키우는 여성에 대한 사람들
의 시선은 좋지 못하다. 자신의 남편을 뺏을까 봐, 좋지 못한 성품의 사
람일까 봐 등 편견에 가득차 있다. 남편이 없다는 질문에 예상하지 못했
다는 듯 어색한 행동을 보여준다. '집안에 남자가 없어서' 걱정이라는
눈빛을 보내기도 한다. 여전히 가정에는 남성이 필요하다는 생각을 가
지고 있다는 것을 알려준다. 뒤늦게 아들의 존재를 알게 된 강종렬은 동
백에게 아이가 더 좋은 생활을 할 수 있도록 키워야 한다며 현재의 동백
을 질책하는 모습을 보여준다. 동백의 수입 활동인 술집 환경이 아이에

게 부정적인 영향을 준다며 그만두고 조용히 살 것을 권유하기도 했다. 이는 남성에게 종속되어 있는 여성의 모습을 생산하려는 시도다. 마치 제시카가 '미세스 강종렬'로 살고 싶어 하는 모습을 보여주는 것처럼. 그러나 옹산시 여성들은 가정에서의 모습보다 일을 하는 생산적인 활동을 하는 모습을 중점적으로 보여준다. 여성의 역할을 양육, 출산으로만 규정짓지 않는다. 여성의 사회생활을 자연스럽게 보여주고 있다. 옹산시에서는 남성보다 여성이 적극적으로 경제활동에 참여하고 있었다. 동백 또한 술집을 접고 양육비를 받아가며 살라는 강종렬의 제안을 거절한다. 동백은 누구의 도움 없이 지금껏 필구를 잘 키워왔다. 필구는 스스로를 지킬 줄 아는 똑똑한 아이였다. 여성의 경제생활이 아이에게 좋지 않다는 생각은 더 이상 힘을 얻지 못한다. 〈동백꽃 필 무렵〉은 남성보다 여성의 경제생활을 보여준다. 옹산시 아주머니들과 동백, 홍자영 등은 가정에서의 양육이 아닌 개인으로서의 자신을 보여준다. 여성에게서 모성의 아름다움, 숭고함을 얻을 수 있다. 그러나 더 이상 그것만이 여성의 전부인 것처럼 보여주지 않는다.

신데렐라 스토리에 열광하던 대중은 더 이상 몰입하지 못한다. 앞으로는 여성을 보호해야 할 대상으로, 여성을 가정에 충실해야 할 존재로서 이야기하던 기존의 이미지에서 벗어난 이야기들이 받아들여질 것이다. 2019년 개봉된 〈주먹왕 랄프2: 인터넷 속으로〉에서 디즈니 공주 캐릭터들이 나오는 장면이 있었다. 주인공 바넬로피가 디즈니 공주들이 모여 있는 곳에 방문하게 되었는데 각각의 공주들은 자신만의 방법으로 낯선 바넬로피를 견제했다. 특히 신데렐라는 자신의 유리 구두를 깨며 위협하는 모습을 보여주었는데 다른 공주들보다 오래 보여주었다. 이는 주체적 여성으로의 모습을 보여주려는 디즈니의 의도였다고 생각한다. 왕자가 유리 구두를 찾아 공주가 된 신데렐라에게 유리 구두는 소중한 것이었음에도 불구하고 유리 구두를 깨고 자신을 지키려 한 것이다. 최근 디즈니 공주들은 엘사, 모아나 등 주체적인 여성으로서 행동하는 모습을 보여주었다. 그러나 기존의 백설공주, 신데렐라, 오로라 공주는 왕자에게 의존하는 여성의 모습을 보여주었는데 디즈니는 기존의 스토리 자체를 바꿀 수 없었기 때문에 〈주먹왕 랄프〉에 주체적인 여성으로서 달라진 모습을 보여주려 한 것이다. 그뿐 아니라 공주들은 자신들의 불편한 드레스가 아닌 편한 옷으로 갈아입으며 실용성을 추구하는 모습을 보여주었다. 디즈니는 기존의 수동적이고 의존적인 여성에서 현재의 능동적이고 주체적인 여성을 보여주어, 이러한 흐름이 실제로 나타나고 있다는 것을 말한다. 이처럼 여성은 스스로 행동할 수 있는 존재이며 이러한 모습들이 앞으로 여성들의 공감을 얻을 수 있을 것이다. 여성, 미혼모, 고아, 피해자, 재수 없는 팔자인 동백이의 마지막 대사 "나는 나를 믿어요"는 동백이 우리에게 말하고 싶었던 것이 무엇인지 알려준다. 나는 나를 믿기에 누구의 도움보다는 자신의 가능성을 믿는다. 그러기에 〈동백꽃 필 무렵〉은 여성에게 스스로의 힘의 가능성을 보여주는 드라마였으며 기존에 생산되던 여성의 이미지를 탈피하려 노력했다는 점에서 시사점을 남긴다.

대중문화는 과거로 흐른다

MBC 〈놀면 뭐하니?〉를 중심으로

김미라

1. 과거에 중독된 방송

지금의 대중문화는 과거와 소통한다. TV를 틀었다 하면 '라떼 이즈 홀스(나 때는 말이야)'가 포진하고 있다. 이와 같은 현상을 주도한 것은 예능과 드라마였다. 2010년 말 쎄시봉 열풍을 시작으로 '과거로의 회귀' 조짐이 보이다가 MBC 무한도전의 〈토토가〉와 tvN '응답하라' 시리즈에서 1990년대의 감성을 본격적으로 소환했다. SBS 〈불타는 청춘〉은 이제 중견이 된 8090 싱글 스타들을 한곳에 불러 모아 과거가 현재까지 진행되고 있음을 보여주고 있다. 1990년대와 2000년대 초반을 풍미한 가수들을 찾아 나서는 JTBC 〈투유 프로젝트-슈가맨〉 시리즈는 온라인 탑골공원에서 회자된 가수 양준일을 불러서 라이징 스타로 재포장했다.

현재 방영되고 있는 MBC 〈놀면 뭐하니?〉는 이런 현상에 방점을 찍었다. 음악, 앨범 재킷, 의상, 안무 등 거의 모든 과거 트렌드를 재가공해서 현재의 트렌드에 박제시켜 버렸다. 1990년대 말부터 2000년대 초반의 톱 가수였던 이효리와 비를 출연시킨 뒤 이들의 부캐(제2의 자아 캐릭터)를 만들어, '그때 그 시절 그 스타'가 나와서 그 당시의 핫한 음악을 들려주는 것이 아니라 새로운 캐릭터가 요즘 10대, 20대들은 모르는 음악을 보여주는 콘셉트로 진행했다. 유튜브 진행으로 시청자를 제작에 참여시켰고, 그래서 겉으로 봤을 때는 함께 호흡하는 방송으로 그려나갔다. 그나마 설정에서 차이점을 주며 여타 방송들이 보여준 레트로의 진부함에서 벗어난 것이다.

결과적으로 MBC〈놀면 뭐하니─싹쓰리 편〉은 흥행에 성공했고, 이에 대해 방송계는 관계자의 입을 통해 "지금 세대에는 사라진 여름 복고풍 댄스곡을 재현함으로써 Z세대 시청자들에게는 신선함을, 그 전 세대에는 향수를 선사했다"며 긍정적인 평가를 내렸다. 개개인이 최첨단 멀티미디어 기기를 이용하는 요즘 시대에 몇 년째 고민 없이 아날로그 콘텐츠를 파는 것에 대한 자평과 반성은 전혀 없이 말이다. 물론 이런 비판을 제기하면 누군가는 '싫으면 보지 않으면 그만이지, 왜 시비를 거냐'라고 할 수도 있다. 더군다나 유재석, 이효리, 비가 주축이 된 그룹 '싹쓰리'의 노래가 음원 순위를 장악했고 음악 프로그램에서도 1위를 달성했기 때문에 언뜻 보면 '싹쓰리'의 성공이 곧 콘텐츠의 성공이라고 생각할 수도 있다.

하지만 대중이 과연 '싹쓰리' 콘텐츠를 뉴트로(New와 Retro를 합친 신조어)의 신선함으로 받아들여서 소비했을까? 다매체 다채널 시대니까 당연히 '싹쓰리'의 우수한 콘텐츠 장악력으로 시청자의 선택을 받은 것이라고 생각하면 오산이다. 채널이 늘어났고 TV보다 유튜브를 더 많이 보는 시대라고 하지만, 그렇다고 지상파방송의 영향력이 줄었다고 볼 수는 없다. 플랫폼만 달라졌을 뿐 여전히 온라인에서 소비하는 상당량의 콘텐츠는 지상파방송의 콘텐츠이기 때문이다.

그렇다면 이에 조응하는 방송 제작 시스템은 또 어떠한가? 한번 흥행에 성공한 콘텐츠가 있으면 방송에서는 콘텐츠의 재탕, 삼탕도 마다하지 않는다. 아류 프로그램을 만드는 것은 부지기수고, 몇 년간 비슷한 콘텐츠로만 돌려 막기도 한다. 광고와 제작비라는 현실적인 고민 속에 모험보다는 안전을 택하는 것이다. 채널이 다양해지고 프로그램이 많아졌다고 콘텐츠가 많아진 것은 아니다. 정작 방송이 보여주는 콘텐츠, 시청자가 소비하는 콘텐츠는 정해져 있는 것이다. 마치 패션계에서 "올해의 색은 ○○이다"라고 정의하면 소비자는 영문도 모른 채 해당 컬러가 장악한 옷과 소품들을 지겹게 봐야 하는 것처럼 말이다.

혹시나 해서 하는 말인데 다채널 시대의 치열한 시청률 경쟁 속에서 생존해야만 하는 방송사들에게는 당연한 선택이라고 편들어 주지 말자. 지금의 방송사는 정책적 보호 아래 막대한 정부 지원을 받았고 영향력을 누리면서 살아왔다. 대중에게 '새로운 것, 다른 것'을 보여줘야 하는 의무가 있는 것이다. 이런 맥락에서 볼 때 지상파방송이 'something new'에 대해 치열한 고민과 자기반성 없이 대중의 '레트로 소비'에만 기대는 방송 행태를 어떻게 봐야 하는 것인가? 이것은 콘텐츠의 진일보, 다양한 문화 향유에서의 대중의 권리, 방송의 영향력에 대한 책임감 등을 되짚어 보는 근본적인 질문이라고 할 수 있다. 평론가 사이먼 레이놀즈는 본인의 저서 『레트로 마니아』의 부제를 '과거에 중독된 대중문화'라고 붙이며 이와 같이 레트로 대중문화가 재탕되는 현상을 비판했다. 현재의 대중음악을 '싹쓰리'가 점령했다면 시청자로 하여금 과거를 탐닉하게 만든 방송의 잘못도 있는 것이다.

2. 꼰대가 되어버린 아날로그

혹자들은 불안정한 현재에 대한 두려움으로 레트로토피아를 꿈꾼다고 분석하지만, 방송계가 주도한 레트로 열풍의 원인을 과거를 그리워하는 개인의 아날로그 감성에만 귀인하는 것은 무책임한 짓이다. 이것은 누구나 과거에 대한 향수가 있는데 우연히 그 부분을 톡 건드렸더니 감성이 터져 나왔다라고 할 때 할 수 있는 말이다. 지금은 오히려 시스템에서 의도적으로 레트로를 계속 보여줌으로써 시청자가 현재를 기반으로 미래로 가지 못하게 발목 잡는 격이라고 볼 수 있다. 즉, 마치 방송 프로그램에서 레트로 콘텐츠만 재생산하면서 과거는 '좋은 것, 애틋한 것, 지금보다 나은 것'으로 착각하게 만든다는 것이다.

'싹쓰리'를 뉴트로로 칭하기는 하지만 과연 재해석이 이뤄졌다고 볼 수 있을까. 이것도 의문이다. '싹쓰리' 노래를 10대가 소비하면 세대통합이 이뤄진 것이고, 레트로가 재해석된 것일까? 콘텐츠를 즐길 수 있는 폭이 넓어진 것일까? 아니다. 지속력이 없는 콘텐츠 소비는 충동구매와 다를 바 없다. 레트로에 대한 정서적 향유나 공감 없이 MBC 〈놀면 뭐하니?〉의 영향력으로 반짝 소비를 한 것일 뿐 그 이상, 그 이하의 의미도 없다는 말이다. 특정 연령대가 향유한 콘텐츠에 자꾸 집착하면 다른 연령대는 소외받을 수밖에 없다. 이런 점을 고려하지 않는다면 레트로 콘텐츠는 누군가에게는 폭력과 강요가 될 수밖에 없다.

MBC 〈놀면 뭐하니〉에서의 '싹쓰리'는 레트로 콘셉트가 자꾸 과거의 것을 발굴하는 데 골몰한다는 비판을 피하기 위해 혹은 무언가 그래도 그나마 새로운 것을 보여주기 위해 요즘에 이른바 "핫하다"는 작곡가를 방송에 투입했다. 그 작곡가는 듀스의 「여름 안에서」를 편곡했고 '싹쓰리'가 부른 「여름 안에서」는 흥행에 성공했다. 하지만 신진 작곡가가 편곡했으니 새로운 것을 접목했다고 볼 수는 없다. 「여름 안에서」는 이미 수없이 리메이크된 곡이고, 그때마다 참여 작곡가는 당시의 신진 작곡가였으며 심지어 가수도 신인이었다. MBC 〈놀면 뭐하니?〉가 똑같은 소재와 게스트들을 반복한다는 비판에서 자유로울 수 없는 이유다.

　MBC 〈놀면 뭐하니?─싹쓰리 편〉의 또 다른 맹점은 발굴될 수 있는 '옛것'이 한정되어 있다는 것이다. 그렇기에 단순히 '그때는 이랬어'라며 과거의 것을 재가공하는 것에 그치지 않고 이를 새로운 것으로 변모시킬 방법도 강구했어야 했다. 계속해서 옛것을 '발굴'만 하기보다 새로운 것을 접목하고 새로운 방식으로 그려내는 진화를 기대했는데 MBC 〈놀면 뭐하니?─싹쓰리 편〉은 이런 기대를 충족시켜 주지 못했다. 결과적으로 메인 타이틀곡은 이상순 작곡, 이효리 작사의 곡이 선택되지 않았는가?!

　물론 이 곡에 대해서도 '리메이크곡이 아니니까 괜찮지 않냐'는 반문이 있을 수 있다. 그러나 해당 타이틀곡의 기본 정서가 무엇인지 생각해 봐야 한다. '싹쓰리' 노래의 타이틀곡은 이효리와 비의 전성기 시절을 깔고 간다. 그래서 뮤직비디오와 앨범 재킷 콘셉트도 그 시절의 모습을 그대로 재현하는 데 집중했다. 키치한 포인트, 트렌드를 이끄는 새로움이 전혀 없었다. 퀄리티는 또 어떠한가. 고퀄리티의 음악이라고는 볼 수 없다. 그저 한순간 즐기고 마는, 이효리가 방송에서 한 말처럼 "여름 한철 해먹고 사라지는" 그런 노래였다.

　조금 강하게 말하자면 다시 한번 스포트라이트를 받고 싶지만 이미 자신들의 시대는 지나간 꼰대들이 누구에게나 있는 아날로그 감성을 인질로 삼아 잠시나마 권력을 손에 쥔 것이다. 비의 「깡」 열풍을 '싹쓰리 편'에서 지속적으로 언급한 것도 마찬가지다. 대중 사이에서 자연스럽게 형성되었고 그들이 서로 호흡했던 문화를 강제로 방송으로 끌고와 '역주행', '과거 노래 찾기' 등 레트로 하위문화로 명명해 버린 만행을 저지른 것이다. '지금 유행은 과거 노래들을 찾는 거야'라는 식으로 말이다. 시청자에게 몇 년 전에 미처 뜨지 못한 명곡들을 찾아서 예전의 좋았던 그 느낌을 살려내라고 독촉하는 것이 과연 품위 있는 레트로 콘텐츠라고 할 수 있을까. 이효리와 비의 전성기 시절 추억을 들으며 그때 그 시절의 영상을 반복적으로 보여주고, 대중의 향수를 자극하는 데 급급하다 보니 레트로에 대한 피로감만 주었다.

정리하자면 MBC 〈놀면 뭐하니?―싹쓰리 편〉에서는 레트로 감성을 너무 손쉬운 페티시의 대상으로 만들어버렸다. 모든 판을 짜놓고 노골적으로 과거의 추억을 마케팅하는 상업적인 레트로 문화의 전형을 보여주었다. 여러 소품을 통해 정당성을 부여하고 시청자의 감성을 손쉽게 얻어버리는 방식은 이제 그만할 때도 되지 않았나. 심지어 대한민국 예능 콘텐츠의 새 역사를 썼던 김태호 PD와 유재석인데 말이다. 이들이 레트로 콘텐츠 재탕의 선두 주자가 되었다는 것이 그들의 팬으로서 가슴 아픈 일이다. 더 이상 예능 콘텐츠의 미래를 과거에서만 찾지 않기를 바란다.

권력의 도구를 점거하기

JTBC 드라마 〈모범형사〉의 비체적 연대

황서영

들어가며

평범한 택배기사 이대철(조재윤 분)은 2015년 두 명의 사람을 죽였다는 누명을 쓰고 사형수로 복역한다. 그로부터 5년 후 정치적 이해관계에 따라 사형 집행이 결정되고, 하필이면 이때 이대철이 범인이 아닐 수 있다는 증거들이 하나둘 발견된다. 5년 전 사건 당시 담당 형사였던 강도창(손현주 분)은 잘못을 되돌리기 위해 재수사를 진행한다.

잘못된 수사, 온갖 비리에 의해 무고한 시민이 범인으로 오인당하는 설정은 수사물에서 종종 보아왔던 것이다. 하지만 드라마 〈모범형사〉의 특이점은 그의 누명이 검찰과 경찰의 부패를 설명하기 위한 하나의 에피소드로 등장하거나, 그가 진범인지 아닌지를 추리하는 서스펜스적 요소로 등장하는 것이 아닌, 그 자체로 돌이킬 수 없는 재앙적 사건으로 전시된다는 것에 있다.

이 때문에 〈모범형사〉를 보며 이춘재 연쇄살인사건, 약촌 오거리 살인사건, 삼례 나라슈퍼 사건을 떠올리는 것은 어렵지 않은 일이다. 특히나 2019년 10월, 이춘재의 살인 자백이 매스컴을 달군 후, 이러한 소재를 대하는 미디어와 시청자의 태도는 이전과 다르다. 미디어는 억울하게 내몰린 사람의 이야기를 신파로 풀어내는 것이 아니라, 역사 속에 편재하는 파국의 감각 자체를 재현한다. 여기서 파국은 권력자들이 자신의 이익을 위해 개인의 생명까지 손쉽게 강탈하면서 발생한다. 이때 개인은 더 이상 자신의 권리와 자유를 보호받는 사회 구성원이 아닌, 그저 생물학적 삶을 살아가는 인간으로 전락한다.

〈모범형사〉는 체제 밖으로 배제된 사회적 비체의 연대와 투쟁을 담는 드라마다. 비체란 본래는 주체와 한 몸이었지만 바깥으로 빠져나옴과 동시에 혐오와 적대의 대상이 되는 비-주체를 뜻한다. 쥘리아 크리스테바는 땀, 눈물, 피, 배설물 등으로 비체의 특성을 설명했다. 체제 안에서 자연스럽게 기능하다 체제 밖으로 빠져나오는 순간 사라져야 하는 것, 혐오스러운 것으로 인식되는 이들 역시 사회적 비체라 말할 수 있을 것이다. 사회적 비체는 자신이 누리던 권리를 박탈당한다는 점에서 무력하지만, 동시에 체제를 위협하고 전복시킬 수 있는 역량을 가진 존재들이기도 하다. 이 글은 〈모범형사〉를 비체적 연대의 서사로 다시 그려내기를 시도한다.

왜 사형인가?

드라마의 중간 기점인 8회, 형사 강도창과 오지혁(장승조 분), 그리고 진서경(이엘리야 분)의 도움으로 이대철은 재심에서 자신의 무고를 밝히려하지만 끝내 사형대에 오른다. 여기서 〈모범형사〉는 법정 공방의 기적적승리라는 극적 카타르시스를 과감히 포기한다. 이대철의 무고가 밝혀질것이라는 시청자들의 관습적 기대는 가차 없이 좌절되고 만다. 범인으로몰리면서 이미 사회적인 죽음을 당한 이대철은, 사형이 집행되면서 국가권력 아래 생물학적인 생명마저 빼앗긴다.

재심의 마지막 장면에서 이대철은 최소한 자신의 생명만은 구하기위해 형량을 줄이고자 거짓 자백을 하고, 결국 그 자백으로 패소한다. 이대철의 마지막 발언에서 그가 사형대로 걸어가기까지의 일련의 장면들은 빠른 호흡으로 진행되며 속수무책의, 수습 불가능한 상황에 도달한 파국적 상황을 재현한다. 헐벗은 몸으로서 인간이 자신의 생명을 빼앗기는 과정에서 절차란 그저 허울뿐인 형식이다. 하지만 동시에 이 순간은 체제가 가지고 있는 모순이 더없이 분명하게 드러나는 때이기도하다.

대한민국에서 마지막으로 사형이 집행된 것은 1997년 12월로, 이미 20년이 훌쩍 넘은 일이다. 이 때문에 사형 집행이라는 설정은 2020년으로 시간적 배경을 명시하고 있는 이 드라마에서 기이한 시대착오성을 갖는다. 〈모범형사〉가 재현하는 사형 집행은 1990년대, 혹은 그 이전의 과거로 2020년의 한국을 회귀시키지만, 동시에 현재와 끊임없이교섭 작용을 한다.

이를 가장 잘 확인할 수 있는 부분은 〈모범형사〉가 보여주는 투쟁의 방향성이다. 정치적 투쟁은 더 이상 진보적인 국민 권리를 쟁취하기위한 민주화운동의 방향성을 띠지 않는다. 이는 드라마 속 신임 법무부장관인 유정렬(조승연 분)이 학생운동 출신이라는 설정에서 은연히 드러난다. 〈모범형사〉는 1980년대 민주화 투쟁의 역사를 2020년의 비체적 투쟁의 역사로 이동시킨다. 이 투쟁은 주권의 문제라기보다 직접적인 생명권에 맞닿아 있는 것이다.

비체적 연대와 대안가족

오지혁과 진서경은 모두 부모의 비체적 경험을 통해 트라우마를 가지고 있고, 유정렬의 동생이자 신문사 부장인 유정석(지승현 분) 역시 과거 경찰 권력에 의해 친누나를 잃었다. 이들의 비체적 경험은 다른 인물들의 유사한 경험에 동일시되어 그 범위를 확장하기도 하고, 잘못된 선택으로 또 다른 비체를 낳기도 한다. 이때 비체적 경험이라는 것은 무차별적이고, 보편적으로 발생한다. 재수사를 강행해 체제의 미움을 사는 강도창뿐 아니라, 권력에 순응하던 청문 담당관 윤상미(신동미 분)도 자신 역시 체제에서 버려질 수 있다는 사실에 위기감을 느낀다.

이후 윤상미는 체제가 희생양을 정하는 방식의 무차별성을 깨닫고는 비체적 연대에 합류한다. 이 무차별성이 다시금 환기하는 감각은 동시대 한국을 살아가는 우리에게 낯설지 않다. 세월호 사건 이후 반복적으로 발화된 "내 아이만 지킨다면 결코 내 아이를 지킬 수 없다"는 명제를 〈모범형사〉는 "내 가족만 지켜서는 결코 내 가족을 지킬 수 없다"는 명제로 확장한다.

이 때문에 〈모범형사〉에서 가족은 혈연관계를 넘어선다. 이 드라마에서 가족은 비체적 연대를 통해 묶이는 대안가족의 형태로 제시된다. 드라마의 후반부, 죽은 이대철의 딸인 이은혜(이하은 분)는 자신의 아버지를 범인으로 지목했던 형사 강도창을 비체적 연대를 통해 용서하고, 그와 가족이 된다. 강도창과 그의 동생 강은희(백은혜 분), 그리고 강은희가 가까스로 되찾은 아들은 한 식구가 되어 4인 정상가족의 형태를 취한다. 이때 4인 정상가족이란 부모와 두 자녀로 구성된 가정으로, 사회에서 가장 이상적이라 여기는 핵가족의 형태를 말한다. 드라마의 마지막, 이 네 사람은 정상가족의 형태를 보란 듯이 모방하며, 가족사진 대신 가족그림을 벽에 걸어둔다.

권력의 도구를 점거하기

극의 후반부, 살인범이라는 사실이 드러난 유정석은 자신의 살인에 책임을 진다는 명목하에 또 다른 살인범인 오종태(오정세 분)를 붙잡을 실마리를 제공한다. 오종태가 자신을 살해했다는 정황을 세팅한 후 유정석은 자살하고, 이 사실을 알고 있음에도 불구하고 두 형사와 진서경은 증거와 팩트를 못 본 체한다. 그 결과 오종태는 유정석에 대한 살인죄로 무기징역을 선고받는다.

형사가 증거를 무시하고, 기자가 팩트를 침묵함으로써, 결과적으로 살인범을 잡는다. 이 결말은 〈모범형사〉가 초반부터 거듭 강조했던 직업윤리의 원칙을 뒤엎는 것처럼 보이기도 한다. 하지만 그렇다고 해서 공정한 절차를 따르면 공정한 결과가 나오리라는 믿음의 좌절, 그리고 그로써 탄생하는 무정부주의적 결단이 이 드라마의 초점은 아니다. 이 결말 역시 체제에 대한 투쟁의 연장선상에서 읽을 수 있다. 무고한 사람을 한순간에 살인범으로 만들었던 체제의 폭력적 움직임을 모방하여, 이제는 비체적 연대성이 그 권력의 수단을 점거하는 것이다. 오종태는 실제로 유정석을 죽이지 않았음에도 그를 살해했다는 취급을 받는다. 오종태는 자신이 행한 수법과 원리적으로 동일한 방법으로 경찰에 붙잡힌다.

나아가 〈모범형사〉의 이러한 결말은 직업윤리를 배신하는 것이 아니라, 마치 권력구조의 논리처럼 직업윤리에서의 예외 상태를 제시하는 것이기도 하다. 비체들의 예외 상태는 살인범을 잡고, 무고하게 희생된 비체의 명예를 회복시키기 위해서 작동한다. 이들은 끝까지 공정한 절차를 따르기 위해서 고군분투하는, 미디어에서 끊임없이 제시되어 온 전통적인 정의로운 인물들이 아니다. 법이 악인의 편이라면 굳이 법을 지킬 필요가 없다고 결단한다.

드라마 후반부에 '뒷배'를 믿고 거드름을 피던 용의자에게 강도창이 자신의 인맥을 동원해 형사들을 불러와 자신의 뒷배는 이들이라고 말하자 그를 무시하던 용의자는 금세 주눅이 든다. 이 에피소드는 단순히 극적 재미를 위한 익살스러운 장면으로 보이기도 하지만, 〈모범형사〉가 믿고 있는 가치의 핵심이기도 하다.

나가며

'모범'이라는 단어는 종종 위에서 아래로 수여되는 말이다. 교사가 학생에게, 정치인·고위관료·기업인이 그 아랫사람에게 표창장을 주듯, 모범적이란 말에는 권력이 함의되어 있다. 〈모범형사〉에서 이 '모범'이라는 단어의 방향성은 정반대가 된다. 진서경이 기자로서 유정석에게, 강력 1팀이 형사로서 강도창에게, 강은희의 아들이 유도선수로서 그의 엄마에게 붙일 수 있는 단어가 된다. 〈모범형사〉가 제시하는 아래에서 위로 향하는 이 방향성은 '모범적이다'는 단어의 기준을 흔들고, 올바르지 못한 체제에 대한 전복의 가능성을 환기한다.

308

그럼에도 〈모범형사〉에는 잔존하는 불안의 징후가 있다. 오정태가 무기징역을 선고받고 사건이 모두 마무리된 후, 김기태(손병호 분)가 진서경에게 "이 사건으로 가장 이득을 볼 사람이 누구일 거 같아?"라 말할 때, 우리는 여전히 드리운 현실의 어두운 면을 보게 된다. 갈등을 틈새 없이 효과적으로 봉합하며 카타르시스를 주는 미디어가 결말에 이르러 시청자에게 심리적인 안정을 준다면, 〈모범형사〉는 사건의 해결 이후에도 어딘가 꺼림칙한, 현실의 불안한 징후를 남긴다. 〈모범형사〉는 드라마 중반부인 8회에서 이미 명확하게 이 점을 드러낸다. 극이 진행되면서 갈등적 상황이 어느 정도 해결된다고 하더라도, 죽은 이대철은 다시 살아날 수 없기 때문이다. 그렇게 〈모범형사〉는 판타지가 되기를 거부한다.

수어방송, 이게 최선인가요?

정현환

2020년 2월부터 수어(手語)를 배우고 난 뒤, 그동안 무심결에 평소 보던 뉴스가 달리 보이기 시작했다. 수어를 익히니, KBS 〈코로나19 통합뉴스룸〉 TV 화면 오른쪽 맨 아래, 동그라미 안에서 분주히 움직이는 사람의 모습에 저절로 눈길이 갔다. 전대미문의 전염병인 코로나19로 매일매일 발표되는 중앙재난안전대책본부의 브리핑, 이를 전달하는 생방송 뉴스를 접하며 수어를 배우는 비장애인의 입장에서, 동시에 비장애인과 장애인의 경계에서 비교해 가며 보게 됐다.

약 9개월. 그동안 재해·재난 주관 방송사인 KBS는 〈코로나19 통합뉴스룸〉을 별도로 꾸려, '특보'와 '속보'라는 이름으로 전염병 소식을 전했다. 동시에 〈코로나19 통합뉴스룸〉은 수어방송도 함께 실시했는데, 뉴스 끝부분에 수어로 코로나19 방역을 위해 애쓰는 의료진을 격려하는 '#덕분에 챌린지'를 홍보하기도 했다. 코로나19 위기에서, 집중호

310

우와 불볕더위, 지진 등의 이상기후 현상도 수어방송으로 내보냈다. 재해·재난과 관련하여, 그동안 〈코로나19 통합뉴스룸〉 수어방송은 어떠했을까. 수어방송의 주 시청자인 청각장애인이 볼 때 적절했을까. 그래서 재해·재난 주관 방송사인 KBS의 수어방송은 앞으로 무엇을 어떻게 해야 할까.

위치와 모양, 그리고 크기

틀었다. 코로나19 소식을 발 빠르게 접하기 위해 '방송통신발전 기본법'과 '방송법'에 명시된 재해·재난 주관 방송사인 KBS로 채널을 돌렸다. KBS1 TV 화면 오른쪽 하단에서 수어 전문 통역사가 아무런 말이 없이 손짓과 몸짓, 그리고 표정으로 말하고 있었다. 그랬다. 오른쪽 밑은 청각장애인 시청자에게 허락된 공간이었다. 하지만 작았다. 방송국 뉴스마다 TV 화면 속 수어 통역사의 위치와 모양, 크기는 대동소이했지만, KBS가 재해·재난 주관 방송사임에도 〈코로나19 통합뉴스룸〉의 수어방송은 불친절했다. 다른 매체와 비교해 볼 때, 유독 작게만 느껴졌다. 그 정도가 심해 불편함을 줬다. 왜 그랬을까.

이유는 이랬다. 한번 크기를 재봤다. 눈으로 어림잡아 KBS 〈코로나19 통합뉴스룸〉 전체 화면을 바둑판 모양으로 나눴는데, TV 화면에서 수어방송의 영역은 모서리 한 부분에 지나지 않았다. 그런데 KBS는 이 작은 부분에 '동그라미'를 그렸고, 그 '원' 안에 수어 통역사를 놔뒀다. 시시각각으로 전달되는 코로나19 상황을 화면 한 귀퉁이, 그것도 오른쪽 맨 아래, 원형의 제한된 공간에서 수어방송을 실시하고 있었다. 수어 통역사가 동그라미 안에 갇힌 모습은 마치 '수어방송은 여기서 벗

어나면 안 됩니다'라고, '딱 이만큼의 공간에서만 청각장애인에게 말하
라'라는 인상을 남겼다. 수어를 배우기 전까지 몰랐던 풍경이었다.

그래서일까. KBS 〈코로나19 통합뉴스룸〉은 아니었다. 수어방송
이 엄연히 청각장애인을 위한 방송임에도 장애인을 위한 방송 같지 않
았다. TV 소리를 끈 채, 청각장애인의 입장에서 〈코로나19 통합뉴스
룸〉 수어방송을 봤는데, 뉴스를 정확히 이해하려면 비장애인이 하지 않
아도 되는 노력을 별도로 기울여야 했다. KBS가 수어방송을 너무 작게
제시하고, 그것도 오른쪽 구석에 둬서, 눈을 가늘게 떠야 제대로 볼 수
있었다. 미간을 찌푸릴 정도로 한참을 응시해야 수어방송 내용을 정확
히 이해할 수 있었다. 시력이 좋지 않은 청각장애인은 수어방송을 보기
힘들었고, 그래서 시각과 청각 장애를 동시에 가진 복합 장애인이 볼 때
부적절했다.

상식이다. 같은 사물, 똑같은 동작이라도 거리와 크기, 모양과 위치
에 따라 조금씩 달라 보이게 마련이다. 수어는 특히 더 그렇다. 비장애
인의 대화에서 사소하게 보이는 행동이 청각장애인에게 큰 영향을 줄
때가 있다. 손가락의 움직임, 눈썹과 입술의 미묘한 이동, 어깨의 들썩
임 등 미세한 몸짓이 수어로 표현될 경우 청각장애인의 의사소통에 적
지 않은 영향을 준다. 그런 점에서 KBS 〈코로나19 통합뉴스룸〉은 수어
해설을 너무 작은 크기로 제시해, 청각장애인이 알아야 될 중요한 정보
를 부정확하게 전달했다. 뉴스와 시청자인 청각장애인의 원활한 소통
을 오히려 방해했다. 고집스럽게 오른쪽 하단의 작은 동그라미 안에서
만 수어방송을 제공해, 청각장애인이 그 내용을 쉽게 이해하지 못하게
했다.

이러한 점은 동 시간대 24시간 보도전문채널인 YTN 〈뉴스특보〉
와 비교할 때, 더욱 두드러졌다. 두 방송사 모두 정은경 질병관리청장의

코로나19 브리핑을 생중계하고, 8호 태풍 '바비'와 9호 태풍 '마이삭'의 피해 등을 특보로 편성해 속보로 전달했다. 하지만 똑같은 뉴스지만 YTN이 더 효율적이었다. 그 이유는 YTN 수어방송의 크기가 KBS 〈코로나19 통합뉴스룸〉보다 더 컸기 때문이다. 큰 크기로 제공해 수어 통역사의 동작이 더 크게 보였고, 그만큼 제공되는 정보의 양과 질에서 차이가 생겼다. 여기에 YTN은 KBS와 다르게 수어방송에 동그라미 테두리를 두지 않아, 훨씬 더 열린 느낌도 줬다. '원'이라는 울타리의 유무가 청각장애인이 알아야 될 정보의 질을 결정했다. 사소한 차이가 큰 격차를 만들었다.

수어 통역사의 동작 하나하나는 그 자체가 단어고 문장이며, 동시에 '정보'다. 그런 점에서 KBS 〈코로나19 통합뉴스룸〉과 YTN 〈뉴스특보〉 수어방송은 '정보량'과 '정보 값'에서 격차가 생겼다. 서로 다른 매체지만 생방송 현장의 똑같은 내용을 수어방송으로 내보냈음에도, 수어방송의 크기와 모양의 차이는 시청자인 청각장애인에게 전혀 다른 맥락과 의미, 정보를 선사했다. 이것은 결국 의미했다. 〈코로나19 통합뉴스룸〉의 수어방송은 이 방송을 주로 누가 보는지, 그래서 시청자에게 어떤 정보를 어떻게 전달해야 하는지에 대해 고민이 부족했음을 말해주는 구성이었다.

속도와 정확성

누군가가 그랬다. "세상은 아는 만큼 보인다"라고. 내가 인식하는 만큼이 내 세상의 크기다. 비장애인으로서 수어를 익히면서 KBS 〈코로나19 통합뉴스룸〉의 재해·재난 특보와 속보를 보며, 지금의 수어방송이 청각장애인의 입장을 제대로 반영하고 있는지 저절로 확인하는 계기가 됐다. 수어 통역사의 손동작을 따라 하고, 이해가 되지 않는 장면에서 멈추기와 재생을 반복, 그러다 두 가지 단어가 떠올랐다. 바로 '속도'와 '정확성'이다.

2020년 코로나19 위기가 증감을 반복했다. 올여름 7월과 8월 두 달 동안, 유례가 없는 갑작스러운 폭우와 태풍으로 인명 및 재산 피해가 속출했다. KBS 〈코로나19 통합뉴스룸〉은 특보를 편성, 실시간 피해 상황을 '속보'라는 이름으로 빠르게 전달했다. 이에 따라 오른쪽 맨 아래 구석의 제한된 공간에서 수어 통역사도 이 속보에 속도를 맞춰 부리나케 몸을 움직였다. 빨리빨리 넘어가는 뉴스 자막과 영상, 정부 관계자와 주요 정치인의 말 속도에 맞춰 수어 통역사의 손과 몸이 움직이며, 청각 장애인에게 정보를 전달했다.

그렇게 의문이 들었다. 지금 방송 너무 빠르지 않나? 반대로 너무 느리지 않나? KBS 〈코로나19 통합뉴스룸〉 수어방송은 '속도'도 문제였다. 시시각각으로 바뀌는 재해·재난 상황에서 생방송으로 속보가 쏟아지는데 수어 통역사가 이 속도를 맞추지 못하고 있었다. 특히, 너무 빠르게 화면이 전환될 때가 문제였는데, 이때는 자막도 빠르게 넘어가 청각장애인이 수어방송을 제대로 보지 못할 경우, 뉴스 내용을 쉽게 이해할 수 없는 수준이었다. 긴급한 상황이라는 점을 십분 고려하더라도, 속보와 수어방송의 속도가 어긋나는 상황은 적절하지 않았다. 분명 수어방송이 제공되고 있지만, 청각장애인을 배려하지 않은 정보 제공은 또 다른 위험스러운 상황을 만들고 있었다.

여기에 중앙재난안전대책본부 공무원이나 정부 관계자가 한 말의 내용도 문제였다. 보건, 의료, 기상이라는 특정 분야의 전문용어를 어떻게 수어로 표현해야 하는지, 이 방송을 장애인이 본다고 생각했다면, 비장애인이 볼 때도 이해하기 어려운 용어를 사용하면 안 되었다. 장애인과 비장애인 모두 이해하기 쉽게 전문용어를 풀어서 설명해야 했다. 하지만 다년간의 다양한 수어 통역 경험을 한 전문가가 순발력을 발휘해 해설하기 곤란한 단어가 남발되었다. 수어방송과 관련하여 사전에 조율이 제대로 안 된 모습에서 청각장애인을 고려하지 않는 비장애인의 태도가 읽혔다.

청각장애인 모두가 수어를 잘하는 것은 아니다. 장애의 경중과 기간에 따라 수어 습득의 차이가 있고, 지역에 따라 다른 수어를 쓰기도 한다. 하지만 KBS 〈코로나19 통합뉴스룸〉은 이를 크게 상관하지 않는 듯했다. 비장애인처럼 청각장애인의 연령에 따라 쓰는 어휘가 다른데, 빠르게 지나가는 뉴스 자막과 재해·재난 관련 비장애인 전문가의 어려운 어휘 사용은 수어 통역사가 해석할 시간을 많이 주지 않았다. 그래서 지난여름 KBS 〈코로나19 통합뉴스룸〉의 수어방송은 장애인의 알권리와 시청 접근권을 저해하는 방송이었다.

'최초'보다 '최고', 그리고 '최선'

지난 9개월간의 KBS 〈코로나19 통합뉴스룸〉 수어방송의 위치와 모양, 크기와 속도를 종합적으로 고려해 볼 때, 정확도에서 큰 아쉬움을 남겼다. 현재 일본의 공영방송인 NHK와 미국 백악관에서 트럼프 대통령의 입장을 전달하는 외국 매체의 수어방송과 대조해 볼 때 미흡했다. 오른쪽 아래 구석에 수어방송을 두지 않고, 오히려 TV 화면을 반으로 나눠, 반쪽 면 전체에 수어방송으로 내보내는 외신과 비교해 볼 때, 〈코로나19 통합뉴스룸〉의 수어방송은 공영방송으로서, 재난 주관 방송으로서 충분하지 않았다.

물론 반문할 수 있다. 지금의 수어방송이 그렇게 문제가 크냐고 되레 물을 수 있다. 수어방송의 위치를 조정하고, 크기를 확대하면 비장애인의 시청을 오히려 불편하게 할 수 있다고 이야기할 수 있다. 맞다. 지금까지 KBS 〈코로나19 통합뉴스룸〉이 해온 우리의 수어방송이 사회적 물의를 일으키는 수준은 아니었다. 하지만 여기에서 만족할 수 없다. 지금까지 〈코로나19 통합뉴스룸〉의 수어방송이 장애인이 아니라 비장애인의 입장과 시선에서 만들어진 것은 명확한 사실이다. 청각장애인에게 정확한 정보를 전달하려고 했다면, 그들의 언어와 문화, 분위기와 뉘앙스에 맞게 전했어야 했다. 관행이라는 이름에 숨어 오른쪽 구석 동그라미 안에 가둬두지 않아야 했다.

"9월 3일 저녁 9시부터 수어방송을 하겠다"

이러한 상황에서 KBS는 지난 8월 10일 밝혔다. "지상파 최초"라고 강조하며, 9월 3일 저녁 종합뉴스 〈뉴스9〉에 수어 통역을 제공하겠다고 했다. 코로나19와 다양한 천재지변에 청각장애인의 입장을 배려하라는 국가인권위원회의 권고가 있은 지 약 3개월이 지난 뒤 밝힌 입장이었다. 방송에서 9시가 갖는 상징성, 그것도 공영방송인 KBS에서 과거와 다르게 재해·재난의 유무와 상관없이 수어 통역을 하겠다고 의지를 드러냈다. 여기에 KBS는 앞으로 재난방송에서 정확성과 신속성을 강조하며, 특히 재난 취약계층에 대한 배려를 KBS 사장이 직접 챙기겠다고 선언했다.

고무적인 일이다. KBS의 이러한 모습은 '방송통신발전 기본법' 제40조(재난방송 등) "재난지역 거주자와 이재민 등에게 대피구조복구 등에 필요한 정보를 제공", '방송심의규정' 제24조의 2(재난 등에 대한 정확한 정보제공) "발생을 예방하거나 그 피해를 줄이기 위하여 정확한 정보 제공"을 하라는 방송의 책무에 부합하는 태도다. 공영방송 KBS의 지금 자세는 장애인과 장애인 가족을 둔 시청자가 환영할 만한 조치다.

그런데 동시에 우려스럽다. 과거에도 청각장애인과 시민단체의 요구에 개선된 수어방송을 약속해 놓고 유야무야된 경우가 있었기 때문이다. 2019년 7월 4일 방송통신위원회는 청각장애인의 방송접근권을 확보하기 위해 '스마트 수어방송'을 실시한다고 했다. 이는 사용자가 수어 화면의 위치와 크기를 조절하고, 수어방송이 크게 제시될 경우 비장애인의 시청을 저해하는 것을 막기 위한 절충안이었다.

하지만 그 결과는? 스마트 수어방송이 실시된 지 1년이라는 시간이 지났지만, 그 성과는 현재 잘 알려지지 않았다. 청각장애인의 반응을 토대로 무엇을 개선하고 고민해야 하는지 대중에게 공유되지 않았다. 스마트 수어방송을 특정 시간대 예능과 드라마에 우선적으로 시행하고, 그 범위를 앞으로 확대하겠다는 취지가 지금 어떻게 됐는지 전해진 바가 거의 없다. 그래서 기존의 비효율적인 수어방송 관련 문제가 제기될 때마다 방송통신위원회와 방송사가 내놓은 태도를 볼 때, KBS의 이번 조치가 단순 구호에 그칠까 봐 걱정이 앞선다.

한국은 두 개의 언어를 가진 국가다. 2016년 2월 6일에 제정된 '한국수화법'으로, 한국 수어는 한국어와 동등한 자격을 얻었다. 이 법은 청각장애인은 "모든 생활 영역에서 차별을 받지 아니하며, 한국수어를 통하여 삶을 영위하고 필요한 정보를 제공받을 권리가 있다"라고 명시하고 있다. 따라서 코로나19와 이상기후 현상이 돌발적으로 발생하는 현재 상황에서 앞으로 KBS와 〈코로나19 통합뉴스룸〉은 거듭나야 한다. 현재 한국에 청각장애인이 약 35만 명인 것으로 알려져 있는데, 앞으로 KBS는 청력의 상실 정도와 나이, 기간에 따라 이해 수준이 다르다는 점을 고려하여 수어방송을 제작해야 할 것이다.

청각장애인도 우리 공동체의 엄연한 일원이다. 뉴스 시청자이며, 수신료를 납부하는 시민이다. 앞으로 재난방송 주관 방송사인 KBS는 뉴스 수용자인 청각장애인의 입장에서 수어방송의 위치와 모양, 크기와 속도를 조절할 필요가 있다. 지금처럼 하면 곤란하다. 더 많은 고민이 요구된다. 기존 비장애인 중심의 수어방송 제작 과정에서 벗어나 장애인을 직접 참여시키고, 그 비중을 점차 높여 청각장애인에게 더 정확하게 보도하면 어떨까. 지난 1년간 스마트 수어방송에 참여한 KBS의 성과를 외부에 공개하여 다른 방송보다 한발 앞서서 사회적 합의를 이끌어 개선점을 제시하면 어떨까. 앞으로 KBS는 수어방송 '최초'라는 타이틀을 넘어 '최고의 질'로, '최선'을 다해 수신료의 가치를 스스로 구현해야 한다.

진짜 '나'를 on하세요

tvN 〈온앤오프〉가 '나'를 읽어내는 방법

진원경

'나'를 바라보던 기존 예능의 시선

그동안 예능은 혼자인 '나'를 어떻게 바라보았던가. 엄마의 시선으로 바라보는 〈미운 우리 새끼〉에서 '나'는 철부지에 불과하다. 배우 오민석은 식사 후 설거지도, 빨래도 제대로 하지 못하는 캥거루족으로 그려진다. 불혹에 가까워진 나이지만 미혼인 그는 "어머니가 다 해주서"라며 친구에게 자랑한다. 철없는 그의 말은 시청자가 한숨을 자아내게 만든다.

출연진의 나이가 젊어진다고 달라지는 건 없다. 주로 젊은 세대의 연예인이 출연하는 〈나 혼자 산다〉도 예외는 아니다. 이 프로그램에서 '나'는 주로 화려한 셀럽 혹은 꾀죄죄한 모습의 자취생으로 비친다. VCR을 본 패널들의 반응도 감탄과 야유가 대부분이다. 기안84가 옷도 제대로 입지 않은 채로 기괴한 요리를 할 때는 야유가 쏟아진다. 반대로 몸을 가꾸며, 화보 촬영을 할 때는 박수갈채를 받는다. 생활의 극과 극을 대비함으로써 '나'는 동전의 양면처럼 비친다.

예능에서 '나'는 쉽게 정의되었다. 나와 어울리는 캐릭터 하나만 확보하면 된다. 손쉬운 방법인 탓에, 제작진 역시 회를 거듭하면서 출연진의 특징을 반복해서 노출한다. 그 결과, '나'라는 인물은 확고한 이미지를 가지게 된다. 〈미운 우리 새끼〉에서 김종국은 절약의 아이콘인 '김짠국'으로, 이상민은 '궁상민'으로 불리는 게 대표적이다. 단선적인 의미로 읽히는 캐릭터에 시청자는 쉽게 익숙해지고, 싫증을 느낀다. 이른바 '대박'을 쳤던 〈미운 우리 새끼〉와 〈나 혼자 산다〉를 두고, 시청자들이 아쉬움을 토로하는 것 역시 비슷한 맥락이다. '나'의 정체성을 밀도 있게 담아내지 못하면 예능 프로그램은 실패한다. 이제 예능이 '나'를 얼마나 다층적으로 바라보느냐에 따라, 승패가 좌우된다.

예능에서 '나'를 읽어내려는 도전은 계속된다. 올해 5월부터 tvN에서 방영되기 시작한 〈온앤오프〉가 이를 이어간다. 출연자의 일상을 다큐멘터리 형식으로 담아내면서, '나'를 다양한 의미로 담아내려고 시도한다.

'나'를 바라보는 새로운 시선

〈온앤오프〉는 '나'를 어떻게 바라볼까? 〈온앤오프〉가 기존 관찰 예능과 차별화되는 대목은 '사회적 나(on)'와 '일상의 나(off)'를 구분해 한 프레임에 담았다는 데 있다. 현대인의 다중적 자아를 의미하는 '멀티 페르소나'를 본격적으로 구현한 것이다. 회사에서의 나, 퇴근 후의 나, SNS에서의 나. 적어도 2~3개 이상으로 나뉘는 현대인의 정체성을 담아내는 데 집중했다. 기존의 예능에서는 개인이 하나의 캐릭터로 뭉뚱그려지는 것을 고려했을 때, 이는 확실히 다른 대목이다. 실제로 〈온앤오프〉는 철저한 정체성 분리로 '나'를 다르게 읽어낸다. 프로페셔널한 기상캐스터의 모습을 보여준 출연자 김민아의 사회적 생활(on)과 퇴직 후 밀려오는 싱숭생숭한 감정을 감추지 못하는 일상(off)의 모습을 가감 없이 보여준다.

"방송에서 저는 밝은 사람으로 보이고 싶었어요"라는 그녀의 솔직한 속내는 시청자에게 새로운 고민의 지점이 된다. 출연자의 직업적 고충이 퇴근 후 현실에서 이어지는 화면을 보면서, 자신의 일상에서 쉽게 on/off 전환하지 못하는 '나'를 발견하게 한다. 시청자는 동경과 동질감을 동시에 획득한다. 그 순간부터 내 안에 있는 페르소나를 살펴보기 시작한다.

On: 나와 내 삶을 고민하기

어떤 삶을 살아갈 것인가. 이 질문은 사회적인 나와 일상의 나를 연결하는 핵심이다. 〈온앤오프〉 전체를 관통하는 질문이기도 하다. '나'를 지탱하는 이 질문들은 프로그램에서 반복적으로 나온다. 출연진의 일상이 촬영된 VCR과 인터뷰가 이 중요성을 계속 어필한다. 가령 출연자 성시경은 40대가 되면서 'on과 off 간의 균형을 맞추는 삶'을 고민한다. 홀로 집에서 만든 디저트를 사회적 관계에 있는 지인들에게 나눠준다. 그는 on과 off를 연결하는 자신만의 매개체를 만들고, 자신이 정의한 40대의 삶을 충실하게 살아가려고 노력한다.

반면 특별출연자로 나온 심은우는 다른 모습을 보여준다. 그녀는 배우이자, 요가 강사로 활동한다. 드라마 〈부부의 세계〉에서 비중 있는 조연으로 나오면서 선풍적인 인기를 끌었지만, 거기에 매몰되지 않는다. 그녀는 요가 강사로서 자신의 내면을 깊이 들여다보기를 반복한다. 의미 있는 대목은 그녀의 말에서 찾을 수 있다. 그녀는 "배우로서 on이 되기만을 기다리지 않겠다. on이 없어도 멋진 off의 삶을 살고 싶다"라고 말한다. 사회적인 나와 일상의 나를 두고, 명확하게 선을 그을 줄 아는 모습을 보여준다.

나와 나의 삶은 어떤 식으로도 해석될 수 있다. 정답은 없다. 〈온앤오프〉는 출연자를 어떤 캐릭터로 유형화하지 않는다. 그 자체로 받아들이기 위해, 나와 내 삶에 대한 가치관을 심도 있게 드러내는 데 집중한다. 다큐멘터리 형식으로 선택한 것 역시 가치관의 맥락적 흐름을 끊지 않기 위함이다. 〈온앤오프〉의 매력은 여기서 나온다. 한국 예능이 오래전 발굴했던 '나'라는 개인을 좀 더 깊게 생각해 보기 시작한 점이 그것이다. 단순한 유희에 그치던 예능식 접근이 사유의 영역으로 나아갔다는 점은 꽤 유의미한 대목이다.

Off: 가짜의 '나'는 잠시 꺼둬

〈온앤오프〉는 '관찰'과 '보여주기' 사이에서 계속 고민한다. 제작자인 정효민, 신찬양 PD의 고민이 묻어나오는 부분도 많다. 첫 화에서 패널들의 입으로 이를 대신 전하기도 했다. "갑자기 먹지도 않던 원두를 내리거나 없던 고양이를 구해오지 말라"고 말한다. 이는 관찰 예능의 실패 요인이 작위성에 있다는 것을 이미 인지하고 있다는 것을 뜻한다.

그만큼 대중은 '관찰'과 '보여주기'를 귀신같이 구별해 낸다. '가짜'를 판별하는 대중의 능력은 날로 향상되고 있다. 이는 수많은 관찰 예능을 거치면서 습득한 것일지도 모른다. 그만큼 '연출된 일상'에 대한 거부감이 강해지고 있다. 일상이 매 순간 화려한 사건으로 이뤄지지 않는다는 것을 대중은 기억하지만, 제작자들은 쉽게 잊어버리는 탓이다. 〈온앤오프〉도 예외는 아니다.

날것에 가까운 삶과 통찰력 있는 삶. 두 가지를 모두 충족하기란 쉽지 않다. 〈온앤오프〉가 어려움을 겪는 것도 여기에 있다. 기존에 사생활이 노출되지 않았던 새로운 출연자에게만 초점을 맞추다 보니, 때로는 균형이 깨지기도 한다. 그런 지점에서 〈나 혼자 산다〉와 같은 기존 선두 주자와 차별점이 보이지 않는다는 비판이 나올 수밖에 없다.

'나'에 대한 깊은 통찰을 보이는 것. 그것이야말로 〈온앤오프〉를 유일무이하게 만들어주는 요소다. 그 지점을 어떻게 끌고 나갈지에 대해서 꾸준한 고민이 필요하다.

내 안에 너무 많은 내가 있어

'나'를 읽는 것만큼 어려운 일은 없다. 물론 노력도 부족했다. '나'에 대한 고민을 경험하지 못한 탓이다. 스펙과 성공밖에 모르던 한국 사회가 나를 들여다보기 시작한 역사가 짧았던 것도 한몫한다. 자아 탐구를 늦게 시작한 만큼 그만큼 치열해지고 있다. 우리가 서점 매대에서 '나'와 관련된 책을 찾아보는 것만 봐도, 끊임없이 자아 탐구를 하는 가수 아이유의 음악에 열광하는 것만 봐도 알 수 있다. 그만큼 우리에게는 '나'라는 존재를 탐구하고자 하는 욕구가 크다.

〈온앤오프〉는 그런 의미에서 일종의 나침반 역할을 한다. 나를 어떻게 뜯어보고, 이해해야 하는지에 대한 방향을 제시한다. 그 흔한 관찰 예능 프로그램들이 방점을 연예인에 찍을 때, 〈온앤오프〉는 삶에 방점을 찍었다. 셀럽들의 삶을 훔쳐보는 관음증적 요소를 낮추고, 인생을 가꾸어나가는 관조적·성찰적 요소를 강조한 것도 이러한 이유가 크다.

개인에 대한 패러다임이 바뀌는 시대다. 말로만 알던 개인의 '다양성'이 어떤 식으로 구현되는가를 깊게 고민해야 하는 시기다. 기존의 예능 프로그램은 '나는 ○○이다'라는 물음에 빈칸을 채우는 데만 집중했다. 하지만 〈온앤오프〉는 정답 없음도, 복수정답도 흔쾌히 인정한다. '나'는 사회적으로는 밝은 사람이지만, 동시에 혼자 있을 때는 밝지 않아도 된다고 다독여 준다. 그리고 우리에게 말한다. 이 모습도 너이고, 저 모습도 너라고. 어떤 나의 모습도 받아들일 수 있으니 오래 고민해 보라고 독려하지 않는가. 그런 의미에서 이 프로그램은 아주 뜻깊다.

기존의 예능은 단순히 즐거움만 담당했다. 하지만 이제는 깊게 통찰하지 않는다면 오래 살아남지 못한다. 사람들의 '나'에 대한 탐구심을 정확하게 직시하고, 읽어내야 하는 시점이다. 그동안의 예능은 무엇을 묻고 고민하고 있었는가. 이는 〈온앤오프〉가 예능가에 던지는 울림이 클 수밖에 없는 이유다.

저널리즘은 '현재진행형'이다

**KBS 〈시사기획 창〉 '살인노동' 편,
MBC 〈탐사기획 스트레이트〉 '플랫폼 노동' 편으로 돌아본
저널리즘의 기록법**

이화영

기록하는 저널리즘

저널리즘이란 무엇인가. "기자라는 직업은 우리 공동체의 지금 모습을 있는 그대로 드러내는 것이다." 컬럼비아대학교 저널리즘스쿨 새뮤얼 프리드먼 교수는 자신의 책 『미래의 저널리스트에게』에서 기자의 역할에 대해 이렇게 말했다. 저널리즘이란 무엇인가를 묻는다면 이 말에 대입해 다음과 같이 정리해 볼 수 있다. '저널리즘은 공동체를 기록하는 일'이라고 말이다. 저널리즘은 '지금, 이 순간' 공동체 안에서 일어나는 일을 향한다. 그래서 저널리즘의 시제는 '현재진행형'이다. 매일같이 사건·사고 뉴스가 보도되는 것이 단적인 예다. 쉽게 말해 공동체 안에서 어떤 일이 일어나고 있는지 구성원이라면 알아야 할 문제들을 기록하고 전해준다.

　　KBS 〈시사기획 창〉, MBC 〈탐사기획 스트레이트〉는 '기록하는 저

널리즘'을 보여주는 대표적인 시사보도 프로그램이다. 모두 기자가 취재하고 보도하는 형식에 바탕을 둔다는 점에서 공통점이 있다. 또한 짧게는 1~2분에서 길어야 3~4분에 그치는 뉴스 보도에서 나아가 '더 많이' 보도하고, '더 깊이' 파고드는 탐사 저널리즘이라는 점에서도 일맥상통한다. 살필 것은 '무엇을 기록하고 있는가'다. 저널리즘이 모든 일을 기록하는 것은 아니기 때문이다. 뉴스는 뉴스 선별 과정인 게이트키핑 (gate keeping) 과정을 거쳐 보도된다. 그래서 유사한 시사보도 프로그램의 형식이라 해도 보도되는 내용과 이를 통해 전하는 메시지는 조금씩 차이가 날 수밖에 없다. 이때 시청자는 공동체 구성원에게 의미 있는 일들을 잘 추려내고 있는지 봐야 한다.

핵심은 "공동체를 기록하는 저널리즘"이라는 정의에 부합하는가이다. 공동체는 '함께 살아가는' 것을 전제로 한다. "인간은 사회적 동물"이라는 오랜 명제에서 알 수 있듯이 우리는 연결되어 살아간다. 예컨대 작금의 코로나19 감염병 사태는 연결된 공동체 현실을 체감하게 한다. 공동체를 기록하는 데 있어 중요한 것은 '함께' 살아가고 있음을 구성원들이 주지하게 하는 것이다. '나'라는 한 사람이 방역 수칙을 지키지 않았을 때 나와 같은 장소를 공유하는 동료 시민이 피해 보는 것은 자명하다. 나의 안전이 곧 모두의 안전을 담보하는 셈이다. 여기에 비춰볼 때, 저널리즘은 구성원의 안녕을 살피는 작업을 수행함으로써 지속 가능한 공동체를 추구한다.

KBS 〈시사기획 창〉, MBC 〈탐사기획 스트레이트〉가 어떻게 '기록하는 저널리즘'으로서 기능하고 있는지 짚어보고자 한다. 매주 이어지는 회차 중에서도 두 프로그램이 현재의 '노동' 문제를 다룬 회차에 주목했다. 4월 25일, 5월 2일 연속 회차로 방영된 〈시사기획 창〉 '살인노동' 1, 2부와 7월 12일·19일 방영된 〈탐사기획 스트레이트〉 '플랫폼 노동으로 일주일 살기' 1, 2탄이다. 노동은 우리 공동체를 지탱하는 근간이다. 구성원 대다수가 노동자로 살아간다는 점에서 공동체의 안녕을 묻는 데 의미가 있었다. 먹고사는 문제를 논함에 있어 '노동'은 빠질 수 없는 영역이기 때문이다. 저널리즘은 어떻게 노동 현실을 담아내고 있었을까.

'사람이 하는 일'을 기록하다

어젯밤 주문한 물건이 다음 날 새벽 문 앞에 놓이는 마법. 이 마법 같은 일 뒤에 '사람'이 있다. KBS 〈시사기획 창〉 '살인노동' 편과 MBC 〈탐사기획 스트레이트〉 '플랫폼 노동' 편은 '사람이 하는 일'로 '노동'의 의미를 기록하고 있었다. 구체적인 소재 선정에서는 차이가 있었지만, 의미는 크게 다르지 않았다. 소비자가 마법처럼 이뤄지는 배달, 배송 서비스에 편리를 누리는 사이 뒤편에서 장시간 고강도 업무로 혹사당하는 '노동자'의 모습은 잊히고 있는 실상을 비췄다.

　〈시사기획 창〉은 반복되는 집배원의 과로사 문제를 다루며 집배원이 감내하고 있는 고통스러운 노동 실태에 집중했다. 1부 '누가 아들을 죽음으로 몰았나', 2부 '집배원이 위험하다'라는 제목에서부터 집배원의 노동이 위험 수위에 다다랐음을 직관적으로 드러냈다. 〈시사기획 창〉의 기록법은 '데이터를 통한 문제 가시화'였다. 흔히 진실은 눈에 보이지 않는다고 한다. 숨겨진 진실을 수면 위로 떠올리는 방법은 있다. '진실'을 말하는 근거를 모으고 종합해 눈에 보이는 수치와 통계로 정리하는 것이다. 한국에서 노인이 가난하다는 사실이 66세 이상 노인 인구의 상대적 빈곤율 43.4%라는 수치로 가시화되듯이 말이다.

〈시사기획 창〉은 '살인노동' 1부에서 집배원 고 성우준 씨가 과로사에 이른 원인을 데이터로 정리했다. 담당 구역으로 가평읍 전체 면적의 20%를 혼자 소화했다는 점, 배달 거리만 오토바이로 서울과 부산을 두 번 왕복하는 거리인 1,551km에 이르렀다는 점, 133일을 일하는 동안 점심을 챙겨 먹은 것은 40일로 10번 중 6번을 굶었다는 점 등이다. 데이터는 "과로사로 죽었다"는 문장만으로 드러나지 않는 과로사의 실체적인 진실을 하나씩 끄집어냈다. 그 결과 집배원 고 성우준 씨의 죽음의 진실이 선명해졌다.

〈시사기획 창〉은 한 사람의 죽음을 파고드는 데서 그치지 않았다. '살인노동' 2부에서 집배원 사망자 전수조사를 통해 실재하는 과로사의 진실을 포착했다. 지난 10년간 업무 관련성이 높은 사망자는 79명으로 전체 사망자 중 약 42.7%에 이른다는 통계를 정리했다. 과로사가 일어날 수밖에 없는 원인 역시 데이터로 말했다. 집배원의 업무량을 관리하는 우정 본부에서 집배원 개개인이 1시간에 단 '1.8분'을 쉬도록 했다는 것. 고된 업무 부담을 덜기에는 턱없이 부족한 휴식 시간이 문제였다. '화장실도 마음대로 못 가는 시간'이라며 데이터가 갖는 의미를 쉽게 풀어주기도 했다. 이 데이터들이 말하는 바는 명확했다. '사람이 하는 일'에 대한 존중이 빠져 있다는 점. 반박 불가한 데이터가 과중한 업무를 증명하는 근거가 됐다. 누구라도 이 문제를 진짜 문제라고 볼 수밖에 없게 만드는 힘이 여기 있었다.

〈탐사기획 스트레이트〉의 기록법은 '체험으로 보여주기'였다. 기자들이 직접 플랫폼 노동을 일주일간 체험하면서 플랫폼 노동이 갖는 문제를 온몸으로 증명해 냈다. 기자는 "세상 쉬운 꿀알바"라는 말로 플랫폼 노동자를 모집하는 광고 문구가 현실과는 달랐다고 체험을 통해 증언한다. 쿠팡이츠 쿠리어, 배민커넥트, 쿠팡 플렉스, 쏘카 핸들러 등 음식 배달부터 물품 배송, 차량 운행 등 플랫폼을 매개로 이뤄지는 노동을 대상으로 했다. 방송은 마치 유튜브 채널의 1인 방송을 보는 듯 생생했다. 개인의 일상을 기록하는 '브이로그(Vlog)' 콘텐츠처럼 기자가 플랫폼 노동에 매진하는 일상이 있는 그대로 카메라 안에 담겨 전달됐다. "백문이 불여일견"이라는 말이 있듯이 직접 보는 것의 힘은 컸다. 기자의 플랫폼 노동에 감정을 이입하게 됐고, '나라면 어땠을까?' 스스로 대입해 보며 고된 노동을 상상으로나마 간접 체험해 보기도 했다.

기자의 플랫폼 노동 체험기는 '힘들다'는 단어로 표현되는 그 이상의 의미를 전달했다. 자전거로 가파른 오르막길을 타고 오르며 땀을 삘삘 흘리는 모습, 늦장 배달로 평점이 깎일까 걱정하는 모습, 온종일 "죄송합니다"라는 말을 입에 달고 있는 모습 등 플랫폼 노동자의 가려진 수고가 방송 화면을 가득 채웠다. 배달 음식을 시켜 먹고, 택배 배송을 기다리는 소비자의 관점에서는 보이지 않던 실상이었다. '사람이 하는 일'에 대한 자각이 일어나는 순간이었다. 같은 사람이라면, 그와 같은 고된 노동을 외면할 수는 없는 일이었다. 누군가를 죽음으로 몰아가면서까지 고통스러운 노동이 계속될 이유는 없어 보였다.

기록은 문제를 안고

저널리즘은 단순히 공동체를 기록하는 데서 그치지 않는다. 기록은 '문제 제기'를 포함해야 한다. 한 마디로 '왜'라는 질문이 함께 가는 것이다. 언제 어디서 어떠한 사고가 일어났는데 '왜' 일어났는지 들여다보는 일. 그래야만 다음번에도 똑같은 사고가 일어나지 않도록 막을 수 있기 때문이다. 이 때문에 '왜'라는 질문이 빠진 기록은 공허하다. 당사자의 말을 받아쓰고, 갈등이 일어나는 현장 중계에 그치는 언론 보도가 비판받는 이유가 여기에 있다. 소식을 전하는 데 그치지 말고 소식을 전하는 이유가 명확해야 기록하는 저널리즘의 의미가 생긴다.

〈시사기획 창〉 '살인노동' 편은 책임지지 않는 '우정본부'를 조준했다. 집배원의 노동을 관리·감독하는 우정본부가 집배원 과로사를 외면해 왔다는 문제를 지적했다. 취재진이 집배원 과로사에 대해 질문하자 우정본부 측은 "개별 사례 하나하나를 가지고 대응하기는 어렵다"며 "특이한 케이스들이 언론에 부각된 것"이라는 말로 책임을 회피했다. 이 말은 크게 해석할 필요도 없이 우정본부가 집배원 과로사 문제를 크게 신경 쓰지 않는다는 의미로 단번에 이해됐다. 업무와 관련성이 높은 사망 사례에 대해 우정본부 차원의 조사나 분석이 없었다는 사실도 이를 뒷받침하는 근거였다.

취재진은 책임을 외면하는 우정본부에 직접 근거를 들고 찾아가 계속해서 질문했다. 집배원 과로사가 반복되는 원인으로 우정본부가 도입한 '집배 부하량 시스템'을 꼽았다. 근무 중 휴식 시간을 말하는 '여유율'이 지나치게 낮게 설정되어 있다는 문제 제기였다. 실제 우정본부가 설정한 여유율 3%는 국제노동기구가 권고한 9%에도 미치지 못하는 수준이라고 문제 삼았다. 나아가 집배원의 업무량과 업무 환경을 고려하면 여유율은 20%까지 보장되어야 한다는 전문가의 말을 덧붙여 직접적인 대안을 제시하기도 했다. 집배원의 휴식 시간을 대폭 늘리는 방향으로 시스템이 개편되어야 한다는 주장이었다.

이처럼 저널리즘은 공동체를 기록하는 데서 나아가 '구성원의 안녕'이 저해되는 지점에서 문제를 제기하고, 이를 해결토록 촉구하는 데 이른다. 이 지점에서 〈탐사기획 스트레이트〉는 '법의 사각지대'를 원인으로 들며 〈시사기획 창〉과는 또 다른 방향으로 나아갔다. 플랫폼 노동자가 모두 '개인사업자'로 되어 있어 법정 근로시간 준수부터 휴식 등 쉴 권리를 보장받지 못하는 데서 장시간 고강도 업무가 이어지는 원인을 찾은 것이다. 실질적으로 플랫폼 노동자를 통제하고 있는 사업체에 책임을 물을 수 없는 것도 이 때문이었다. '일하다 다쳐도 호소할 곳이 없다', '(노동자) 스스로 위험을 감수하게 한다'는 것 등을 직접 플랫폼 노동을 체험한 기자가 겪은 어려움에서 알 수 있었다. 일주일의 체험으로 모든 실상을 파악할 수는 없기에 전업 플랫폼 노동자를 찾아, 느낀 바와 다르지 않은 실상을 직접 확인하기도 했다. 한 플랫폼 노동자의 사례에서는 오토바이 사고로 배달하던 음식이 파손되자 플랫폼 업체는 노동자의 안전을 묻기보다 파손된 음식부터 챙겼다며 노동자가 자본 뒤로 밀려난 현실을 드러냈다.

노동자의 지위를 원인으로 꼽았기에 대안도 그에 맞춰 나왔다. 미국 캘리포니아 주정부, 유럽연합, 영국 사법부 등의 법적 판단을 예시로 들며 한국에서도 이를 참고해 플랫폼 노동자가 정식으로 '노동자'의 지위를 인정받아야 한다는 결론이었다. 법과 규제를 피해가며 '혁신'이라는 말로 플랫폼을 포장하는 사업자에 대한 날카로운 비판도 뒤따랐다. 고된 노동을 체험하고, 직접 겪은 문제를 말하는 데서 그치지 않고 '왜' 문제가 일어나는지 그리고 이를 해결하기 위해서는 '어떻게' 해야 하는지 한걸음 더 들어갔다. 저널리즘이 공동체를 기록한다는 것은 공동체가 안고 있는 문제의 원인과 해결책을 찾는 일까지 포함하는 과정이라는 것을 보여줬다.

사람 사는 사회를 위해 저널리즘이 할 일

공동체를 기록하는 궁극적인 목적은 '함께 사는 사회'를 이룩하기 위함이다. 구성원 개개인이 '인간답게' 살 수 있는 사회를 만드는 것. 저널리즘의 가치와 존재 의의를 이 같은 지향점에서 찾을 수 있다. 저널리즘은 이러한 목적을 이룰 때까지 멈춰서는 안 되는 과제를 안고 있다. 공동체가 안고 있는 문제를 계속해서 기록하지 않는다면, 그로 인해 피해 보는 무수한 구성원들을 외면하는 일이 되기 때문이다. 누구도 안전하지 않다면, 공동체는 건강하다고 볼 수 없다.

우리는 다시 저널리즘 시제가 '현재진행형'이라는 데 주목해야 한다. 〈탐사기획 스트레이트〉는 "끝날 때까지 끝난 게 아니다"라는 말로 '추적 저널리즘'이라는 프로그램의 정체성을 밝혔다. 〈시사기획 창〉은 "사회의 불의와 부조리를 끝까지 파헤친다"며 기획의도를 말했다. 그래서 공동체를 기록하는 일은 단 한 번의 방송으로 그쳐서는 안 된다. 집배원의 과로사, 플랫폼 노동 착취 등 이 프로그램들이 지적한 문제들이 '해결될 때까지' 기록하고 또 기록해야 한다. 멈추는 순간 똑같은 문제로 피해 보는 이들이 생겨날 수밖에 없다는 점에서다.

기록하는 저널리즘의 반향은 있었다. 〈시사기획 창〉 '살인노동' 편 방영 이후 "집배원 업무 줄여주세요. 과로사 막아주세요"라는 제목으로 청와대 국민청원이 올라왔다. 'KBS 프로그램을 보았다'고 청원의 계기를 밝히며 "한 가정의 가장, 우리들의 아빠이자 오빠인 집배원들을 지켜주세요"라고 말했다. 〈탐사기획 스트레이트〉 '플랫폼 노동' 편이 방송된 이후, 2편 방송에서도 언급되었듯이 배달 노동자들의 노동조합인 라이더유니온의 박정훈 위원장이 자신의 페이스북에 시청 소감을 전했다. "글과 말로만으로는 전달되지 않는 영상의 힘이 대단하다"며 "현실을 잘 보여준 MBC에 감사하다"는 말을 덧붙였다. 공동체를 기록하는 저널리즘은 공동체 구성원들이 모두의 문제를 공감하고 또 공유하는 매개체가 되었다.

"오로지 남아서 아파하고 힘든 건 그 가족들의 몫이고 잊혀지겠구나. 그냥 한순간의 이슈로 끝이 나겠구나." 〈시사기획 창〉은 과로로 쓰러진 집배원 김영수 씨의 아내가 전하는 말로 방송을 마무리했다. "그냥 이슈가 아니거든요. 이건 목숨이 달린 일이니까." 여기서 저널리즘이 멈춰서는 안 되는 이유를 찾을 수 있었다. 우리 공동체는 보이지 않는 노동자의 수고에 빚지면서도 그 수고에 대한 빚을 줄곧 외면해 왔다. 그러는 사이 다치고, 죽어가는 노동자들만 늘어갔다. 우리는 이제 다시 '함께' 살아가는 법을 고민해야 한다. 앞으로 〈시사기획 창〉, 〈탐사기획 스트레이트〉가 해야 할 일은 분명하다. 기록하는 저널리즘으로서 지적한 문제들이 해결되었는지 그 진행 과정을 끝까지 추적하는 일이다. 문제가 해결될 때까지 저널리즘의 시제는 '현재진행형'이라는 점을 기억해야 한다.

당나귀 귀를 가진 사장님과 그에게 시혜를 입은 자

MBC의 〈전지적 참견 시점〉, KBS의 〈사장님 귀는 당나귀 귀〉에 관해

이유경

〈전지적 참견 시점〉과 〈사장님 귀는 당나귀 귀〉의 역할 및 기능

자본주의 및 민주주의 사회에서 공정과 평등, 그리고 인권은 가장 중요하고 진지하게 다뤄지는 문제다. 그러다 보니 이 주제는 예능 프로그램에서 직접 다루기 어려운 주제가 된다. 예능 프로그램의 목적은 즐거움을 생산하는 것이기 때문이다. 물론, 예능 프로그램은 단순한 즐거움보다는 유익한 즐거움을 목적으로 하긴 한다. 하지만 공정과 평등이라는 주제는 각자의 다른 정의관에 따라 견해가 달라지는 영역인 탓에 그 다양한 견해를 공정하고도 즐겁게 다루기란 매우 어려운 일일 것이다.

또 예능 프로그램과 인권에 대해서 말하자면 예능 프로그램은 인권 문제 자체를 다루기보다는 인권 침해 문제가 발생하지 않도록 주의

334

를 기울이는 정도의 노력만으로도 훌륭하다는 평가를 받을 것이다. 그동안 많은 예능 프로그램에서 즐거움을 발생시키는 과정과 상대방에게 혐오감이나 수치심을 주는 과정이 섞여 있는 일이 많았는데, 이러한 일에서만이라도 사려 깊게 예방하고 민감하게 대응한다면 훌륭하다고 평가받을 만할 것이다.

그런데 요즘 몇몇 프로그램은 이러한 가치에 대해 생각해 볼 수 있는 계기를 제공한다. MBC의 〈전지적 참견 시점〉과 KBS의 〈사장님 귀는 당나귀 귀〉가 서로 경쟁관계에 있는 출연자의 관계에서 즐거움을 생산하는 것이 아니라, 위계적이고 수직적인 사장과 직원의 관계를 예능 소재로 삼고, 그 관계 양상에서 파생될 수 있는 즐거움 및 문제점을 발견하려고 하고 있다. 〈동상이몽, 괜찮아 괜찮아〉[1]나 〈엄마가 뭐길래〉[2] 등 부모와 자식의 관계를 관찰하여 관계의 성숙을 도모해 보려는 프로그램이나 〈공부가 머니?〉[3]처럼 공부 전문가를 초청하여 부모와 자식의 관계를 관찰하는 프로그램, 〈요즘 육아 금쪽같은 내 새끼〉[4]처럼 아동 전문가를 초청하여 부모와 아이의 심리와 육아 방식을 관찰하고 분석하여 대안을 제시하는 프로그램들은 많았지만, 직장 상사와 부하 직원의 관계를 이러한 방식으로 파악하려는 프로그램은 없었다.

이러한 의도는 제목에서 그대로 드러난다. 그런데, 제목은 즐거움과 문제점 중 문제점에 더욱 주목을 하려는 의도를 내비치고 있다. 〈사장님 귀는 당나귀 귀〉라는 제목은 "임금님 귀는 당나귀 귀"라는 사실을 외치고 싶었던 신하의 답답한 마음을 비유하고 있고, 〈전지적 참견 시

---

1   SBS, 예능, 월요일, 62부작, 2015.4.25 ~ 2016.7.18.
2   TV조선, 예능, 목요일, 75부작, 2015.11.5 ~ 2017.4.20.
3   MBC, 예능, 화요일 오후 9:20, 49부작, 2019.11.1 ~ .
4   채널A, 예능, 금요일 오후 8:00, 2020.5.29 ~ .

점〉라는 제목은 연예인과 매니저의 관계를 제3자의 눈으로, 혹은 전지적 작가의 입장에서 관찰하고 문제를 발견해 양자의 마음을 대변하겠다는 의지를 밝히고 있기 때문이다.

이러한 관계를 관찰하고, 부하 직원의 생각과 마음을 표현하게 하여 묶었던 문제가 드러나게 하는 일은 자본주의사회에서 아직 민주화되지 않은 부분들을 드러내 밝혀줄 수 있는 계기가 될 수 있다. 특히, 직장에서 업무적으로 상하 관계에 있는 인간관계를 관찰하는 것은 그 사회에 정의가 얼마나 잘 실현되고 있는지, 인권이 얼마나 존중받고 있는지를 가늠할 수 있게 해준다. 이러한 의미에서 두 프로그램에서 사장과 직원의 관계, 연예인과 매니저의 관계를 관찰하고, 프로그램이 그것에서 즐거움을 위한 요소를 드러내는 방식은 비판적으로 대할 만한 일이 될 수 있을 것이다.

시혜를 베푼 자와 시혜를 입은 자 만들기

〈전지적 참견 시점〉에서는 출연자가 패널석에 앉아 자기를 위해 분투하고 헌신하는 매니저를 보며 감동한다. 그리고 매니저는 녹화 시간 내내 연예인들이 앉는 자리에 비하면 비루한 의자에 앉아 있다. 연예인은 자기가 선물한 옷을 입거나 사준 음식을 먹는 모습을 보면서 흐뭇해한다. 그리고 매니저는 인터뷰를 통해 그러한 모습이 나올 때 감사한 표정으로 자기가 담당하는 연예인이 자신에게 베푼 것들을 이야기한다. 연예인은 시혜를 베푼 사람이 되고, 매니저는 시혜를 받은 사람이 된다. 시혜를 입은 사람은 점점 최선을 다해 연예인을 보필해야 한다.

프로그램이 이렇게 진행되는 것을 보면서 시청자 입장에서, 이러한 양상으로 관계가 비쳐지는 것을 두고 매니저는 어떤 기분일까라는 생각이 든다. 매니저는 자신의 연예인의 능력과 미덕을 돋보이게 해야 하고, 할 수만 있다면 이른바 '미담'을 직접 드러내서라도 칭송받게 해야 하지만 자신이 그 미담에서 시혜를 입은 자의 위치에 기꺼이 머무르고 싶지는 않을 것이다. 누구라도 타인에게 빚진 사람이 된다거나 그래서 갚을 것이 있는 사람이 되고 싶지는 않을 것이며, 그 사실이 영상을 통해 남게 되는 일은 더더욱 원하지 않을 것 같기 때문이다.

물론, 프로그램은 매니저에게 지나치게 의존하거나 매니저를 피곤하게 하는 연예인에게 영상을 통해 성찰 및 반성의 계기를 제공할 수는 있다. 하지만 이 프로그램은 연예인의 성찰을 이끌어내기보다는 매니저들의 성실과 배려를 경쟁시키는 효과를 야기하는 면이 더욱 큰 것처럼 보인다. 프로그램에는 연예인과 매니저의 다양한 관계가 등장하는 것 같지만, 결국 그 관계는 공통적으로 연예인이 매니저에게 얼마나 사려 깊은 배려를 받고 있는지, 그리고 서로 그러한 관계에 얼마나 감사하고 있는지에 대한 감동적인 이야기로 편집된다. 매니저들은 자신이 담당하는 연예인을 빛내기 위해 〈전지적 참견 시점〉에서조차 그를 위해 자신이 얼마나 성실히 업무에 임하는지를 보여주며 분투한다. 모든 매니저가 그러한 한에서 매니저들은 성실과 배려를 경쟁적 가치로 대할 수밖에 없을 것이며, 시청자 역시 방송을 통해 매니저를 평가하게 되어 버린다.

그런데 프로그램은 이러한 점에 주의를 기울이기는커녕 즐거움으로 승화하고 있다. 99회,[5] 100회[6] 특집을 통해 그것을 연예인에게 떠넘김으로써 일종의 콩트가 되게 만들었다. 99회, 100회에서 이영자는 전

---

5   2020년 4월 11일 방송.
6   2020년 4월 18일 방송.

현무의 매니저가 되어 자신의 임무를 수행하는데, 이영자는 마치 금방 초등학교에 입학한 자녀를 둔 "헬리콥터 맘"[7]같았고, 전현무는 그러한 엄마를 둔 아들 같았다.

하지만 매니저가 얼마나 성실하고, 연예인을 배려하며, 연예인은 매니저에게 얼마나 감동하고, 그것을 칭찬하는지는 설득력이 없고 불편하기만 하다. 프로그램에서 비쳐지는 연예인의 모습은 성공한 사람답게 여유가 넘치는 반면, 매니저는 그를 만족시키기 위해 늘 고군분투하고, 하루가 참으로 수고스럽다. 또 연예인은 자신의 컨디션과 감정을 드러내지만, 매니저는 그렇지 않다. 연예인의 컨디션과 감정이 자신에게 달려 있는 것처럼 말이다. 연예인은 자신이 표현하고 싶은 감정과 전하고 싶은 말에 자유로워 보이지만 매니저는 프로그램을 통해 그러한 기회를 주지 않으면 그것이 쉽지 않아 보인다.

물론, 예능 프로그램이라는 특성 때문에 매니저의 행동이 더 사려 깊고, 더 성실하게 연출되었을 수도 있다. 그렇지 않다면 즐거움이 생겨나지 않을 수 있다고 생각해서 말이다.

그러나 수평적 동료관계에서는 과연 그러한 즐거움이 생겨나지 않을까. 이러한 생각을 할 때쯤 허경환과 매니저가 출연하는 110회[8] 방송분은 그 불편함을 조금이나마 해소해 주기는 했다. 여기에서 허경환과 매니저는 꼰대와 1990년대생을 대표하는 관계로 등장한다. 1990년대생인 매니저는 허경환에게 입에 발린 말도 하지 않고, 자신의 불편을 불편하지 않게 드러내기도 하며, 자신의 사생활을 간섭받지 않으려고 하고, 취향을 분명히 드러낸다. 이러한 모습을 보면서 출연자들은 이제껏

---

7   헬리콥터처럼 자녀의 주위를 맴돌며 챙겨주는 엄마를 지칭하는 말(매경시사용어사전).
8   2020년 6월 27일 방송.

본 적 없는 매니저의 스타일에 감탄한다.

출연자들은 허경환의 매니저를 보면서 어떤 생각을 했는지 모르겠지만 적어도 많은 시청자는 방송을 보는 것이 한결 편안했을 것이다. 허경환은 다른 연예인들과 다를 바 없는 방식으로 말하고 행동했지만, 적어도 매니저는 자신의 영역을 지키고, 자신의 사생활에서까지 불편을 감수하지 않으려는 의지를 보이고 있었기 때문이다. 만일 허경환 역시 매니저를 친동생처럼 대하고, 자신이 언제나 부를 수 있는 사람으로 여기는 것이 아니었다면, 실제 방송된 것보다 더 편안하고 더 색다른 재미가 만들어졌을지도 모르는 일이다.

연예인들은 매니저를 마치 자신의 가족인 듯, 매니저와의 관계가 업무 관계가 아니라 사적으로 친밀한 인간관계인 듯이 표현하며 애틋함을 표현할 것이 아니라, 공적 관계이며 업무 관계임을 먼저 생각할 수 있어야 할 것이다. 프로그램이 이에 대해 충분히 생각하지 않는다면, 프로그램은 직장 상사의 눈에서 사회 초년생에게 필요한 자질과 역량이 무엇인지를 대신 전해주는 역할이나 하게 되지 않을까. 프로그램은 바로 이 점에 주의를 기울이며 촬영하고 편집해야 할 것이다. 마치 가족 같은 관계가 좋은 것인 것처럼 출연자들의 관계를 조장하거나, 그 관계 내에서 아주 옛적 부모와 자식, 임금과 신하의 관계처럼 시혜를 베푸는 자과 시혜를 입는 자라는 관계를 만들거나, 그럼으로써 시혜를 입은 자, 그 시혜에 감복한 자가 얼마나 시혜를 베푼 자를 만족시키기 위해 성실과 노력을 보이는지, 그리고 시혜를 베푼 자가 그것에 얼마나 감동받는지를 그려내는 것은 재미를 만들어낼 수 있을지는 모르지만 공감을 이끌어내기 힘들 것이다. 연예인과 매니저의 권리와 의무에 대한 변화까지 이끌어낼 수 있는 계기를 마련할 수 있을 정도로 참견해야 시청자는 공감할 것이다. 그런 방식으로 참견할 때에 시청자는 예능 프로그램을 통해서라도 많은 직군들 중에서 아직 민주화되지 않은 직군을 알 수 있게 될 것이며, 그 분야에서의 문제가 해결될 수 있는 단초가 발견되기 시작할 것이다. 특히, 요즘처럼 연예인을 꿈꾸는 학생들이 많고, 연예기획사가 점차 커지고 있는 때에 그 영역의 노사관계에 대한 잘못된 선입견이 정립되게 하는 데에 프로그램이 영향을 끼칠 수 있음을 주의해야 할 것이다.

당나귀 귀를 가진 사장님에 공감하게 만들기

〈사장님 귀는 당나귀 귀〉는 이에 대한 대안적 프로그램이 될 수도 있다. 이 프로그램은 사장님이 성찰하고 반성하는 계기를 마련하려고 한다. 자본주의사회에서 '사장'이라는 단어는 그 표현부터 대중의 관심과 흥미를 불러일으킨다. 많은 사람이 '사장'이 되고 싶어 하기 때문일 것이며, 사장의 삶과 일하는 방식을 궁금해하기 때문일 것이다.

그러다 보니 프로그램이 주의를 기울여 직원들의 목소리를 전달하지 않는다면 프로그램은 시청자들이 다시 사장에 대한 흥미에 빠지게 만들고, 사장에 대한 동경을 갖고 시청하게 만드는 결과를 초래할 것이다. 실제로 프로그램에 도티가 출연했을 때, 사람들은 프로그램에 출연하는 사장님 도티에 관심이 있지 도티 회사 직원들에게 관심을 두지 않았다. 또 도티가 돈을 버는 방식, 그리고 도티, 헤이지니, 송훈, 오중석의 수익이 얼마인지, 그들 회사의 규모가 어떠한지에 관심이 있었지, 직원들이 어떻게 일하고 그들의 수익이 얼마인지에는 관심이 없었다.

그런데 이는 프로그램이 조장하고 있는 것이기도 하다. 왜냐하면 프로그램은 한편으로는 직원들이 불편하게 느낄 만한 사장님의 행동을 고발하지만, 다른 한편으로는 사장님의 위대함을 칭송하기 때문이다.

프로그램의 이러한 점은 사실 프로그램의 제목에서부터 표현되고 있기는 하다. 직원이 사장님에게 할 말이 있으면 왜 사장님과 대면한 상태에서 말하지 못하고 사장님이 안 보이는 곳에서 '사장님 귀는 당나귀 귀'라고 외쳐야 하는가. 이건 무슨 임금과 신하의 관계인가. 〈전지적 참견 시점〉에 대해서도 바로 이러한 부분을 비판했었는데, 여기에서도 이러한 시선이 깔려 있음을 알 수 있다.

더군다나 '임금님 귀는 당나귀 귀'라는 말을 안 하면 꼭 죽을 것같이 답답해 아무도 없는 벌판에서 그 말을 외쳐댄 신하의 경우처럼, 카메라 앞에서 자기 사장님에 대해 이러저러한 이야기를 한다고 해도 그것은 재미를 위한 수준에서나 그러할 것이며, 그 말은 실제 설화에서처럼 바람이 부는 날 들려오지도 않을 것이다.

물론, 프로그램은 초반에 사장의 행동을 면밀히 관찰하면서 각자 자기 자리에 배치된 버튼을 눌러 이른바 '갑질'이라고 판정하곤 했다. 그래서 많은 출연자들이 프로그램을 통해 자신의 행동의 문제를 마주하게 되었다.

그런데 사회에서 '갑질'이라는 단어를 점차 사용하지 않는 분위기가 되어가면서 프로그램도 '갑질' 판정을 하지 않게 되었고, 고발과 비판보다는 재미를 유발하는 쪽으로 만들어지기 시작했다. 그러면서 프로그램은 출연자의 비판받을 만한 행동을 출연자의 캐릭터로 승화해 주었고, 그 캐릭터가 오히려 사랑스러운 캐릭터가 되어버리면서 패널들 역시 고발과 비판을 하기 점차 어려운 분위기가 되어갔다.

더 나아가 프로그램은 직원들이 불편을 토로할 수 있는 기회를 만들기는 하지만 이 부분에 대한 분량은 매우 적으며, 점점 사장님이 사업체를 운영하면서 힘든 점, 그리고 사장님이 고군분투하는 과정을 아름답게 그려내는 데에 더 많은 분량을 할애하고 있다. 프로그램은 점점 "사장님 귀는 당나귀 귀"라는 직원의 토로를 듣는 것이 아니라, 당나귀 귀를 갖고 살아가는 사장님을 타박하면서도 그에게 인정을 느끼게 하기 위한 쪽으로 흘러가고 있는 것이다.

더 나은 관계를 위하여

〈전지적 참견 시점〉이나 〈사장님 귀는 당나귀 귀〉는 모두 처음에는 소재 면에서 매우 신선했으나 프로그램이 안정된 요즘, 자신들이 만들어낸 포맷을 이용해 메시지를 던지지 못하고 각 인물의 재미를 찾는 데에 집중하고 있다. 두 프로그램이 처음 시도하고자 했던 목적을 상기해야 한다. 〈전지적 참견 시점〉은 연예인과 매니저의 관계를 성찰하기 위해, 각 연예인과 매니저의 구체적 관계를 관찰하는 것이 아니라, 대한민국의 사례와 외국의 사례를 비교하고 분석하는 등의 기회를 마련함으로써 제도적인 측면에서 양자의 관계를 발전시킬 계기를 마련해 보는 것도 생각해 볼만하다. 또 〈사장님 귀는 당나귀 귀〉 역시 전문가를 초청하는 등의 방식으로 대표의 경영 방식을 객관적이고 체계적으로 분석하고, 직원의 생각이 더욱 자유롭게 표현될 수 있는 장치를 마련하는 데에 도움이 될 수 있는 기회들을 마련하는 것에 대해 생각해 볼 만하다.

이 프로그램은 직접 광고를 포함하고 있습니다

남현아

0. 들어가며

신라의 제48대 임금 경문왕은 귀가 당나귀처럼 길었다. 이를 부끄러이 여긴 경문왕은 항상 왕관 속으로 귀를 숨겼고, 그 까닭에 아무도 임금의 귀가 당나귀 모양이라는 사실을 알지 못했다. 단 한 사람, 임금의 왕관을 만드는 복두장(幞頭匠)을 제외하곤 말이다. 복두장의 신분으로서 최고 권력자인 임금의 비밀을 발설했다가는 죽음을 면치 못하기에 그는 일평생 임금의 비밀을 지켰다. 그리고 그는 죽기 직전 대나무 숲으로 가서 이렇게 외쳤다.

"임금님 귀는 당나귀 귀!"

경문왕의 귀에 얽힌 이 설화는 천 년이 훌쩍 지난 지금까지도 유효한 의미를 지닌다. 신분은 이미 오래전에 사라졌지만, 오늘날 대부분의 조직 내에 관료제 문화의 악습이 여전히 존재하고 있기 때문이다. 철저하게 상사가 갑(甲)이고 부하 직원은 을(乙)인 갑을관계가 형성된다. 갑을관계에서 부하 직원은 불합리한 일에도 입을 다물 수밖에 없다. 살기 위해 비밀을 지켰던 복두장처럼, 먹고살기 위해 참아야 한다.

KBS의 예능 프로그램 〈사장님 귀는 당나귀 귀〉는 이러한 현대사회의 문제에 목소리를 내며 2019년 등장했다. 대한민국 보스들의 자발적 자아성찰을 돕겠다는 포부를 가진 채 말이다. 〈사장님 귀는 당나귀 귀〉는 일터에서 보스들의 일상과 보스에 대한 부하 직원들의 솔직한 속마음이 담긴 영상을 두 MC와 함께 시청하는 방식으로 진행된다. MC들은 보스가 갑갑함을 유발하는 행동을 보일 때마다 갑(甲) 버튼을 누르며 잘못된 점을 거침없이 짚어준다. 시청자들은 권위적인 보스를 한없이 작은 존재로 만들어버리는 MC의 말에 자신의 상황을 투영하여 대리만족을 느끼며, 직장 스트레스를 해소하기도 한다. 또한 자신이 보스인 시청자들은 자신의 행동을 돌아볼 수 있는 시간을 가질 수 있을 것이다. 이와 같이 〈사장님 귀는 당나귀 귀〉는 요즈음 예능의 트렌드인 관찰 예능 형식에 갑을관계를 접목시켜, 재미와 메시지라는 두 마리 토끼 모두를 잡아냈다. 그리고 이를 증명이라도 하듯 동 시간대 시청률 1위를 23주째 지키고 있다.

그러나 최근 들어, 탄탄대로를 잘 이어가던 〈사장님 귀는 당나귀 귀〉가 삐거덕거리기 시작했다. '대한민국 보스들의 자발적 자아성찰'이라는 기획의도는 흐려지고, 홍보와 광고의 장으로 퇴색되고 있다. 물론 일터를 관찰하는 프로그램 특성상 홍보는 자연스럽게 될 수밖에 없다. 창원 LG 세이커스의 전 감독 현주엽이 출연했을 당시, 비인기종목인 농구에 봄바람을 불러일으킨 적도 있었다. 관중은 배로 늘고, 선수들의 인지도도 상승하며 방송 효과를 톡톡히 봤다. 그러나 〈사장님 귀는 당나귀 귀〉의 현주소는 방송이 가진 힘을 악용하고 있는 데에 있다. 그리고 그 근원에는 '먹방'(먹는 방송의 줄임말)이 있다.

1. 먹방, 독이 든 성배였다

현주엽은 프로농구 구단 창원 LG 세이커스 감독으로서 약 6개월 동안 출연했다. 그는 코트 위에서는 호랑이 같은 감독이지만, 평소에는 선수들과 거리낌 없이 어울리고 싶어 하는 감독이기도 했다. 때로는 지나친 행동에 쓴소리를 듣기도 하면서 성장해 나가는, 여러모로 '보스의 자아성찰'이라는 프로그램의 취지와 부합하는 캐릭터였다. 문제는 현주엽 감독의 엄청난 식사량이 관심을 받기 시작한 후부터 발생했다. 언제부턴가 그의 에피소드의 엔딩은 먹방으로 마무리되기 일쑤였고, 그 비중이 점점 더 늘어갔다. '감독' 현주엽보다 '대식가' 현주엽의 모습이 더 부각되고 있을 즈음에 프로농구 시즌이 시작되면서 그는 잠정 하차한다. 그러나 제작진은 현주엽의 먹방을 끝내 놓지 못했고, 독이 든 성배를 마시기 시작했다.

2. 대식가의 빈자리는 대식가로 채운다

현주엽 감독의 잠정 하차와 동시에, 대형 헬스클럽을 운영하는 양치승 관장이 새롭게 합류했다. 양치승 관장은 식비를 아낀다는 명목으로 거의 매번 무한리필 식당으로 직원들을 안내했다. 여기서 양치승 관장의 보스로서 역할은 끝이 난다. 그리고 본격적으로 먹방을 펼치며 엄청난 양을 먹어치운다. 시청자의 기억에는 보스와 부하 직원의 이야기들은 온데간데없고, 열심히 먹는 그림만 남게 된다. 이로써 양치승 관장은 '보스' 현주엽 감독의 빈자리를 채우기 위해 합류한 것이 아니라, 먹방의 부재를 메우러 온 것으로 결론지을 수 있다.

여기서 더 큰 문제는 먹방을 빌미로 식당을 대놓고 홍보하기 시작했다는 점이다. 해당 식당에서 무엇을 파는지, 맛은 어떤지 지나치게 구체적으로 소개하기 시작했다. 하지만 이것은 시작에 불과한 것이었다.

3. 먹방, 간접광고를 넘어선 직접 광고

감독 자리에서 내려온 현주엽이 다시 〈사장님 귀는 당나귀 귀〉에 합류했다. 더 이상 보스가 아닌 사람을 도대체 어떤 명목으로 출연시킬 것인지 고민할 필요도 없었다. 제작진에게 이미 명목 따윈 필요 없다. 명목은 그저 만들면 된다. 제작진이 원하는 것은 오직 현주엽의 '먹방'이기 때문이다.

현재 현주엽은 '먹방 유튜버 지망생'으로서 출연하며, 유튜브를 준비한다는 이유로 또다시 먹방을 펼치고 있다. 하지만 이제 문제는 먹방 그 자체만이 아니다. 현주엽은 지금 개인사업을 방송에서 몇 달째 홍보하고 있는 꼴이 되어버렸다. 이는 방송인의 특권임이 분명하며, 일반인 유튜버 지망생들은 충분히 불평등하게 느낄 수 있는 부분이다.

또한 현주엽의 먹방은 시청자들의 흥미를 유발하는 수단이 아닌, 광고를 위한 수단으로 전락해 버렸다. 예전의 현주엽 감독의 먹방은 '얼마나 많이 먹을 것인가'에 초점이 맞춰져 있었다. 하지만 지금 유튜버 지망생 현주엽의 먹방은 '무엇을 먹을 것인가'에 더 초점이 맞춰져 있는 상황이다. 방송이 끝나면 그가 먹은 음식들에 대한 글들이 셀 수 없이 올라온다. 물론 다분히 광고성을 띤 글들이다. 이는 가장 최근 방송인 77회의 'SUBWAY' 샌드위치 먹방만 봐도 알 수 있다. 샌드위치를 주문하는 장면부터, 직원이 샌드위치를 만드는 과정까지 전부 다 보여줬다. 심지어 매장에는 짠 듯이 현주엽 일행만 있었다. 아무리 간접광고라고 하지만, 너무나 직접적이었다. 이제는 개인의 유튜브 채널도 광고로 검열받는 시대다. 광고를 위한 프로그램이 되어버리는 것은 수신료를 받는 공영방송이 보여줄 자세는 더욱 아니다. 또한 〈사장님 귀는 당나귀 귀〉 동 시간대 경쟁 프로그램 SBS 〈런닝맨〉이나 MBC 프로그램 〈놀면 뭐하니?〉에서 간접광고 제품을 출연자가 개그 소재로 사용함으로써 오히려 시청자로부터 긍정적인 반응을 얻은 것과 크게 상반되는 행보를 보이고 있다.

4. 꼭 먹는 것이어야만 하나요?

심영순 요리연구가, 이연복 셰프, 그리고 최현석 셰프까지⋯⋯. 이미 음식을 다루는 보스가 3명이나 거쳐 간 가운데, 또다시 스타 셰프 송훈이 보스로 합류했다. 앞선 보스들과 다른 새로운 그림을 기대하기는 어려울 것으로 예상되지만, 제작진은 다시 한번 셰프를 선택했다. 무분별한 먹방으로 인해 〈사장님 귀는 당나귀 귀〉에 대한 신뢰가 무너져서일까? 그의 합류도 달가워 보이지만은 않는다. 송훈 셰프의 방송 분량은 그저 유명 셰프의 제주도 고깃집 사업을 홍보해 주는 것 그 이상도 그 이하도 아니게 느껴진다. 앞서 언급한 세 보스들은 일터에서 직원들과의 마찰과 갈등이 주 에피소드였다면, 송훈 셰프의 에피소드는 고깃집 사업 그 자체에 더 초점이 맞춰져 있다. 예를 들어, 이연복 셰프는 부산 분점에 찾아갈 때마다 호랑이로 바뀌어 부하 직원들에게 긴장감을 안겨주는 존재였다. 이연복 셰프는 자신의 일터에서의 모습이 담긴 영상을 보고 난 후 "내가 저렇게 무서운 표정을 하고 있는지도 몰랐다"라며 반성하는 모습을 보여주기도 했다. 심영순 요리연구가는 또 어떤가. 역대 보스들 중에 가장 권위적인 보스이기 때문에 '갑' 버튼 단골손님이었다. 하지만 송훈 셰프는 자신의 프랜차이즈 가게들로만 채워진 '송훈 랜드'를 세우는 것이 꿈이라며 몇 주째 프로그램 기획과는 전혀 상관없는 에피소드가 주를 이뤘다. 〈사장님 귀는 당나귀 귀〉는 더 이상 홍보를 위한 방송, 광고를 위한 방송이라는 비난을 피해갈 수 없으리라 생각한다.

여기서 끝이 아니다. 현주엽 전 감독과 양치승 관장의 먹방이 매주 빠지지 않고 나오고 있기 때문에 시청자들은 〈사장님 귀는 당나귀 귀〉가 보여주는 먹방에 지칠 수밖에 없다. 허나 제작진은 간접 광고 때문에 이미 지칠 대로 지쳐 있는 시청자들에게 또 먹방을 보여준다. 지금이야말로 새로운 분야의 보스가 필요한 시점이다.

5. 맺음말

지금으로서는 〈사장님 귀는 당나귀 귀〉는 자신만이 가진 장점을 다 잃어버렸다고 해도 무방하다. 관찰 예능도 먹방도 아닌 어중간한 프로그램이 되어버렸다. 그리고 이 사태의 시작이 먹방에 있음을 인지하고, 조치를 취해야 할 것이다. 〈사장님 귀는 당나귀 귀〉가 파일럿 프로그램에서 정규 프로그램이 될 수 있었던 이유는, 그리고 많은 시청자들의 선택을 받는 프로그램이 될 수 있었던 이유는 적어도 '먹방' 때문이 아니다.

당신의 갑갑함을 덜어준다는 프로그램에서 역설적으로 갑갑함을 더해주고 있다. 제작진이야말로 자발적 자아성찰이 필요한 때다. 이제부터라도 공영방송으로서의 제 역할을 다해주기를 바란다.

현실적으로 쓰여진 '인지상정'의 판타지

tvN 〈슬기로운 의사생활〉

박현휘

1. 들어가며

tvN 드라마 〈슬기로운 의사생활〉의 방영 기간은 2020년 3월부터 5월까지였다. 당시 화제 몰이를 했던 TV조선의 〈미스터트롯〉과 그 출연진 대부분이 곧바로 이어 참여했던 〈신청곡을 불러드립니다─사랑의 콜센타〉와 겹치는 시간대였다. 그런데도 두 거대 예능 사이에서 뒤처지지 않는 화제성과 시청률을 유지하는 성과를 거두었다. 단순한 흥행에서 나아가 드라마라는 장르 자체의 새로운 작법을 제시했다. 신원호 PD와 이우정 작가는 '응답하라' 시리즈를 비롯하여 다수의 콘텐츠를 흥행시킨 베테랑이지만, 그것이 새로운 작품의 새로운 흥행을 보장하지는 않는다. 따라서 〈슬기로운 의사생활〉이 드라마 전반에 걸쳐 어떠한 차별화를 시도했고 그렇게 구성된 내용이 어떠한 형태로 드러났는지, 그 서사가 가졌던 시사점은 무엇인지 총체적으로 되짚어 보고자 한다.

2. 방영 형태의 구조적 차별화

2014년에 방영되었던 tvN의 〈삼총사〉는 일요일 밤, 주 1회로 편성되었다. 알렉상드르 뒤마의 원작소설을 모티브로 했다는 안전성, 조선시대에 해당 서사를 적용했다는 신선함, 제작비 100억여 원의 투입과 함께 사전에 시즌제로 계획되었다는 점 등에서 당시 최고의 기대작 중 하나였다. 그러나 이야기는 액션에 비중을 둔 원작의 내용과 달리 치정극으로 흘러갔다. 더불어 주 1회라는 적은 편성 횟수는 시청자들의 관심을 지속시키기에 충분하지 못했고, 결국 흥행에 실패했다. 전례의 존재는 타당성을 나타내는 일종의 척도다. 법의 판결이 판례를 따르는 것과 같이 〈삼총사〉의 실패 사례는 주 1회 편성을 꺼리게 만드는 전례로 남았다. 이 때문에 〈슬기로운 의사생활〉의 주 1회 편성은 파격적인 선택이었다. 빠른 전개를 선호하는 시청자들의 취향을 두고 실패 사례가 있는 상황에서 주 1회 편성은 기존의 틀을 깨는 도전이었다.

　　주 1회 편성 시 가장 우려되는 것은 느린 전개, 즉 적은 노출빈도로 인해 느린 것처럼 느껴지는 전개이다. 〈슬기로운 의사생활〉은 두 가지 측면에서 이를 극복했다. 첫째로 긴 러닝타임이다. 평균적으로 회차당 1시간 25분가량 이야기가 진행되며 이는 거의 한 편의 영화와 맞먹는 수준이다. 〈삼총사〉의 회당 러닝타임이 1시간 15분가량이었던 것과 비교해도 10분이 길다. 심지어 마지막 화는 1시간 53분이다. 실질적으로 늘어난 방송 분량은 기다림에 대한 시청자들의 갈증을 어느 정도 해소해 준다. 보다 상세하게는 회차별 상영시간도 각기 다르다. 방영 시간

의 틀에 얽매여 극의 서사에 악영향을 끼칠 수 있는 위험성을 관리 가능한 영역에 둔 것이다.

둘째로 서사의 교차 전개를 통한 속도감의 확보다. 의대 99학번 5인방의 이야기를 함께 다루는 만큼 이야기의 주요한 줄기와 비중은 각기 다르고 끊임없이 변화하지만, 5명의 이야기는 전개 과정에서 쉴 틈 없이 교차된다. 간담췌외과의 이익준(조정석 분)이 환자와 아버지의 장기이식 수술을 준비하는 때에 신경외과의 채송화(전미도 분)는 전공의들과 의료와 관련된 대화를 이어간다. 산부인과의 양석형(김대명 분)은 출산을 위한 수술을 집도하고 소아외과의 안정원(유연석 분)은 성직자가 되기 위해 어머니와 의견을 나눈다. 단일한 기승전결이 빠르게 전개되는 형태는 아니지만, 5인방의 각기 다른 타임라인을 연속적으로 따라가는 과정에서 전개의 속도가 느리다고 생각하기는 쉽지 않다. 주 1회 편성이 가질 수 있는 단점을 방영 시간이라는 하드웨어와 서사 전개라는 소프트웨어 양방향에서 영리하게 보완해 낸 것이다.

사전에 시즌제로 제작할 것을 미리 정해둔 것은 위와 같은 서사 전개 방식의 탄탄함을 보조한다. 미처 다루지 못한 이야기들도 다음 시즌에서 이어갈 수 있기에 굳이 무리하게 이야기를 진행할 필요가 없다. 다만 현재 드라마의 제작 환경에서 구조적인 의미의 시즌제가 제대로 뿌리내렸다고 보기는 조금 어렵다. 작품의 시즌제 제작에 대한 논의가 예정에 없었던 상황에서 원작의 인기에 힘입어 갑작스레 떠오르거나, 제작된 시즌 2가 새로운 전개를 보여주지 못하고 단순 속편 정도의 깊이에 머무르기도 한다. 더불어 늘 개선 사항으로 지적되어 온 쪽대본이나, 열악한 근로 환경으로 인식되는 제작환경은 진정한 의미의 시즌제 도입을 어렵게 한다. 그런 측면에서 〈슬기로운 의사생활〉이 주 1회 편성과 함께 시즌제 제작을 미리 결정한 것은, 양질의 드라마가 안정적으로 생산될 수 있는 구조를 조성해 둔 것과 같다.

3. 지워진 악(惡), 채워진 선(善)

대표적으로 언급되어 온 〈슬기로운 의사생활〉의 서사적 차별점은 악역이 없다는 점이다. 악역의 존재와 함께 그로 인해 일어나는 모든 종류의 갈등은 극을 이끌어가는 주요 원동력 중 하나다. 권선징악은 그 구조적 진부함에도 불구하고 반복적으로 사용된다. 명시된 악의 징벌을 통한 윤리와 도덕의 회복이 일종의 카타르시스를 제공하기 때문이다. 그렇기에 대부분의 서사에서 갈등을 일으키는 악의 존재는 기본적 전제로 설정된다. 다만 서사의 매력을 위해 악역에게 사연을 더해가며 입체성을 부여하려는 시도가 주를 이루었고, '빌런(villain)'이라는 단어는 어느새 대중적으로 쓰이는 고유명사가 되었다. 매력적이거나 매혹적으로 느껴지는 '악'은 어느새 서사의 필수 요소 중 하나로 자리매김했다.

〈슬기로운 의사생활〉은 악에 입체성을 부여하는 것이 아니라, 이야기의 흐름 자체에서 악을 제외했다. 이러한 특징은 신원호 PD와 이우정 작가의 전작인 '응답하라' 시리즈를 돌이켜 보았을 때 자기복제라는 비판을 피하기는 어려워 보인다. 악인이 없는 설정 구조가 유사한 동시에, 추억의 배경음악을 삽입하여 시청자들의 향수를 불러일으키는 것은 〈슬기로운 의사생활〉과 '응답하라' 시리즈의 공통된 뼈대다. 마찬가지로 인물과 인물 간의 충돌로 형성되는 갈등 구도 또한 찾아보기 어렵다. 〈슬기로운 의사생활〉은 갈등이 유발될 수 있는 경우에도 그를 주요한 전개로 다루지 않았다. 실현 가능한 갈등의 규모는 의도적 연출을 통해 시청자가 불편감을 느끼지 않을 정도로 축소한다. 전개 과정에서 누군가에게 악인의 역할을 주어 이야기에 개입할 여지가 충분했으나 그렇게 하지 않았음이 이를 반증한다.

전통적으로 메디컬 드라마에서 악역을 담당했던 '이사장'직의 주종수(김갑수 분), 환자의 진료보다는 TV 출연에 집중하는 쇼닥터인 신경외과의 민기준(서진원 분), 환자에게 퉁명스럽고 불친절한 태도로 면박을 주며 자신의 이득만을 좇아 움직이는 흉부외과의 천명태(최영우 분), 모두가 병원 내에서 갈등을 유발하기에 충분한 캐릭터였으나, 결국 그렇게 다루어지지 않는다. 그나마 악역이라 할 수 있는 양석형의 아버지, 양태양(남명렬 분)의 불륜도 시즌 1의 커다란 줄거리에는 영향을 주지 않고 양석형이 마주하는 개인사의 수준으로 처리된다.

'응답하라' 시리즈의 기시감을 희석해 내는 것과 함께, 뚜렷한 악역의 부재를 끌어안고 서사를 긴장감 있게 풀어나가는 것은 〈슬기로운 의사생활〉이 당면한 가장 커다란 과제였다. 다양한 풀이의 방향 중 가장 주요하게 사용되었던 것은 어떠한 이익을 두고 펼치는 인물 간의 갈등이 아닌, 환자를 살려야 하는 의사와 병마를 극복하려는 환자 및 보호자와의 연대였다. 그렇게 인물 간의 갈등 대신 의사와 환자가 함께 싸워 이겨내야 하는 상황의 극복 과정에 초점이 맞추어진다.

이익준은 뇌사자의 장기를 인도받으러 온 이들에게 시작 시간을 10분 늦출 것을 부탁한다. 환자의 어린 아들이 어린이날인 당일을 아버지가 돌아가신 날로 기억하지 않게 하려는 배려였다. 김준완(정경호 분)은 수술로 딸의 결혼식에 참석하지 못하는 아버지를 대신하여 하객으로 참석하고, 채송화는 엘리베이터에서 간이식 수술을 받아야 하는 아들과 악성 뇌종양을 지녔을지 모르는 어머니를 떠올리며 오열하는 보호자를 위로한다. 양석형은 무뇌아를 출산하는 산모가 가질 수 있는 트라우마까지 섬세히 살피고, 심지어 안정원은 키다리 아저씨를 자처하며 수술

비가 없는 환자들을 남몰래 지원한다.

이처럼 악이 자리해야 할 위치에는 인간이 마음대로 좌지우지할 수 없는 고난이 자리하며, 그 앞에서 모든 등장인물은 함께 고난을 이겨내며 연대한다. 그러한 극복 과정을 통해 주인공 5인방을 비롯한 등장인물들의 선량함은 간접적으로 표현된다. 작은 선량함의 집합으로 서사 과정에서 악이 차지하던 커다란 빈자리를 촘촘하게 채워낸 것이다.

4. 캐스팅과 디테일의 조화

서사와 연출의 구조를 아무리 정교하게 짜더라도 배우들이 이를 제대로 구현하지 못한다면 극의 전체적인 흥미나 긴장감은 떨어질 수밖에 없다. 더불어 선량함만이 두드러지는 구조의 반복만으로 이야기를 끝까지 이어나가기에는 그 힘이 충분치 못하다. 〈슬기로운 의사생활〉은 이러한 염려를 적절한 배우의 캐스팅과 섬세한 디테일 연출을 통해 불식시켰다. 캐스팅 측면에서 배역에 적절한 배우들이 투입되었음은 더 말할 것도 없다. 실제로 죽마고우와 같은 느낌을 전달하기 위해 카메라 밖에서도 친밀도를 높이는 섬세한 계획이 동반되었고, 주연 5인방은 보란 듯이 원래 배정된 캐릭터의 삶을 살아온 것 같은 소화력을 보여주었다.

그만큼이나 주목되는 지점은 뮤지컬 경험이 있거나 뮤지컬이 주요 활동 영역인 배우들을 대거 합류시킨 것이다. 주연배우 5인방 중에서 조정석과 전미도는 다수의 뮤지컬 경력이 있으며, 유연석과 김대명 또한 뮤지컬을 해본 경험이 있다. 조연급의 상황도 비슷하다. 정문성(도재학 역), 문태유(용석민 역), 안은진(추민하 역), 최영준(봉광현 역), 곽선영(이익순 역) 등 뮤지컬에서 활약했던 배우들이 포진하여 극을 견인했다.

뮤지컬은 드라마보다 현장성이 강한 만큼 즉각적인 반응이 필요한 영역이다. 그런 곳에서 단련된 배우들이 촬영을 여러 차례 반복적으로 진행하는 드라마에서 좋지 못한 연기를 선보이는 것은 있기 어려운 일이다.

배우와 뮤지컬과의 관련성은 작품 자체의 확장성에도 긍정적인 영향을 주었다. 주연 5인방이 모여 밴드를 한다는 설정과 함께 이를 실제 연습을 통해 구현하는 것은 배우들이 이미 음악과 어느 정도의 친밀도가 있었기에 가능한 일이었다. 물론 기존의 포지션을 벗어나 짧은 기간에 수준급의 악기 연주를 해낸 전미도와, 뮤지컬 경력이 전혀 없었음에도 밴드의 한 축을 담당한 정경호의 피나는 노력에 아낌없는 박수를 보낸다. 그러나 애초에 전체적으로 음악과의 친밀도가 부족했던 배우들이었다면 서사를 탄탄히 표현해 내기에도 바쁜 와중에 밴드 합주와 같은 콘텐츠는 시도조차 하지 못했을 것이다. 이는 결국 종영 후 유튜브를 통해 실시간 라이브 공연을 진행할 만큼 확장되었고, 시청자들에게 끝까지 보기 드문 볼거리를 선사했다.

극의 구성과 진행 과정에서 적절한 캐스팅으로 커다란 맥락을 잡아냈다면, 연출을 통한 디테일의 확보는 더욱 섬세한 지점을 파고든다. 대표적으로 이익준의 캐릭터 설정은 노는 자리에 빠지지 않고서도 항상 전교 1등을 놓치지 않는 천재 중의 천재다. 그러나 이는 모두 외부에서 이익준을 바라보았을 때 내릴 수 있는 정의와 평가다. 지나가는 장면 중 하나로, 학회 참여를 준비하던 이익준은 방에 다른 사람이 들어오는 순간 모니터에 카드놀이를 띄운다. 방금 들어온 사람은 이익준이 카드놀이를 하고 있었다고밖에 볼 수 없겠지만, 시청자들은 천재적인 능력의 조명 뒤에 숨겨진 천재의 노력을 예상할 수 있다. 이러한 연출 방향은 자연히 모든 캐릭터를 입체적이면서도 생동감 있게 해석할 수 있는 여건을 제공한다. 비어 있는 서사를 시청자가 함께 채워가며 자신만의 드라마를 창작할 수 있는 것이다.

5. 맺음말

위와 같은 과정을 거쳐 〈슬기로운 의사생활〉은 시청자들의 눈앞에 실감나는 '유토피아'를 구현해 냈다. 선의가 들어찬 율제병원은 누구나 꿈꾸지만, 현실적으로 존재하기 어려운 이상향이다. 세상을 온통 꽃밭으로 여기는 사람이 얼마나 될까. 사회 속의 개개인은 구조적 환경 속에서 늘 선택을 요구받는다. 더구나 인간의 불완전함은 선택에 따른 필연적인 결과를 보장해 주지 않는다. 결정적으로 우리의 주변에는 드라마에서 주요하게 조명된 것처럼 선한 존재들만 살아가지 않는다. 드라마에서처럼 딸에게 간을 이식하기 위해 단기간에 극도로 체중을 감량하는 아버지가 있는 한편, 현실에서처럼 지급해야 할 양육비를 주지 않아 배드 파더스 목록에 오르는 아버지들도 존재한다. 드라마에서처럼 수술비가 부족한 환자를 금전적으로 지원하는 의사가 있는 한편, 현실에서처럼 과잉 진료로 부당이득을 취하는 의사들도 존재한다.

이처럼 세상이 마냥 아름답지만은 않음에도 〈슬기로운 의사생활〉에서 등장하는 각각의 이야기들에 커다란 거리감이 느껴지지는 않는다. 우리 모두에게는 자신의 삶과 타인의 삶이 매일 아름다울 수는 없더라도, 결국 잘되기를 바라는 인지상정이 있기 때문이다. 우리가 발붙이고 사는 세상이 아직 살 만한 곳이라는 것을 확인하고 싶은 욕구가 있다. 다만 세상이 선하지만은 않다는 것을 모르는 시청자는 없기에, 계속되는 선의 하모니를 따라가며 동의하기 어려운 지점을 마주할지도 모른다. 그러나 결과적으로 시청자들은 〈슬기로운 의사생활〉만이 지니는 편안함과 따뜻함을 만끽했다. 현실적이지 않을 수 있는 부분들까지 기꺼이 받아들이며 이야기를 따라 함께 울고 웃었다. 〈슬기로운 의사생활〉이 보여준 구조적 차별화와 섬세한 연출로 다루어진 이야기에 시청자들이 호응한 것은, 드라마가 시청자들이 원하는 지점을 예리하게 짚어내어 섬세하게 구현했다고밖에 설명할 길이 없다. 〈슬기로운 의사생활〉은 마냥 현실적일 수만은 없는 이야기가 현실로 거듭나기를 바라는, 세상의 모든 선량함에게 바치는 정교한 판타지였다.

트롯 공화국에서 모두 안녕하십니까?
2020 좋은 방송을 위한 시민의 비평상 수상집

ⓒ 방송문화진흥회, 2020

엮은이 **방송문화진흥회**
펴낸이 **김종수**
펴낸곳 **한울엠플러스(주)**
편집책임 **최진희**

초판 1쇄 인쇄 **2020년 12월 7일**
초판 1쇄 발행 **2020년 12월 15일**

주소 **10881 경기도 파주시 광인사길 153 한울시소빌딩 3층**
전화 **031-955-0655**
팩스 **031-955-0656**
홈페이지 **www.hanulmplus.kr**
등록번호 **제406-2015-000143호**

Printed in Korea.
ISBN 978-89-460-6999-2 03070

* 책값은 겉표지에 표시되어 있습니다.